中等职业素质

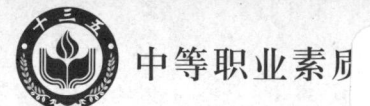

MODERN ETIQUETTE

现代礼仪

主　编　杨迎旗　翟　萍
副主编　郭　晴　陈　进
　　　　苏　娟　赵富艳　杨　端
编　者　李　彤　张　松

首都师范大学出版社
CAPITAL NORMAL UNIVERSITY PRESS

图书在版编目（CIP）数据

现代礼仪／杨迎旗，翟萍主编. —北京：首都师范大学出版社，2018.1（2023年10月重印）

ISBN 978-7-5656-4219-7

Ⅰ.①现… Ⅱ.①杨… ②翟… Ⅲ.①礼仪—中等专业学校—教材 Ⅳ.①K891.26

中国版本图书馆 CIP 数据核字（2018）第 027973 号

现代礼仪

作　　者：杨迎旗　翟萍

责任编辑　赵自然

首都师范大学出版社出版发行

地　　址	北京西三环北路105号
邮　　编	100048
电　　话	68418523（总编室）83863471（发行部）
网　　址	www.cnupn.com.cn
印　　刷	廊坊文峰档案印务有限公司
经　　销	全国新华书店
版　　次	2018年1月第一版
印　　次	2023年10月第三次印刷
开　　本	787×1092mm 1/16
印　　张	15
字　　数	280千字
定　　价	36.00元

版权所有　违者必究
如有质量问题请与出版社发行部联系

前 言

我国是一个具有 5000 多年历史的文明古国，以"礼仪之邦"著称于世。在大力提倡建设社会主义精神文明的今天，讲文明、讲礼貌是每一位公民必须具备的基本素质。

礼仪教育是道德教育的首要内容，是职业教育的基础。学习礼仪知识不仅有助于改善人们的形象，还有助于提高每一个人的文明程度。

我们当今正处于物质文明和精神文明并进的时代，现代礼仪在社会中的地位越来越凸显，它无时无刻不在生活、工作、交往中发挥着重要作用，同时也越来越受到各行各业的关注和重视，知礼、懂礼，已成为人际交往中的重要处事法则，守礼、行礼是个人或组织树立自身形象、赢得他人和社会尊重的前提，同时也是事业获得成功的重要条件。因此，现代礼仪是目前各行各业必须学习和掌握的人际交往技能。

职业学校的学生直接面对着社会对他们的选择，若想尽快提高职业学校学生的水平，提高学生的社会交往、为人处世以及择业的能力，就必须重视礼仪教育。职业学校要把提高质量作为重点，不断增强中等职业教育服务经济社会发展的针对性和时效性，加快培养数以亿计的具有良好职业道德、必要文化知识、熟练职业技能等综合职业能力的高素质的劳动者和技能型人才，为我国社会主义现代化建设提供更大的智力支持、技能支撑和人才贡献。由此，培养综合职业能力的高素质劳动者和技能型人才是职业学校的根本目标。

本教材以校园礼仪、个人礼仪、公共礼仪、求职礼仪、交际礼仪、职场礼仪和民俗礼仪的知识介绍和技能训练为主要内容。教材结构选取当前所必须具备的礼仪规范，内容通俗易懂。

本教材由杨迎旗、翟萍担任主编,郭晴、陈进、苏娟、赵富艳、杨端担任副主编,李彤、张松编者在编写过程中由于时间仓促,礼仪教育的内容较为宽泛,对其内容的取舍和论述难免存在不妥之处,诚盼广大读者特别是使用此教材的师生们批评指正。

愿中职学校的同学们以礼仪为伴,健康成长。

目 录

项目一　礼仪概述 ·· 1
　　第一节　走进礼仪 ·· 1
　　第二节　礼仪规范 ·· 7

项目二　校园礼仪 ·· 13
　　第一节　课堂礼仪 ·· 13
　　第二节　宿舍礼仪 ·· 18
　　第三节　餐厅礼仪 ·· 22
　　第四节　升旗仪式 ·· 25
　　第五节　校园其他礼仪 ·· 27

项目三　个人礼仪 ·· 35
　　第一节　仪容礼仪 ·· 35
　　第二节　仪态礼仪 ·· 44
　　第三节　表情礼仪 ·· 55
　　第四节　服饰礼仪 ·· 62

项目四　公共礼仪 ·· 75
　　第一节　问路礼仪 ·· 75
　　第二节　乘车礼仪 ·· 78
　　第三节　乘船礼仪 ·· 86
　　第四节　乘机礼仪 ·· 90
　　第五节　宾馆礼仪 ·· 93

项目五　求职礼仪

第一节　面试准备礼仪 ·· 97
第二节　面试过程礼仪 ······································· 107
第三节　面试后续礼仪 ······································· 112

项目六　交际礼仪

第一节　家庭礼仪 ··· 117
第二节　见面礼仪 ··· 120
第三节　往来礼仪 ··· 132
第四节　交谈礼仪 ··· 146
第五节　通讯礼仪 ··· 151
第六节　餐饮礼仪 ··· 160

项目七　职场礼仪

第一节　公关礼仪 ··· 180
第二节　推销员礼仪 ·· 186
第三节　售货员礼仪 ·· 192
第四节　服务人员礼仪 ······································· 198
第五节　文秘人员礼仪 ······································· 202
第六节　酒店服务礼仪 ······································· 206
第七节　谈判礼仪 ··· 211

项目八　民俗礼仪

第一节　人生礼俗 ··· 219
第二节　节日礼俗 ··· 231

参考文献 ·· 241

项目一　礼仪概述

荀子说："人无礼则不立，事无礼则不成，国无礼则不宁。"我国自古以来就以"礼仪之邦"闻名于世。各种社会活动都离不开礼仪，它贯穿于人们日常工作及生活交往中，是立足社会、成就事业和获得美好人生的基本条件之一。掌握现代礼仪知识，学好礼仪，养成良好的行为习惯，有助于我们走向成功。

第一节　走进礼仪

礼仪是人们生活和社会交往中约定俗成的、符合交往要求的行为规范和总则。人们可以根据各式各样的礼仪规范，正确地把握与外界交往的尺度，处理好人与人的关系。如果没有这些礼仪规范，人们往往会在交往中感到手足无措，乃至失礼于人，闹出笑话，而熟悉和掌握礼仪，才可以做到处事合理，待人接物恰到好处。

我国素有"礼仪之邦"的美誉，礼仪文化源远流长，"礼"字最早出现在金文里面，中国原始的民族礼仪，是在先民们的活动中产生的。

在人类发展的初期，生产力的水平极为低下，生存条件极为险恶，原始先民处于各种压力之下。他们对火山、地震、洪水、电闪雷鸣等自然现象无法解释，在这种情况下，先民们除了采用积极的方法，来抵御各种外界的威胁之外，还采用了消极的方法来求得自身的安全。由于对天地鬼神充满恐惧、敬畏，先民们会举行一些仪式，用物品来祭祀鬼神。祭祀是人类一种最基本的礼仪行为，各种各样的祭祀仪式实际上是与各种不同的礼仪要求连在一起的，在先民们的反复祭祀过程中，祭祀的各种程序和方法逐渐地完善和固定下来，礼仪也就应运而生了。

我国礼仪的发展历程源远流长，人类学家推断，早在两万五千年前，中国人的祖先就实行了埋葬死者撒赤矿粉的原始宗教仪式。在一万多年前的山顶洞人文化中就有了礼仪的痕迹，那时的葬制和随葬品说明了先人在丧葬时，也有一定的礼仪形式。

尧、舜时代是国家形成的前夕，那时礼的系统已经比较严密了，到了夏、商、周三代，礼仪的典章化、制度化已经相当完善了，而且礼仪已经渗透到社会生活的各个方面。周朝周文王的弟弟周公旦，应是制礼第一人。春秋末年，孔子尊定了儒家学说在传统礼仪文化的核心地位，核心思想"仁爱及人"一直影响至今。《周礼》《礼记》《仪礼》这三部典籍成为后儒的经书，总称"三礼"，非常全面直观地阐述了传统礼仪文化的内容。

到了秦汉以后，在漫长的封建社会里，礼治的思想成了封建社会地主阶级的统治工具，但不可否认的是，儒家传统礼仪确实起到了规范人们的行为、维护社会安定的重要作用。

随着社会的进步，以"三纲五常"等封建思想为核心的礼仪，已经越来越不能适应生产力的发展，20世纪初辛亥革命的爆发，导致了新文化运动的全面推行，"五四"时期的新文化运动是近代中国一场彻底的思想启蒙运动，它在伦理道德史上具有划时代的意义，以它为代表的中国礼仪革命，抛弃了封建主义旧礼仪中的糟粕，继承和发扬了以对人们尊重为处世原则，以自由、平等为基础的中国传统礼仪的精髓，使中华礼仪开始走上新的道路。

我国现代的许多礼仪形式都是在辛亥革命以后。民国时期孙中山先生提出的"四维八纲"，新中国的"五讲、四美、三热爱"都体现了对传统礼仪文化的扬弃，现代礼仪以科学精神、民主思想和现代生活为基础，剔除了封建糟粕，表现出新的社会关系和时代风貌，2008年北京奥运会期间开展的"我参与、我奉献、我快乐"等一系列文明礼仪活动，更将我们国家的社会文明整体水平向前推进了一大步。

礼仪与社会制度，人们的文化素质、道德都有着密切的关系，在特定的社会历史条件下，礼仪以它不同的内涵和形式，发挥着调节人际关系、维护社会秩序的重要作用，在建设社会主义精神文明的进程中，礼仪将会更有效地规范人们的言行，使其向着社会主义道德规范的方向发展。

一、现代礼仪的含义

我国古代对"礼"的解释是："礼，履也，所以事神致福也。"《说文解字》"礼"的本意是敬神和用来表示敬意而举行的各种仪式。"仪"指的是"礼"的仪式、仪节。"仪"由"礼"而生，又要合乎"礼"的规范。

现代礼仪是指人们在社会交往中为表示互相尊重，在仪表、仪容、仪态、仪式、言谈举止等方面约定俗成的、共同认可的规范与程序。现代礼仪具体表现为礼貌、礼节、仪式、仪表等方面。

礼貌是指人们在相互交往时，表示尊敬和友好的行为规范。它侧重于表现人的品质与素养，体现了人们的道德水平、文化层次、文明程度等。

礼节是指人们在社会交际过程中表示致意、问候、祝愿等的惯用形式。如：鞠躬、握手、献花等。礼节是礼貌的具体表现方式，没有礼节，就无所谓礼貌；有了礼貌，就必然需要具体的礼节。

仪式是指在一定场合举行的具有专门程序、规范化的活动。如欢迎仪式、签字仪式、颁奖仪式等。

仪表是指人的外表，包括容貌、姿态、举止、服饰等方面。仪表属于美的外在因素，反映人的精神状态。

礼貌、礼节、仪式、仪表，其本质都是表示对他人的尊重、敬意和友好。在现代社会，礼仪可以有效地展现施礼者和还礼者的教养、风度和魅力，体现一个人对他人和社会的认知水平、尊敬程度，是一个人的学识、修养和价值的体现。

总之，现代礼仪是现代人们用以沟通思想、联络感情、促进了解的一种行为规范，是现代交际不可缺少的润滑剂。

二、现代礼仪的特征

现代礼仪的特征主要表现在其规范性、限定性、操作性、传承性、变动性等五个方面。

1. 规范性

礼仪是人们在交际场合中待人接物时必须遵守的行为规范。这种规范性约束着人们在交际场合中的言谈举止，使之合乎礼仪，同时也是人们在交际场合用以衡量对方和判断自己是否自律、是否尊重对方的惯用形式。因此，一个人要想在交际场合表现得合乎礼仪、彬彬有礼，就必须遵守礼仪规范。

2. 限定性

礼仪主要适用于交际场合，适用于一般情况下普通的人际交往与应酬。离开了这个特定的范围，礼仪未必适用。一般来说，礼仪适合用于初次交往、因公交往、对外交往等交际场合。

3. 操作性

礼仪的规则简明可行、易记易学、操作简便，被人们广泛地运用于交际实践活动之中。如问候礼仪、手势礼仪、馈赠礼仪、交谈礼仪等礼仪规范都与现代人的生活融为一体。

4. 传承性

每个民族的礼仪都具有自己鲜明的民族特色，现代礼仪都是在本国古代礼仪的基础上继承和发展起来的。礼仪的传承是一个取其精华、去其糟粕、推陈出新的过程。那些反映人们健康的精神风貌、积极高尚的礼仪得到了肯定和发扬，而一些繁文缛节和内容不健康的礼节已经减少。正如那些"温良恭俭让"、尊老爱幼的美好行为得到弘扬，我国古代的磕头跪拜礼已逐渐消失一样，礼仪必将随着人类历史的不断进步而传承发展。

5. 变动性

礼仪是社会历史发展的产物，具有鲜明的时代特征。一方面，它是在人类长期的交际活动中形成、发展、完善起来的；另一方面，随着国际交往范围的扩大，各国、各民族之间的礼仪互相影响、渗透，赋予了礼仪新的内容。社会的发展和社交活动的需要，使礼仪具有相对的变动性。目前，我国的礼仪更加国际化，礼仪变革也在向符合国际惯例的方向发展。

三、现代礼仪的原则

在日常生活之中，学习、应用礼仪，有必要掌握一些具有普遍性、共同性、指导性的礼仪规律，这些规律就是礼仪的原则。掌握礼仪的原则，将有助于我们更好地学习和运用礼仪。

1. 真诚尊重的原则

苏格拉底曾说："不要靠馈赠来获得一个朋友，你必须贡献你诚挚的爱，学习怎样用正当的方法来赢得一个人的心。"在与人交往时，真诚尊重是礼仪的首要原则，只有真诚待人才能尊重他人；只有真诚尊重，才能创造和谐愉快的人际关系。真诚和尊重是相辅相成的。

真诚和尊重，在人际交往中首先表现为不说谎、不虚伪、不骗人、不侮辱人，所谓"骗人一次，终身无友"；其次表现为对他人的正确认识，要相信他人、尊重他人，将对交往对象的重视、恭敬、友好放在首位，不失敬于人。在社交场合对人真诚和尊重，要切记三点：给他人充分表现的机会、对他人表现出你最大的热情、给对方永远留有余地。

2. 平等适度的原则

在交际场合中，礼仪行为总是表现为相互的，你以礼相待，对方也会还礼于你，礼仪的施行必须讲究平等的原则。平等是人与人交往时建立情感的基础，是保持良好人际关系的诀窍。在人际交往中，不要我行我素、自以为是、目空一切、以貌取人、厚此薄彼、以势压人，而要平等施礼、谦虚待人，唯有如此，才能结交更多的朋友。

适度原则即交往时应把握礼仪分寸，做到规范得体。如与人交往时，既要彬彬有礼，又不能低三下四；既要热情大方，又不能轻浮诣谀；要自尊但不能自负；要坦诚但不能粗鲁，要活泼但不能轻浮；要谦虚但不能拘谨；要老练持重，但不能圆滑世故。当然，运用礼仪要真正做到恰到好处、恰如其分，只有勤学多练，积极实践，才能运用自如。

3. 自信自律的原则

自信，即相信自己。莎士比亚曾说，自信是走向成功之路的第一步；缺乏自信是失败的主要原因。只有对自己充满信心的人，才能在人际交往中不卑不亢、落落大方，遇到强者不自惭，遇到艰难不气馁，遇到侮辱能挺身捍卫尊严，遇到弱者会伸出援助之手。一个缺乏自信的人，常会四处碰壁，甚至一败涂地。

自信但不能自负，一个自以为是的人往往会走向自负的极端，自律原则正是处理自信与自负的天平。自律是自我约束的原则。古语云:"己所不欲,勿施于人。"若是没有对自己的约束和要求,遵守礼仪就无从谈起。因此,在社会交往中,要用高尚的道德信念和行为修养准则来约束自己的行为。严于律己,实现自我教育,自我管理,摆正自信的天平。

4. 信用宽容的原则

信用的原则即讲究信誉的原则。在社交场合,要守时守约,约会、会议不能拖延迟到,与人约定或签订的事项一定要兑现,做到言必信、行必果。

宽容的原则即与人为善的原则。宽容是容许别人有行动和判断的自由,对不同于自己或传统观点的见解的容忍。在人际交往中,宽容的思想是创造和谐人际关系的法宝,应该宽容他人、理解他人、体谅他人,千万不要求全责备、斤斤计较、咄咄逼人,站在对方的立场去考虑,是获得朋友的最好办法。

四、现代礼仪的起源与职能

现代礼仪作为社会交往的行为规范和准则,受到社会各界的普遍重视和提倡,它具有内在的重要职能,既有助于个人,又有助于社会。

1. 塑造良好形象

塑造形象是现代礼仪的第一职能,包括塑造个人形象和组织形象两个方面。

在社会生活中,每个人都以特定的身份和角色与人相处。有时以个人身份去接人待物,此时表现的纯粹是个人形象;有时又以个人形式代表组织与人相处,此时表现的就是组织形象。所以,人们在现代社会交往中,总是以两种形象出现,一种是个人形象,一种是组织形象。

个人形象是一个人仪容、表情、举止、谈吐、服饰、教养的集合。个人形象是否优美、得体,对人际交往的成败和人际关系的融洽与否起着重要作用,同时也直接影响着个人所代表的组织形象。比如办公室的秘书,其职业角色和工作性质决定了他应有的组织形象,他在工作中的待人接物就必须遵循组织规定的礼仪要求,否则就有损于他所服务的组织的形象,影响组织的社会效益。因此,学习和运用礼仪,能塑造良好的个人形象和组织形象。

2. 沟通有益信息

人际交往就是信息沟通的过程,每一种礼仪行为均可以表达一种甚至多种信息。一声亲切的问候、一个浅浅的微笑、一束美丽的鲜花,无一不在向人们传递着温馨、善意和友爱的信息。我们生活在一个信息传播迅捷的社会,现代礼仪规范能指导人们在交际活动中得体地向他人表达自己的尊重、友善之意,增进彼此之间的了解与信任,从而获得有益的信息。

3. 协调人际关系

《礼记·礼器》中说:"故君子有礼,则外谐而内无怨。"这句话讲的是礼仪在交际中的重要性。由于礼仪的基本原则是敬人律己、真诚友善,因而它能联络人与人之间的感情，架设友谊的桥梁，协调各种人际关系，营造一个和谐友善的社会氛围，进而有助于建立和发展人与人之间相互尊重和友好合作的新型关系。

4. 促进社会文明

礼仪是一个民族、一个国家文明程度的重要标志。荀子曾说："人无礼则不立，事无礼则不成，国无礼则不宁。"这句话把懂礼与否看作是关系到人的贤愚、事业成败、国家安危的大事。礼仪是社会文明的重要组成部分，我国精神文明建设中的讲文明、讲礼貌、讲道德、讲秩序、讲卫生等内容，与礼仪完全吻合。所以，提倡礼仪的学习、运用，与推进社会主义精神文明建设是相辅相成、相互促进的。

具体讲，礼仪就是在与人交往的过程中，体现对交往对象尊重的具体手段和过程：微笑、鞠躬、握手、拜访、接待、宴请、得体的仪容、融洽的交谈、座次的安排等。各种社会活动都离不开礼仪，它贯穿于人们日常工作及生活交往之中。对个人而言，礼仪体现了人的教养、风度和魅力，还体现出一个人对社会的认知水准、个人学识、修养和价值。如何体现自己有礼、有节、有度的修养和风度，已受到越来越多的人的重视。对集体、社会而言，礼仪往往关乎安定团结、稳定发展及团体形象。

知识卡片　礼仪的起源与发展

我们祖国和古巴比伦、古埃及、古印度并称为世界四大文明古国，号称"礼仪之邦"。足见其为世人景仰的文明程度。其实礼仪之果并非一开始就结在文明的大树上，只要看一下古代致敬礼节的繁琐程度与扭曲人性的程度，便可发现，礼仪起源于蒙昧与野蛮。

据史书记载，在古代，所有的炎黄子孙，就将跪拜作为一种交际的礼仪。在魏晋以前，中国人席地而坐的风俗一直盛行，这是不分男女老少和贫富贵贱的。汉朝以前的中国人一律穿开裆裤，只不过里面加一层遮羞纱，于是坐姿受到限制，只能双膝着地，把臀部放在脚后跟上，呈"跪"的姿势。不准盘腿坐，也不能两脚向前平伸着坐，这是出于雅观和文明考虑。跪坐者为表示对人尊重，上身挺直，伸直腰股，这就是跪，弯腰向下低头叩便称拜。这便是跪拜礼仪的自然起源。当时社会遵循的是"三从四德""君君臣臣父父子子"的礼仪规范，三跪九叩的大礼，便能显现出身份的不同和地位的尊卑。由此观之，礼仪是文明的果实，但它的诞生并非源于文明，它的起源与形成，原是统治阶级为了维护自己的统治，为了巩固自己的强权而人为制造的枷锁与镣铐。

第二节 礼仪规范

北京市某职业学校，多年来实行学生值周制度，他们站姿规范、仪表端庄，对来校的宾客彬彬有礼。一次北京电视台记者来校采访，他们一走进校门就感受到了学生们的礼仪，同学们亲切自然地向来宾微笑、致意、问好，这使来宾赞叹不已。

一、中职生需要具备的礼仪修养

在现实生活中，知礼、守礼、行礼的人会赢得别人的尊敬和信任，反之，非礼、无礼的人往往为社会所唾弃。作为中职学校的学生更应注重礼仪修养。然而，礼仪修养绝不仅仅是一种外在的行为表现形式，它是与人内在的道德、文化和艺术修养密切相关的，是其内在的道德、文化和艺术修养的反映和折射。古人云"相由心生"，正说明了这两者之间的关系。

一个人精神面貌的塑造，在很大程度上取决于其思想境界、道德情操和文化素养这些内在品质。在社会生活和交往中，人的道德素质是沉淀在内心世界的，它可以通过人的礼仪行为表现出来。比如，有的人尽管住着高级别墅、穿着名牌衣服，但服饰样式、色彩的选择都不合适，穿在身上并没有美感；有的人社交语言的表达很动听，但给人的感觉是言不由衷的；有的人在社交场合尽管按要求做了一些礼仪动作，但只是形似没有神似。

中等职业学校的学生直接面对着社会的选择，若要提高社会交往、待人处世以及择业的能力，使自己的仪表仪容、言谈举止、气质风度与众不同，就应在学习礼仪行为规范的同时，注重内在修养，在勤奋求知中不断充实自己，以提高自己的礼仪水平。因此，中职学生需要具备思想道德、文化知识和身体心理等三个方面的礼仪修养。

1. 思想道德修养

常言道："有德才会有礼，缺德必定无礼。"道德是人们共同生活和工作的行为准则和规范，也是礼仪的基础。现实生活中，为人虚伪、自私自利、斤斤计较、唯我独尊、嫉妒心强、苛求于人、骄傲自满的人，对别人不可能诚心诚意、以礼相待。在人际交往中，要真诚地礼貌待人，就必须以高度的思想道德修养为基础，养成理解、宽容、谦逊、诚恳的态度和与人为善、助人为乐的品行，养成依礼行事的习惯，形成良好的综合素质。

2. 文化知识修养

文化知识修养包括人文文化知识修养与科技文化知识修养。人文文化是人类感性思维探求精神世界的结果，包含文学、哲学、史学、艺术、宗教等学科；科学文化则是人类理性研究、认识与掌握客观世界规律的所有成就，可细分为数学、物理学、化学、生物学、经济学、天文学、地质学、电子学、行为学、伦理学、心理学等学科。

礼仪修养的知识不是孤立的，有关人文、社会、自然科学的知识都是中职生"为人""做人"所应必备的。中职生应在掌握专业知识技能的同时，加强对人文社会科学和自然科学方面的学习，以提高文化品位、审美情趣、人文素养和科学素质，从而升华人格、提高境界、开阔视野、活跃思维、激发创新灵感，为学好专业以及今后的发展奠定坚实的文化基础和深厚的人文底蕴，成为基础扎实、知识面宽、能力强、素质高的人才。

3. 身心素质修养

身心素质修养是指中职学生不仅要有一个健康的身体，还要有健康的心理。一方面，要有健壮的身体，能抵抗疾病，能担任繁重的工作和经受各种艰苦环境的考验；另一方面，要有良好的心理素质，能够自觉地进行心理调控，把握好自己的情绪，保持良好的心境，能承受各种压力，保持健康的人格。

二、中职学生良好习惯的养成

习惯是人的一种基本素养，包括卫生习惯、睡眠习惯、学习习惯、饮食习惯、着装习惯、为人处世习惯等。印度有一句谚语：播种行为就会收获习惯，播种习惯就会收获性格，播种性格就会收获命运。由此可以看出，养成良好习惯有多么重要。习惯是从播种行为开始的，不良行为会导致恶习的养成，良好习惯需要从一点一滴的行为做起。一个合格的中学生如何养成良好的习惯呢？

1. 养成良好习惯，从遵规守纪开始

良好的习惯是从良好的行为开始逐渐养成的，恶习沾染也是从不良行为开始的。有的同学虽然年龄不大，但是无论是学习生活，还是为人处世，都有良好的习惯。但也有些同学虽然年龄不大，却沾染了许多世俗或成人化的恶习，抽烟、喝酒、学习不踏实、做事马虎、撒谎、不讲卫生，甚至满口脏话等。良好习惯不是天生就有的，而是从良好的行为开始一步一步养成的，拥有良好习惯的人，近一点讲，显得有教养，远一点讲，会造就好的性格。青少年时代，同学们处于许多习惯的养成阶段，是培养良习，还是形成恶习，我们的行为非常关键。良习的培养，需要从遵规守纪开始。

2. 战胜自我，不断改恶除弊

我们每个人身上或多或少都存在着一些不良习惯，虽然不良习惯不都等于恶习，但不良习惯无论是对自己还是对社会都是有一定危害的，有的是精神上的，有的甚至是社会问题。就像形成良习非常不容易一样，要想在很短的时间内把多年养成的不良习惯改掉是相当困难的。虽然"恶习难改"，但并不是说"恶习不能改"，只是这是一个十分艰难的过程，要有坚强的意志力和毅力。比如，有的同学养成了抽烟的不良习惯，一旦成瘾，可以说完全戒掉是很困难的，但我们身边还是有许多戒烟成功的先例。学生形成了一点不良习惯并不可怕，可怕的是不良习惯变成了恶习，可怕的是旧的恶习未改，新的不良习惯又形成。因此，作为合格的中职学生，我们不仅要把握好自己的行为，形成良好的习惯，还要不断战胜自我，努力改掉自身存在的不良习惯。

3. 树立志向，收获命运和成就

良好的习惯会使我们受益终生，不仅能造就良好的性格，还能为我们担当大任、成就大事打下基础。我们要时刻明确主宰命运的是我们自己，在中专学习阶段就要树立远大的志向、确立远大的理想、规划设计人生蓝图，围绕目标及理想，处处严格要求自己，时时刻刻提醒自己，不断改掉自身存在的不良习惯，逐步培养良好习惯。

三、中职生礼仪规范

1. 升国旗仪式时，表情庄重、衣着整洁、脱帽肃立，行注目礼；唱国歌严肃、准确，声音洪亮。

2. 穿戴整洁、朴素大方、不烫发、不染发、不化妆、不佩戴首饰，男生不留长发，女生不穿高跟鞋。

3. 坐正立直，行走稳健，举止文雅，稳重端庄，落落大方。

4. 语言文明，态度友善。使用礼貌用语：请、您、您好、谢谢、对不起、没关系、再见。

5. 使用基本体态语言：微笑、鞠躬、握手、招手、鼓掌、右行礼让、回答问题起立、递送或接受物品时起立并用双手。

6. 进校见到老师要问好；上下课时起立向老师行礼问候；课堂上发言先举手，回答问题声音洪亮清晰；进老师办公室或居室，喊报告或轻敲门，经允许后再进入。

7. 进餐时遵守食堂秩序，相互礼让，保持安静；爱惜粮食，不乱扔餐具与垃圾，维持餐厅卫生。

8. 讲究卫生，不随地吐痰，不乱扔废弃物，养成良好的卫生习惯。

9. 同学之间互相尊重、团结互助、理解宽容、真诚相待、正常交往。

10. 未经允许不进入他人房间、不动用他人物品、不看他人信件和日记。

11. 外出遇到老、幼、病、残、孕者时，行走让路、乘车让座、购物让先，尊重并帮助残疾人。

12. 遵守网络道德和安全规定，不浏览、不制作、不传播不良信息，慎交网友，不进入营业性网吧。

13. 参加集会守时肃静，大会发言先向师长和听众致礼，发言结束道谢；观看演出、比赛时适时适度地鼓掌致意。

14. 尊重、体贴、关心父母；家中吃饭请长辈先就座；离家或归家时向家长打招呼；不随意顶撞长辈。

现代礼仪

知识卡片　让优秀成为一种习惯

　　习惯能够决定一个人的命运。对于正在创业的青年人来说，养成良好的习惯尤为重要：一、养成良好的学习习惯。养成良好的学习习惯是一个人获得好的智慧、品格、理念、才能的前提之一；二、养成良好的工作习惯。养成良好的工作习惯有助于净化工作环境，提高工作效率和工作质量；三、养成良好的生活习惯。生活习惯关系到青年人的自身形象和身体健康，青年人应保持健康积极的身体状态和心理状态。好习惯可以受益终身，但好习惯并不是靠一天两天养成的，它来自于对理想的坚定追求，来自于长期严格的自律。

学习活动

　　把全班同学分为四个小组，指定小组长，然后小组长带领小组成员讨论教室文明公约的条款，教给学习委员，汇集、编写成一份《教室文明礼仪公约》，经老师修订后，张贴在教室里，供同学们互相监督、共同遵守。

学习评价

你做到了吗？　选择下列正确的一项，检查自己的礼仪行为：

1. 星期一早上，操场上正在举行升旗仪式。你来晚了，走到操场时，正在进行升国旗、奏国歌，你应该(　　)。
A. 立刻跑到班级的队伍中　B. 站在原处，行注目礼　C. 躲一躲再说
2. 当在校园里遇见老师时，应当(　　)。
A. 视而不见　　　　　　B. 绕道而行　　　　　C. 面带微笑，说"老师好"

3. 站姿应是自然、放松、优美，而且身体一定要保持（　　）。
A. 挺直　　　　　　　B. 挺腹　　　　　　　C. 含胸
4. 男生的头发长度应前发不覆额、侧发不掩耳、后发（　　）。
A. 不过肩　　　　　　B. 不过领　　　　　　C. 不超过发际
5. 未经（　　）同意不要随便动用他人物品，也不要随便翻阅别人的书籍、作业、日记。
A. 老师　　　　　　　B. 本人　　　　　　　C. 家长
6. 在手势语运用中，切忌谈话时伸出食指指点（　　），这是一种不礼貌的行为。
A. 天空　　　　　　　B. 自己　　　　　　　C. 对方
7. 递物品一般应该用（　　）递上。
A. 随意　　　　　　　B. 单手　　　　　　　C. 双手
8. 学生进老师办公室（　　）。
A. 敲门就可进入　　　B. 随意翻找东西　　　C. 敲门允许方可进入
9. 当你离开朋友家时，请主人不要送的时候应说（　　）。
A. 留步　　　　　　　B. 失陪　　　　　　　C. 拜访
10. 在公共汽车、地铁、火车、飞机上或剧院、宴会等公共场所，朋友或熟人间说话应该（　　）。
A. 随心所欲　　　　　B. 高谈阔论　　　　　C. 轻声细语，不妨碍别人
11. 别人为你服务、做事和帮忙，要说（　　）。
A. 谢谢　　　　　　　B. 请　　　　　　　　C. 对不起
12. 致歉语有对不起、请原谅、（　　）。
A. 拜托了　　　　　　B. 多谢了　　　　　　C. 打扰了
13. 称呼长辈应该用（　　）。
A. 您　　　　　　　　B. 你　　　　　　　　C. "您"和"你"都可以用
14. 当别人说"你穿这件衣服太漂亮了"，你应该说（　　）。
A. "谢谢"　　　　　　B. "这有什么漂亮的呀！"　C. 不说话
15. 在排队打饭时（　　）。
A. 排在熟人的前面　　B. 请人代打　　　　　C. 按次序排队
16. 如果有客人来访，应该（　　）。
A. 提前到门口迎接　　B. 当着客人面收拾屋子　C. 如临时有事，可让客人自行娱乐
17. 外出要遵守交通规则，注意靠（　　）边行走，过马路时走人行横道。
A. 右　　　　　　　　B. 左　　　　　　　　C. 中间
18. 在机场、商厦、地铁、学校等公共场所走楼梯或乘自动扶梯应靠（　　）站立，另一侧留出通道供有急事赶路的人快行。
A. 左侧　　　　　　　B. 右侧　　　　　　　C. 中间
19. 在图书馆和阅览室阅览完毕后，应将书（　　）。
A. 随便放　　　　　　B. 放回原处　　　　　C. 放在桌子上

20. 接电话时第一句说(　　)是最恰当的。
   A. "喂，你找谁？"
   B. "您好！请问您找哪位？"
   C. "谁呀？干吗？"
21. 打电话打通后，发现自己拨错了号码，应该(　　)。
   A. 说"对不起，拨错了号码，打扰您了"
   B. 埋怨对方
   C. 立即挂断电话
22. 到他人家里做客拜访，最适宜的时间是在(　　)。
   A. 上午十点或下午四点左右
   B. 中午十二点或下午两点左右
   C. 晚上十点左右
23. 不会回答老师的提问，正确的做法是(　　)。
   A. 低着头默不作声　　B. 告诉老师自己不会回答　C. 胡乱回答
24. 老师的批评若与事实有出入，学生应该(　　)。
   A. 等老师讲过之后平心静气地加以解释
   B. 当场辩解与反驳
   C. 在课下散布对老师的无礼言辞，发泄不满情绪
25. 由于鼻子痒，(　　)在众人面前挖鼻孔。
   A. 可以　　　　　　B. 不可以　　　　　　C. 无所谓
26. 乘坐公交和地铁时应排队候车，先下后上，要礼让妇女、小孩、残疾人和(　　)。
   A. 青年人　　　　　B. 中年人　　　　　　C. 老年人
27. 旅游观光时，不正确的行为是(　　)。
   A. 将果皮纸屑扔进垃圾箱
   B. 在文物或树木上题名、留念
   C. 不大声喧哗
28. 要扔垃圾，可附近又没有垃圾箱，应当(　　)。
   A. 随手扔了
   B. 看看周围没有人注意就扔在地上
   C. 拿在手里，等到看见垃圾箱再放入
29. 如需吐痰，不应(　　)。
   A. 把痰吐在垃圾桶上层的碎石里
   B. 把痰吐入纸巾再投入垃圾桶
   C. 把痰吐在草地上
30. 咀嚼过的口香糖的正确处理方法为(　　)。
   A. 随地乱丢　　　　B. 包在纸里扔进垃圾箱　　C. 丢在墙角

项目二　校园礼仪

学生在学校不仅要学习专业知识、文化知识，还应具有道德素养，使学校形成良好的风气。学生应在礼仪的规范下，养成讲文明、懂礼貌、重礼仪的道德观念和行为习惯，掌握校园各项礼仪规范。本章向同学们具体介绍课堂礼仪、宿舍礼仪、餐厅礼仪、升旗礼仪和校园其他礼仪，帮助同学们养成良好的学习、生活习惯，营造文明的学习环境。

第一节　课堂礼仪

《宋史·杨时传》记载："见程颐于洛，时盖年四十矣。一日见颐，颐偶瞑坐，时与游酢侍立不去。颐既觉，则门外雪深一尺矣。"说的是宋代学者杨时和游酢向程颢、程颐拜师求教的事。相传，一日杨时、游酢来到嵩阳书院拜见程颐，正遇上程老先生闭目养神，坐着假睡。这时候，外面开始下雪。这两人求师心切，便恭恭敬敬侍立一旁，不言不动，如此等了大半天，程颐才慢慢睁开眼睛，见杨时、游酢站在面前，吃了一惊，说道："啊，啊！他们两位还在这儿没走？"这时候，门外的雪已经积了一尺多厚了，而杨时和游酢并没有一丝疲倦和不耐烦的神情。这个故事，就叫"程门立雪"，在宋代读书人中流传很广。后来人们常用"程门立雪"表示求学者尊敬师长和求学的心诚意坚。

课堂礼仪是学校礼仪中的一个重要内容。

也许有的同学会问："课堂是学习的地方，为什么也需要讲文明礼仪呢？"因为学校是文明的窗口，课堂则是学校生活最重要的地方；课堂还是个小社会，同学间的交往、师生间的沟通都离不开文明礼仪；此外，课堂活动是有秩序、有组织的，它不仅关系到自己，还影响到他人，所以课堂需要一定的礼仪来规范。

一、教室

教室是学生学习的地方，每天学生的大部分时间都是在教室里度过的，它应是一个严肃的场所。为此，学生应严格遵守在教室时的礼仪规范和要求。

1. 整洁的仪容仪表

学生进入教室要面容清洁、头发整齐，男同学不要胡子拉碴，女同学不要化妆。衣着要整洁，夏天不能穿背心、拖鞋到教室，也不能敞胸露怀。

2. 举止得体

夏天听课时不能扇扇子，冬天课堂上不能戴口罩。不能吃东西、嚼口香糖、用耳机听音乐，坐姿要端正。具体要求：

（1）入座要轻而稳。先走到座位前，再转身轻稳地坐下。女生入座时，若是裙装，应用手将裙稍微拢一下，坐下后嘴唇微闭、下颚微收，面容平和自然，不要随意挪动椅子，发出巨大的声音。

（2）身体端正挺拔。双肩平正放松，两臂自然弯曲放在课桌上。立腰挺胸，上体自然垂直。不要前倾后仰或歪歪扭扭，东摇西晃，也不要斜靠在椅子上。

（3）双腿自然垂放。双膝自然并拢，双腿正放，垂直于地面，双腿不要过于分开，也不要长长地伸开，腿脚不要不停地抖动。

（4）坐姿稳重大方。坐在椅子上时至少要坐满椅子的三分之二。离座时，要自然稳当，右脚向后收半步再站起来。

3. 注意保持教室的卫生和秩序

不要在黑板、墙壁、课桌、凳子上乱写乱画，也不要在教室里乱扔果皮、纸屑，不随地吐痰。在教室里保持安静，维持教室的良好学习环境。课间不要追逐打闹，以免影响其他同学的学习和身心健康。课间休息时，在走廊里行走要靠右行，不要快速奔跑猛拐。

二、课堂

1. 预备铃

两分钟准备是从上一堂课转向下一堂课，从室外活动转入室内活动的一种过渡，它能帮助学生使自己的思想尽快集中起来，每位同学都能做好上课准备，既是尊重别人的表现，也是尊重整个集体的表现，学生应该在听到预备铃后两分钟内进入教室，准备好上课需使用的书本，端坐恭候老师的到来，并欢迎教师传授知识，这本身是一种应有的礼貌，也是对老师的尊重。

当教师宣布上课时，全体同学应该迅速肃立，向老师问好，待老师答礼后，方可坐下，学生应当准时到校上课，若因特殊情况，不得已在教师上课后进入教室，应在得到教师允许后，方可进入教室。

2. 上课

在课堂上要认真听老师讲解，注意力集中，独立思考问题，重要的内容应做好笔记，当老师提问时应该先举手，待老师点到你名字的时候才可以站起来回答，发言时身体要立正，态度要落落大方，声音要清晰响亮，并且应当使用普通话，课堂上不随便出位走动，不交头接耳，不做小动作，不睡觉，不吃东西、喝水，不戴耳机、摆弄手机等，不做与课堂教学无关的事。

虚心接受老师的批评教育，并认真改正自己的缺点错误。若老师的批评与事实有出入，要在老师讲过后平心静气地加以解释，或在事后寻找适当的场合、时机加以说明。若与老师发生矛盾，不要顶撞老师，更不要在课下散布对老师的无理言辞来发泄不满情绪。

对老师讲述的内容有异议时，最好下课后单独找老师交换意见，共同探讨。若非提意见不可，也要注意场合和方式，态度要诚恳、谦虚恭敬，不可扰乱课堂秩序。

3. 下课

听到下课铃响后，若老师还未宣布下课，学生应当安心听讲，不要忙着收拾书本，或把桌子弄得乒乓作响，这是对老师的不尊重，下课时全体同学仍需起立，与老师互道再见，待老师离开教室后，学生方可离开。

4. 课间

准备好下节课需要用的学习用品，主动帮助老师拿教具、发作业，上下楼梯做到轻声慢步靠右行；在走廊里不乱扔杂物，不快速奔跑、猛拐、推搡；爱护学校公物，语言文明，不说脏话、粗话，公共场所不大声喧哗。

对老师的相貌和衣着不要指指点点、评头论足，要尊重老师的人格和习惯。

三、阶梯教室

阶梯教室，是集会议、多媒体教学、科学报告于一体的多功能专用教室。阶梯教室一般配备有一定数目的活动桌椅、窗帘、用电设施，特别配备了多媒体教学设备，包括电脑、数码投影仪、音响设备等其他现代辅助教学设施。因此，进入功用多、设施贵重、使用频率高的阶梯教室时，必须遵守相关规定，以免出现问题。

1. 必须保持室内卫生

阶梯教室的环境卫生十分重要，不仅不能乱扔垃圾，更重要的是不能使教室内的灰尘太大，过量的灰尘会损害设备，易造成设备故障。因此，进入阶梯教室前要穿上干净的鞋子，在阶梯教室内走动要轻手轻脚，打扫卫生时不能用扫帚扫，应用拖把拖，在拖地时还要沥干拖把，以免造成管线受潮影响多媒体设备的使用，桌椅也要经常擦拭。

2. 必须爱护室内公共设施

多媒体教学的设备不仅齐全，而且十分贵重，除了数码投影仪之外，其他设备均配备于伸手可及的工作台上。因此，同学们进入教室后，不能去摆弄包括电脑在内的任何设备，特别是调音台上操作按钮很多，千万不能因为好奇而乱摸乱动。当然，阶梯教室内的窗帘、桌椅、消防栓等公共设施都需要同学们精心保护，拉窗帘时动作要轻，不要在桌椅上乱刻乱画，不要摆弄消防栓柜，起立后坐下时一定要轻，以防椅板变形，影响寿命。

3. 必须保持室内安静

阶梯教室的功能是很多的，多数情况下是集会或上课，集会与上课都是十分严肃的事情，不得大声喧哗，更不允许翻越座位。因此，进入阶梯教室的一条重要纪律是要保持室内安静，即使使用话筒，也需要保持课堂或会场秩序，每个人都务必做到进入阶梯教室安安静静，离开阶梯教室轻手轻脚，确保阶梯教室的使用效率。

四、养成良好的学习习惯

1. 明确学习目的

学习目的是指路明灯，是学习的力量源泉。学生入学后必须明确学习目的：

(1)为终生学习打下基础。

(2)为生存和就业打下基础。

(3)回报父母养育之恩，提高自己一生的生活质量。

2. 掌握学习方法

(1)上课时认真听讲，做好课堂笔记。

(2)学习中遇到不懂的问题要多问勤问，不能不懂装懂。

(3)学会预习和复习(利用课余时间和自习)。

(4)按时、独立完成作业。

(5)多提问、善思考、勤动手，各项技能要勤学苦练。

3. 遵守学习纪律

(1)按时上课和下课，做到不迟到、不早退、不旷课，有事请假。

(2)上课期间，如有事确需离开教室，须向任课老师请假，征得同意后方可离开，回教室时要报告，经同意后方可进入教室。

(3)上课期间，要尊重老师的劳动，不得以任何理由顶撞老师。

(4)上课坐姿要端正，认真听讲，不得做看小说、听歌曲、大声喧哗、睡觉等与本课程无关的事情。

(5)上课和下课要与老师互致问候，走出教室要让老师先行。

(6)自习课要注意课堂纪律，禁止在自习课上来回走动、乱窜座位、大声喧哗等，这些都是影响别人学习的行为。

(7)自觉服从班干部的管理，不得无理顶撞班干部。

(8)参加考试要自觉遵守考场纪律，不抄袭、不交头接耳。

4. 克服不良学习习惯

(1)学习目的不明确，应付、敷衍了事，缺乏兴趣和激情，随意缺课。

(2)上课注意力不集中，做小动作。

(3) 不懂装懂，羞于请教老师和他人。
(4) 课堂只听不记，作业马虎，字迹潦草，不按时完成学习任务。

知识卡片　学习的内涵

在中国，"学习"这一词，是把"学"和"习"复合而组成的词。最先把这两个字连在一起讲的是孔子。孔子曰："学而时习之，不亦说（yuè）乎？"就是说，学了东西之后进行及时、经常的温习，是一件很愉快的事情。按照孔子和其他中国古代教育家的看法，"学"就是闻、见，是获得知识、技能，除了指接受感性知识与书本知识外，有时还包括思的含义在内。"习"是巩固知识、技能，一般有三种含义：温习、实习、练习，有时还包括行的含义在内。"学"偏重于思想意识的理论领域，"习"偏重于行动实习的实践方面。学习就是获得知识，形成技能，培养聪明才智的过程。实质上就是学、思、习、行的总称。

学习活动

活动一　把学生分为若干小组，四人一组，每组进行课堂礼仪的演示，由同学找不足，老师给予点评。

活动二　成立课堂礼仪监督组，针对课堂中的礼仪进行督查，每天一反馈。

学习评价

选出正确的一项，看看自己对课堂礼仪的了解程度：

1. 教室是同学们学习的地方，学生应严格遵守教室的礼仪规范要求。下列不符合教室礼仪规范的一项是(　　)。

项目二　校园礼仪

A. 仪表整洁　　　　　　B. 举止得体　　　　　　C. 大声喧哗

2. 我们在课堂上应当使用(　　)。

A. 方言　　　　　　　　B. 普通话　　　　　　　C. 方言和普通话都可以说

3. 上课时，要求坐姿端正，立腰挺胸，上体自然垂直。下列坐姿规范的一项是(　　)。

A. 摊开双臂，趴在桌子上

B. 斜靠在椅子上

C. 坐满椅子的三分之二

4. 老师提问，学生应该站起来回答，答不上来的问题应说(　　)。

A."对不起，我还没考虑好"

B."我不会"，

C."不知道"

5. 课堂上有疑问时，应(　　)。

A. 先举手，老师允许后再发言

B. 边举手边说

C. 自己站起来说

6. 在学习中遇到问题时，要(　　)。

A. 不懂装懂　　　　　　B. 放在一边　　　　　　C. 多问、勤问

7. 进出阶梯教室时，应该(　　)。

A. 翻越桌椅　　　　　　B. 往前挤　　　　　　　C. 轻手轻脚

8. 下课时间以(　　)为准。

A. 学校铃声　　　　　　B. 上课教师的指令　　　C. 自己的钟表

第二节　宿舍礼仪

　　谢菲与燕子是一个宿舍的，周日中午，谢菲一个人在宿舍睡午觉时，燕子领着几个男老乡说说笑笑地从外边进来。进宿舍后，这群人仍大声笑闹，谢菲躺在那儿，起也不是，睡也不是。为此，两个人发生了口角。

　　在一个陌生的城市和环境中，宿舍是同学们的第二个家，这个家，是同学们学习、生活的地方。宿舍的氛围直接影响到每一个学生的情绪和生活、学习质量。一个和谐的宿舍能够给每一个成员带来快乐与力量。反之，一个不和谐的宿舍，会给每一个成员带来沉重的负担，严重影响成员的生活和学习质量。良好的宿舍礼仪是宿舍和谐的关键因素，因此，生活在这个大家庭中的每一个成员，除自觉遵守学校规定的宿舍纪律外，还应注意起居礼仪。

一、集体宿舍

同学们共同生活在宿舍这个有限的空间，要特别注意以下礼仪：

1. 遵守宿舍生活秩序

（1）住在集体宿舍内，要自觉遵守宿舍纪律、团结同学、相互关照、宽以待人、严以律己。

（2）借用同学东西，要征得别人的同意，用后要及时归还，若有损坏，应照价赔偿。

（3）不能随便使用、翻弄别人的东西。

（4）个人生活及学习用品应安放在一定位置，不能随手乱丢。

（5）如遗失物品，不胡乱猜测、怀疑别人。

（6）在宿舍内不要高声谈笑，看视频或听音频时，要尽量使用耳机，或尽量把音量调小些，以免影响别人休息。

2. 讲究宿舍公共卫生

宿舍公共卫生及宿舍面貌，在一定程度上能体现和反映出住校学生的卫生习惯、劳动观念、文化修养及思想修养。所以，要做到：

（1）要保持寝室整洁，坚持天天打扫卫生，定期擦洗地板、桌子、橱柜和门窗。

（2）换下的脏衣服、脏鞋袜要及时清洗和晾干，未洗之前不可乱丢，要放在隐蔽的地方。

（3）毛巾、脚布都要挂整齐，不要与别人的靠在一起，以避免相互感染。脸盆、口杯等其他洗漱用具应有规律地放在一定的地方。

（4）重要书籍、电脑等学习用品和其他贵重物品，不能乱丢乱放，要安全可靠地放置在自己的书桌内。

（5）冬天用的取暖器，夏天用的电扇、蚊香，都要存放在安全的地方。

（6）点心、食品和碗筷，不仅要安放整齐，还要注意密封和加罩，以确保卫生，对已变质的食物，要及时处理掉。

3. 言谈举止文明礼貌

在寝室内，应与在学校其他场所一样，不要与同学疯打、恶作剧，不开过分的玩笑，不取笑同学的生理缺陷，不叫同学的绰号，不讲粗话和脏话，晚上就寝前，应与老师和同学道别。

4. 关心同学，爱护公物

同学有困难应主动帮助，同学生病要主动关心和照顾，体现集体宿舍大家庭的温暖。要节约用水用电、爱护集体宿舍的各种设备，如无意中损坏了公物，要主动承认并自觉赔偿。

5. 尊重他人，善待朋友

学生宿舍是同室学生的生活场所，一般在室内的作息与穿着都比较随便，个人的生活习惯也不相同，所以在寝室里串门、接待亲友或有外人来访，在礼仪上应注意以下几点：

（1）应在有同学相邀或得到该寝室其他同学的许可后，方可串门。进寝室后，应主动向其他同学打招呼，并只能坐在邀请你的同学的铺位上，不能随便乱坐（若邀你的同学睡的是上铺，一定要得到下铺同学的同意后，方可坐其铺位）。未经同意，不能动用别人的茶具、毛巾、书籍等物。不随便移动或翻动同学的东西。谈话声音要轻，谈话时间要短，不可坐得太久，以免影响该寝室同学处理生活上的事。

（2）若去异性同学的寝室串门，还必须在该寝室其他同学生活上方便的情况下才能进入（尤其是夏天），且要做到谈话文雅、举止文明、逗留时间更要短暂。

（3）接待客人来访时，在客人进入寝室之前，应先向寝室里其他同学打招呼，客人进来后，应主动向同学介绍来访者。异性客人在进入寝室前，必须先向寝室的同学说明情况，并在他（她）们有所准备之后，方可带领客人进入，并主动向同学介绍来访者。

二、就寝

1. 按时就寝

集体生活的最大特点，就是要求集体中的每个成员都做到统一行动，按时作息。

（1）就寝时间一到，应停止一切活动，立即上床睡觉。不能因个人的原因而影响大家的休息。

（2）上床前，要主动关好宿舍门窗，注意安全。上床时动作要轻，尤其是睡在上铺的同学，上床要文明，不要影响下铺的同学就寝。

（3）上床后，要把脱下的衣服有层次地放在一个既拿取方便，又不妨碍其他同学生活的地方。

（4）熄灯后，不要躺在床上看书、与同学聊天，应立即入睡。

（5）若因故未能按时回宿舍就寝，回来时应轻轻地开门、关门、上床睡觉，尽量使用微型手电筒照明，以免惊醒别人。

2. 起床后的礼仪

（1）闻铃起床，行动迅速。一切行动听指挥，起床铃响应立即起床。睡在上铺的同学下床时，要注意安全，脚不要踩到下铺的同学。

（2）整理卧具，整齐统一。起床后，应马上整理卧具，被子应按统一要求叠放，放于床中央。枕头可平整地放在叠好的被子上，也可放在床的一头。若是夏天，还应将蚊帐收起来，使整个宿舍整齐美观。

（3）洗漱迅速，礼让三分。洗漱时，不要拿错洗漱用具，动作要快，以免影响其他同学的洗漱。一般情况下，学校的盥洗设施都能够满足学生的需要，但盥洗高峰期，就会显得比较紧张。这种情况下，要做到先人后己、礼让三分，不能与同学争水龙头、抢盥洗池，做出不文明的举动。

（4）以礼待人，互问早安。早晨起床，初见老师和同学时，应主动打招呼，向老师和同学问早。

（5）遵守时间，按时作息。起床、洗漱、早操、自修、用餐，都应按照学校规定的作息时间进行，增强时间和纪律观念。

小贴士　宽厚是种美德

宽厚是指器量宏大，在处理人际关系、待人接物方面宽容厚道，不刻薄，能容人。俗话说："宰相肚里能撑船。"不是人人都能当宰相，但人人都应培养这种胸怀和气量。同学们应当具有宽厚的胸怀，唯有宽厚的胸怀才可以兼容万事万物，同各种各样的人友好相处，增进人际关系的和谐。要培养宽厚的美德，应充分理解、体谅他人，不求全责备，要看到他人的善良与友好，做到宽以待人。但宽厚并不是无原则地原谅，掩盖他人的过失，而是主张以扬善去恶为基础，不姑息养奸。

学习活动

活动一　开展校园文明宿舍、文明宿舍标兵的评选活动。
活动二　成立宿舍礼仪监督组，针对宿舍中的礼仪进行督查，每天一反馈。

学习评价

判断下列行为是否符合宿舍礼仪：
1. 借用同学东西，用后要及时归还，若有损坏，应照价赔偿。（　　）
2. 换下的脏衣服、脏鞋袜来不及洗时，要放在隐蔽的地方。（　　）
3. 毛巾、脚布都要挂整齐，不可以与别人的靠在一起，以避免相互感染。（　　）

项目二　校园礼仪

4. 在宿舍里可以和同学大声说话，叫同学的绰号。（   ）
5. 宿舍是自己的，宿舍里的各项活动无所谓是否按规定的时间进行。（   ）
6. 早上起床后，可以先去上课，放学后再回宿舍整理床铺。（   ）
7. 在盥洗高峰期要做到"先人后己，礼让三分"。（   ）
8. 晚上熄灯后可以用手电筒照着看书。（   ）
9. 串宿舍时，可以随意坐在任何一张床上。（   ）
10. 到异性同学的宿舍去玩，逗留的时间不宜过长。（   ）

第三节　餐厅礼仪

餐厅是公共场所，是充分体现学生文明素养的地方，同学们一日三餐都集中于此。可以说，在学校的一定时间范围内，人员集中程度之高、聚集密度之大莫过于食堂。因此，遵守就餐秩序、讲究公共道德是每一个到食堂就餐的学生都必须注意的。

一、遵守就餐秩序

1. 有秩序地进入餐厅。
2. 排队购买饭菜。
3. 和师长一起吃饭，请师长先入座。

二、文明就餐

1. 不随便抱怨饭菜。不要当着食堂工作人员的面，抱怨饭菜不好。如果有必要的话，可以以婉转的语气去建议。
2. 坐姿文明。两脚自然并拢，双腿自然平放，坐姿自然，背直立。
3. 不乱吐餐余垃圾。骨、刺以及无法吃的其他东西，不要随地乱吐，可以放到餐具里或吐到自己准备的其他盛具里。
4. 吃相文明。吃东西或喝汤时要小口吞咽，闭嘴咀嚼，尽量不发出响声。
5. 爱惜食物。不要随便剩饭、剩菜。如果有无法吃的饭菜，要倒进指定的泔水桶里，不要往洗碗池、洗手池里倒。
6. 不大声喧哗。
7. 和熟人一起吃饭，先吃完了要说"请慢慢吃"。

三、养成良好的饮食习惯

中职学生正处于生长发育的黄金时期，不仅身体发育需要消耗大量的营养，紧张的学习也需要消耗大量的热量，因此，学生饮食习惯十分重要。饮食上出现问题，既影响正常的生理发育，有损身体健康，又会影响学习效率。那么，如何养成良好的饮食习惯呢？同学们应该做到以下几点：

1. 一日三餐，定时定量。既要保证营养所需，也要考虑到热量的补充。
2. 注意饮食卫生。不使用公用餐具，不随便在饮食摊点上就餐。
3. 不吃不健康食品。不喝酒，不抽烟，不多吃冷食，不吃零食，尤其是小吃，不吃过期变质食品。
4. 早餐吃好。不要吃得太饱，否则会引起大脑缺血，上午上课犯困。
5. 不暴饮暴食。暴饮暴食不易消化，易引起胃病。

知识卡片　使用筷子的禁忌

中国人使用筷子用餐是从远古流传下来的，古时又称筷子为"箸"。日常生活当中对筷子的运用是非常有讲究的，用餐前筷子一定要整齐码放在饭碗的右侧，用餐后则一定要整齐地竖向码放在饭碗的正中。三长两短、仙人指路、品箸留声、击盏敲盅、执箸巡城、迷箸刨坟、泪箸遗珠、颠倒乾坤、定海神针、当众上香、交叉十字、落地惊神这十二种使用筷子的禁忌，是我们日常生活当中所应当注意的。

学习活动

活动一　分组观察在餐厅就餐的学生的表现，将其中的不文明行为记录并公布出来。

活动二　查找自己在餐厅就餐时有哪些缺点，并及时改正。

项目二　校园礼仪

学习评价

选择下列正确的一项，看看自己对餐厅礼仪的了解程度：

1. 在食堂就餐时，错误的做法是(　　)。
   A. 大声地叫喊喧哗　　　B. 按秩序排队打菜　　　C. 桌上不留剩菜剩饭

2. 使用餐巾纸时，不可以用餐巾纸来(　　)。
   A. 擦嘴角的油渍　　　B. 擦手上的油渍　　　C. 擦拭餐具

3. 打饭排队时有事暂时离开，再次返回后，以下(　　)的做法是错误的。
   A. 不必向原位身后的人说明而直接回到原来的位置上
   B. 从队伍末端重新排起
   C. 向原位身后的人说明情况，获得同意后回到原处继续排队

4. 下列不属于文明用餐的一项是(　　)。
   A. 取菜文雅　　　B. 入口适量　　　C. 随地乱吐

5. 如果有无法吃的饭、菜，要倒进(　　)。
   A. 泔水桶　　　B. 洗碗池　　　C. 洗手池

6. 学生在周末放假时(　　)。
   A. 可以喝点啤酒　　　B. 可以喝点白酒　　　C. 不能喝酒

7. 早餐能保证上午的营养和热量，但是在没有食欲时可以(　　)。
   A. 不吃早餐　　　B. 用零食替代　　　C. 少吃一点

8. 与师长、同学和熟人在一起吃饭，先吃完的时候要(　　)。
   A. 说"请慢慢吃"　　　B. 悄悄离开　　　C. 放下筷子，不说话

9. 吃东西或喝汤时不要(　　)。
   A. 小口吞咽　　　B. 闭嘴咀嚼　　　C. 边吃边说

10. 关于喝汤的几种说法中不正确的一项是(　　)。
    A. 要用汤匙，不宜端起碗来喝
    B. 喝汤的方法：汤匙由内向外舀汤，而非由外向内
    C. 汤舀起来，一次分几口喝下

第四节　升旗仪式

国旗是一个国家的象征，升降国旗是对青少年爱国主义教育的一种方式。1990年5月，中国的一名中学生梁帆应联合国儿童基金会的邀请，参加了在荷兰诺维克举行的主题为"世界儿童为和平、为未来"的见面活动。参加这次活动的还有来自世界其他许多国家的儿童代表。当看到宾馆门前的旗杆上悬挂着其他国家的国旗，唯独没有代表中国的五星红旗时，梁帆急切地找到活动组的一位负责人，礼貌并坚定地问："对不起，请问怎么没有看到我们中国的国旗？一定要升起中国的国旗，因为我在这儿！"

在梁帆强烈要求下，几经周折，鲜艳的五星红旗终于高高地飘扬在荷兰的上空！

根据教育部的有关规定，学校除假期外，每周举行一次升旗仪式，重大节日、纪念日或重大活动，也要举行升旗仪式。要每日早晨升旗，傍晚降下。学校举行升降国旗仪式，是为了使同学们通过升降国旗这一具有教育意义的仪式，受到深刻的爱国主义教育。

升降国旗，是在一种严肃、庄重的气氛和场合中进行的，在礼仪方面有严格的规定。同学们在参加升降国旗的仪式时，要自觉遵守有关的礼仪规则。

对国旗和国歌的尊重，也就是对我们伟大祖国的尊重。因此，同学们参加学校的升旗仪式要严肃认真，并能明确升旗仪式的程序，遵守有关的礼仪规则。

1. 升旗仪式的程序

（1）准备。升旗仪式开始前，全体师生面向旗杆整齐列队。学生应以班级为单位，按前矮后高的次序纵向列队；全体教师在学生队列后，成横向列队或单独纵向列队。旗手持旗，持旗方式一般应参照天安门广场每日升旗出旗时的持旗方式，双手持旗，右手在上，斜扛肩上。护旗手在旗手两侧，精神饱满地站在出旗位置上。旗手和护旗手应着校服或统一服装。升旗仪式中主持人和指挥唱国歌者，要站在师生队列最前面的显要位置。鼓号队、乐队或录音播放应同时做好准备。

（2）出旗。主持人宣布升旗仪式开始，全体师生肃立。旗手持旗，护旗手在旗手两侧，齐步走向旗杆，全体师生目送国旗至旗杆下。两名护旗手将国旗挂在旗绳上，由旗手检查无误后，护旗手做好升旗准备。

（3）升旗。升旗时应同时奏国歌。国旗应伴随国歌乐曲徐徐升起，至乐曲终了时，国旗升至杆顶。国旗升起时，全体师生肃立行注目礼。国旗升至杆顶（国歌奏完)后，由旗手和护旗手将旗绳固定好。全体师生同时礼毕。

（4）唱国歌。国旗升毕，指挥面向全体师生，指挥唱国歌，并有乐队或录音伴奏。唱完国歌，旗手、护旗手列队归位。

（5）国旗下讲话。升国旗后，由校长、教师或学生代表等做简短而有教育意义的讲话。

2. 升旗仪式礼仪规范

（1）端正肃立。当主持人宣布"升国旗，奏国歌"时，要立正、脱帽、行注目礼，直至升旗完毕。

（2）神态庄严。当五星红旗徐徐升起时，在场的人应该仰视，神态庄严、肃穆。

（3）保持安静。升旗时，列队要整齐，所有的人都要保持安静，不准自由走动、嬉闹、谈话和东张西望。

（4）如因特殊原因迟到，走进校门时恰逢升国旗和奏国歌，应立即停下，面向国旗方向立正站好，等升旗完毕后才可以继续行走。

（5）向国旗行注目礼。行礼时要脱帽、立正，挺胸抬头，双目仰视国旗，行注目礼。不能东张西望，不可倚靠他物，手自然下垂，不要插到口袋里。

知识卡片　国旗知识

　　国旗是国家的一种标志，是国家的象征。它通过一定的式样、色彩和图案反映一个国家的政治特色和历史文化传统。在一个主权国家领土上一般不得随意悬挂他国国旗。在国际交往中，形成了悬挂国旗的一些惯例，为各国所公认。在建筑物上或在室外悬挂国旗，一般应日出升旗、日落降旗。遇需悬旗致哀，通常的做法是降半旗，即先升至杆顶，再下降至距杆顶三分之一的地方。也有的国家不降半旗，而是在国旗上方挂黑纱致哀。升降国旗时，要立正脱帽行注目礼，升国旗一定要升至杆顶。悬挂双方国旗，按国际惯例，以右为上，左为下。两国国旗并挂，以旗本身面向为准，右挂客方国旗，左挂本国国旗。汽车上挂国旗，则以汽车行进方向为准，驾驶员左手方向为主方，右手方向为客方。所谓主客，不以活动举行所在国为依据，而以举办活动的主人为依据。国旗不能倒挂。有些国家的国旗由于文字和图案的原因，也不能竖挂或反挂。有的国家明确规定，竖挂需另制旗，将图案转正。各国国旗的图案、式样、颜色、比例均由本国宪法规定。不同国家的国旗如比例不同，同样尺寸制作，两面旗帜放在一起，就会显得大小不一，因此，并排悬挂不同比例的国旗，应将其中一面略放大或缩小。

学习活动

活动一　教师可收集并展示其他国家的国旗图片，让同学们比一比，看看谁知道的国旗最多。

活动二　同学们可以在课堂上谈谈自己对本学校升旗仪式的看法。

学习评价

选择下列正确的一项，看看自己对升旗仪式的了解程度：

1. 升国旗时应(　　)。
A. 目视前方　　　　　　B. 肃立、脱帽　　　　　C. 肃立、脱帽、行注目礼
2. 举行升旗仪式的时候，下列(　　)做法是不对的。
A. 神态庄重　　　　　　B. 脱帽肃立　　　　　　C. 小声说话
3. 行注目礼时，不能东张西望，不可倚靠他物，手要(　　)。
A. 自然下垂　　　　　　B. 放在胸前　　　　　　C. 插在口袋里
4. 下列悬挂国旗的礼仪表述不正确的是(　　)。
A. 广场上悬挂国旗，应遵循日出升旗、日落降旗的原则
B. 墙上悬挂双方国旗，遵循背靠墙壁、左为下右为上的原则
C. 升国旗时可以使用污损的国旗

第五节　校园其他礼仪

几名同学在校园里有说有笑地走着，迎面走来一位老师，他们都不认识，但当这位老师走到这几名同学身边时，其他人都还在说笑，只有一位同学恭敬地鞠了一躬，说："老师好!"老师也很高兴地回答："你好!"别的同学都没出声。等老师过去之后，有的人说那个同学傻，不认识的老师还给鞠躬，有的人说他根本是装样子，给别人看的。那个同学没有反驳他们，只是说了一句："做一个有礼貌的人是做学

生的最基本要求。"

另一件事,一位老师看见一张冰棍纸,弯下腰去,捡了起来,扔到了垃圾桶里。这是一件小事,但是他以身作则,若有学生看见了这位老师的做法,又怎会不佩服他呢?说不定下次他也会这么做。他也会明白乱扔垃圾是不文明的行为。

其实,礼仪是从一件一件小事上表现出来很的,是心灵美的一种表现,是做人的标准之一。我们应该让校园变成一个到处都很文明的地方。只有你、我、他都"从我做起",才会使校园到处充满礼仪的"味道",才会使你、我、他都成为真正的人。

一、同学交往礼仪

在学校学习时,同学们朝夕相处,是亲密的伙伴。同学情是学生生活中最宝贵的财富,它具有纯真浪漫、充满活力的特点。与同学交往应注意遵循有关的礼仪规范,从而建立一个和睦的同学关系网,使自己度过一段美好难忘的学生时光。

1. 相互尊重

(1)见面要主动与同学打招呼问候。与同学打招呼,一方面表示对同学间的尊重,另一方面表明自己自信健康的心态。

(2)当同学遇到困难,如学习暂时落后、遭遇不幸、偶尔的失败,不应嘲笑、讽刺、歧视,应该热情帮助,真诚伸出援助之手。

(3)对同学的相貌、体态、衣着不评头论足,对同学的生理缺陷尤其不能嘲笑,更不能给同学起侮辱性的绰号。

(4)男女同学交往要互相尊重,言谈举止有分寸。交往大方又不能轻浮,开玩笑要讲究分寸,不宜动手动脚、打打闹闹。

2. 礼貌相待

有求于同学时,须说"请""谢谢""麻烦你"等礼貌用语,借用学习用品时,应先征求同意后再拿,用后及时归还并致谢。

3. 和睦相处

(1)在学生宿舍里,同学们要自觉遵守作息时间,按时起床,按时熄灯就寝,起床、就寝动作要轻,说话声音要小,尽量避免打扰别人。

(2)自觉保持宿舍卫生,既要搞好个人卫生,又要热心主动地搞好室内卫生。

(3)不随便在他人床上坐卧。未经主人允许不随便动用他人的茶具、碗筷、毛巾等用具。不随便翻阅他人的书信、日记等。

（4）带朋友到宿舍来玩不要在宿舍嬉戏、打闹、喧哗，以防影响其他同学的休息、学习。

（5）对来拜访的同学要礼貌友善。对同学家长的到来要礼貌周到地接待。

（6）爱护宿舍的公共财物及各种用品，主动打开水，搞好宿舍同学间的团结，互助互让，严于律己，宽以待人。

（7）参与校内各种集体活动，要遵守各项有关规则，要谦让有礼，相互照顾帮助。

二、老师办公室礼仪

办公室是老师备课办公的地方，是一个严肃安静的场所，到办公室去拜访老师、领导，应注意有关的礼节：

1. 进出办公室的礼节

（1）学生进老师办公室，一定要敲门，得到允许后方可进入。

（2）进入后应向看到的其他老师点头致意。

（3）注意不要坐在其他老师的座位上，也不要乱翻办公室的东西。

（4）事情办完，立即离开办公室并礼貌地与老师告别。告别一般是先谢后辞，如："谢谢老师，再见！"

（5）进出办公室的动作要轻，不要大声喧哗，以免影响其他老师工作。

（6）到办公室找领导，一定要预约，并要按时到达。

2. 与老师交谈的礼仪

（1）与老师交谈态度要诚恳，说话要实实在在，实事求是。客套话太多也是一种失礼。

（2）认真倾听老师的讲话，与老师交流的时间应在50%以上，注视位置大致在老师的双肩与头的三角区，必要时点头对老师的话表示赞同。

（3）交谈中少打手势，音量适中。手势过大、声音过大都是不礼貌的。一般来讲，手势的幅度是上不过肩下不过腰。

（4）距离适中。交谈距离1.5米左右，太近或太远都是不礼貌的。

（5）不要随便打断老师的谈话，如果有急事需要先离开，应向老师打招呼表示歉意。

（6）当你不赞成老师的观点时，不要直接顶撞，更不要反问和质问老师，应婉转地表示自己的看法。如："这个问题值得我考虑一下""不过我认为……"等。

三、校园公共场所礼仪

校园公共场所是同学们生活、学习和娱乐的地方，每个同学都有责任维护它的秩序，为此应遵循如下的礼仪规范：

1. 图书馆礼仪

（1）进馆要衣着整洁，不要穿背心拖鞋。

（2）办理借、还书手续要排队，依序进行。

（3）就座时，移动椅子不要发出声音。不要为朋友占座位。走路要轻，阅读时不要发出声音，不要和熟人交谈，更不能喧哗、吃零食、扔废纸，不要在阅览室里睡觉。

（4）查阅卡片和图书时要轻拿、轻放、轻翻。不能私自剪裁图书资料。

（5）对开架书刊应逐册取阅，不要同时占有多份，阅后立即放回原处。

2. 体育馆礼仪

（1）观看体育比赛应提前入场，进场后尽快坐到观众席。

（2）观看时不要大声喧哗。

（3）观看比赛应对比赛双方一视同仁，持公平态度。

（4）礼貌对待运动员的比赛，对其偶尔的失误要原谅、鼓励，不可当场出言不逊、扔物品。

（5）要支持裁判员的工作。瞬息万变的体育竞技，难免出现判断失误，不应对裁判无礼起哄。

（6）要维护场内公共卫生。

（7）退场时不要拥挤。

3. 影剧院礼仪

（1）提前入场，如在演出或电影开场后到场则应轻轻入座，穿过座位时身姿要低，脚步要轻，不要影响他人观看。对起身让座的观众要致谢。

（2）要自觉遵守场内规则，不吃有响声的食物，不随地吐痰、乱扔果皮纸屑。

（3）观看时坐姿要稳，不要时常左右摇晃。不要把脚蹬在前排的座位背上，以免弄脏别人的衣服。

（4）节目演出或电影放映时要保持安静，不要大声说话。

（5）咳嗽、打喷嚏时，要用手帕捂住鼻口，以防飞沫溅到他人身上。

（6）演出或影片放映过程中不应随便走动，也不应随便退场。不得已退场，离座动作要轻、身姿降低，不要站在过道或剧场门口。

4. 行路礼仪

行路要遵守应有的礼仪规范，文明礼貌。

（1）路遇老师、熟人和同学要主动打招呼。需要交谈时应站在路边，不妨碍他人行路和车辆通行。

（2）维护校园的环境卫生，不要随地吐痰、乱扔果皮等杂物。

（3）行右礼让。在校园上下楼梯、楼道或街道行走时应自觉靠右行走，上下楼梯时或走在狭窄的通道时，遇到师长、老弱、孕妇应主动站在一旁，让其先走。

（4）骑自行车要遵守交通规则，人多拥挤的地方要礼让三分，对老师、女生更是如此。进出校门要下车，自行车应停放在指定的车棚或地点。

5. 聚会礼仪

同学聚会是同学交流感情、相互学习、结识朋友最常见的活动形式。

新生刚刚离开家乡和父母，迫切需要结识新的同学、朋友，从而获得帮助。在参加同学聚会时要注意聚会的礼节。

（1）打扮整洁，穿着大方整齐，不吃刺激性的食物。

（2）遵守时间，按时到达。

（3）主动热情地与同学打招呼、交谈。

（4）注意照顾女同学和其他同学。

（5）注意自我介绍和介绍他人的礼节。

四、校园介绍礼仪

1. 自我介绍是结识新朋友的最好方法

（1）镇定、自信，微笑自然可掬，眼神友善亲切。

（2）先向对方点头致意、问好或询问对方的单位、姓名，得到对方有愿意结识的回音后再从容大方地进行自我介绍。

（3）介绍内容应简洁明了，一般是简单介绍姓名、身份、单位，并加以寒暄语。如："我是××级的学生，叫王××，认识你很高兴。"

（4）介绍的语气应自然平和、明快。

2. 介绍他人是帮助同学互相认识的常用形式

（1）先了解双方是否有结识的愿望，特别是男女同学之间。

（2）介绍通则：受尊重的一方先了解对方。所以介绍他人的顺序是：把低年级的同学（年纪小的同学）先介绍给高年级的同学（年级大的同学）；双方年龄差不多，把与自己亲密的同学引见给另一同学；把一人介绍给众人；群体介绍按座位次序一一介绍；把晚到的同学介绍给早到的同学。

（3）介绍的站位和手势。介绍人和双方被介绍人成三角之势。手势：手心向上，四指并拢，拇指与四指约成30°，礼貌地示意被介绍人，千万不要用手指指被介绍人。

（4）介绍内容：家乡、姓名、身份。有时为了向双方提供话题，还可介绍些特长、爱好。

（5）一般介绍时，介绍人、被介绍人应起立。

(6)介绍完毕,被介绍的双方应立即相互问候。如:"你好!认识你很高兴。"

(7)介绍双方交谈后,介绍人才可离开。

五、校园电话礼仪

电话是当今社会人们远距离交际的一种最常用、最经济、最方便的通讯工具。新同学在人际交往中要利用好电话进行交流,并赢得对方的好感,这不仅要熟练掌握各种技能,还要遵从电话礼仪的要求,塑造良好的电话形象。

1. 接听电话

应在电话铃响三遍以前接电话,以免对方等太久或当作没人接而挂断了。接电话的礼貌开头语应是问候、自报家门、询问事由。如:"你好!这里是××宿舍,请问你是哪位?"通话中,对方讲话时,应当应声附和,让对方感到你在专心地听。长时间沉默是不礼貌的。常用附和语言有"请继续说""是的""好的",以及重复对方重要的内容。

2. 打电话

打电话的礼貌开头语:问候、自报家门、讲明事由。如:"你好!我是××宿舍的××同学,请(麻烦、劳驾)你帮忙找一下××同学听电话。"电话中断时,拨打电话的一方应立即重拨号,并道歉:"对不起,刚才不知何故电话断了。"

3. 应急处理

通话中有急事要处理时,应向对方道歉,请对方稍等,随即用手捂住听筒去处理急事,处理完毕再通话;如有急事,处理的时间较长,应当约对方事后再继续通话,不能让对方久等。如:"对不起,我有急事马上要处理。过十分钟后我再给您去电话。"

4. 打错电话

打错的一方要道歉:"对不起,我打错了。"接电话的一方应宽容地说:"没关系。"如果打电话的一方不知道自己打错了,接电话的一方应婉转地告诉对方:"这里是××宿舍,电话是××,请问,你要打的电话号码是多少?"这样做既不会使对方难堪,又可以显示出自己的涵养,从而赢得对方的好感。

5. 结束通话

要注意使用礼貌用语告别,如"再见""麻烦你了,谢谢!"一般是打入的一方先挂电话,接电话的一方等打入的一方挂电话后再放电话,特别是打入方是老师或长辈,更要如此。

知识卡片　随手关灯是种美德

中华民族历来以节约为美德。随手关灯，是件非常细微的小事，也许这样做的人可能都没有意识到，做这件小事时就已经体现出节约的美德。古人云："毋以恶小而为之，毋以善小而不为。"关灯事情虽小，但聚沙成塔、集腋成裘，如果每个人都能养成在离开公共场所时顺手关灯的良好习惯，那么一年不知能省下多少电。有资料显示，北京仅高能耗照明一年就要耗费秦山核电站一年所发的电！但是在单位里，人们对不关显示器的电脑、24小时待命的厕所灯，就显得过分"宽容"了。浪费办公室里的电不仅仅是浪费钱，同样是在浪费人类的生存资源。

资源的再生和重复利用仍旧是难以攻克的难题。许多城市相继宣告电力紧张，有些城市还发生了大规模的停电事故，这给生活和生产造成不小的损失。成由勤俭败由奢，如果我们再不注意节约用电，无度的挥霍只能让人类的生存陷入更为尴尬的境地。

"由俭入奢易，由奢入俭难"，浪费的不良习惯虽然不易改正，但是如果我们意识到问题的严重性，就能使事情向好的方面发展。那么节约用电就从随手关灯开始吧。

学习活动

活动一　把学生分为两组，分别讨论制定宿舍文明公约和教室文明公约，并张贴在宿舍和教室内，共同遵守。

活动二　列举出校园里的不文明行为，让学生查找自身的不足，制订改正方案。

学习评价

一、测测自己，当你遇到下列这些情况时，你会怎样做？

1. 当同学遇到困难时，如学习暂时落后、遭遇不幸、偶尔的失败等，你会嘲笑、讽刺他吗？
   A. 会   B. 不会
2. 你会因为同学的生理缺陷而嘲笑他，并起侮辱性的绰号吗？
   A. 会   B. 不会
3. 男女同学交往要大方不轻浮，开玩笑要讲究分寸，你会动手动脚、打打闹闹吗？
   A. 会   B. 不会
4. 在学生宿舍里，你会不管他人，自己想怎样就怎样吗？
   A. 会   B. 不会
5. 心情不好时，你会对任何人都不理不睬吗？
   A. 会   B. 不会
6. 骑自行车进出校门时，你会主动下车吗？
   A. 会   B. 不会
7. 在图书馆、阅览室时，你会帮别人占位置吗？
   A. 会   B. 不会
8. 与他人交谈时，你会盯着对方的眼睛吗？
   A. 会   B. 不会
9. 在与老师交谈时，你会随便打断老师的话吗？
   A. 会   B. 不会
10. 当你不赞成老师的观点时，你会立即质问老师吗？
    A. 会   B. 不会
11. 在观看体育比赛时，你会左右摇晃、大喊大叫吗？
    A. 会   B. 不会
12. 在演出或影片的放映中，你会大声交谈或随意走动吗？
    A. 会   B. 不会
13. 在公共场合，你会随地吐痰、乱扔果皮吗？
    A. 会   B. 不会
14. 结交异性朋友时，你会不管对方的意愿吗？
    A. 会   B. 不会

以上14题，你的回答"不会"若在10～14题，你就是一个有礼貌、有修养的人。反之，你就要进行反省了。

项目三　个人礼仪

个人礼仪是社会个体的生活行为规范与为人处世的准则，是个人仪表、仪容、言谈、举止、待人、接物等方面的具体规定，是个人道德品质、文化素养、教养良知等精神内涵的外在表现。《礼记·冠义》一文中说："礼义之始，在于正容体，齐颜色，顺辞令。容体正，颜色齐，辞令顺，而后礼义备。"个人礼仪是社会交际礼仪的基础。讲究个人礼仪是现代社会成员之间相互尊重、彼此友好的表现，也是一个人的公共道德修养在社会活动中的体现。本章主要讲述塑造个人形象必备的仪容、仪态和服饰三方面的礼仪素质修养，帮助青年学生塑造良好的自我形象。

第一节　仪容礼仪

现代社会，随着生活水平的提高，人们对仪容美的追求和向往越来越强烈，中职生中无论是男生还是女生，在提高自身内在涵养的同时，也十分注重对仪容美的追求。但是，中职生在仪容的塑造中，多多少少还存在一些欠缺，甚至可能是认识和实践中的误区，因此，中职生应学习一些美容知识，掌握一些美容知识及技巧，遵循中职生一些仪容美的基本原则，不断培养和提高自身的审美情趣和审美能力。

"清水出芙蓉，天然去雕饰"。人们塑造仪容美的目的是适应人类内在美而创造相应的外在美，然而，有的同学认为，既然是化妆，就要不惜脂粉，妆化得越浓越好、越艳越好、越时髦越好，于是进行刻意装饰，结果反而遮盖了天生的丽质、抹杀了青春活力、降低了自己的品味。因此，仪容装扮要注意淡雅自然，不要过于华丽和浓妆艳抹，美容化妆不是在人的脸上戴上一副粉饰的面具，也不是像戏剧角色那样，画一个面目全非的脸谱，而是力求塑造一个尽可能本色的、趋于完美的容貌形象，使人的内在美得到充分的外在展示。

仪容是一个人外部形象的重要因素，它主要指一个人的容貌，包括人的头部和手部，如头发、脸庞、眼睛、鼻子、嘴巴、耳朵等。仪容是每个人先天生来就有的，但仪容美并非人人先天就有，那么，什么样的仪容是美的仪容呢？一般来说，五官端正、发型大方、面色健康、表情自然、精神饱满构成仪容美的五项基本内容。有些人的仪容存在着先天的不足，但通过后天的护理及美化修饰和塑造可达到追求美的目的。

中职生个人礼仪，是指学生在师生交往、同学之间交往时用以要求自身的有关规范。中职生个人礼仪的宗旨，是要使自己在校园交往中努力塑造出一种尽可能完美的个人形象。敬爱的周恩来总理在南开读书时就给自己定下"脸必洗、发必理、衣必整"的仪表要求。我们应该每天以良好的精神面貌走进学校，这样是对自己的尊重。学生个人礼仪，无论是仪容仪表，还是言谈举止，都需要表现得得体大方。

一、仪容的含义及要求

仪容，通常指人的容貌。在人际交往中，每个人的仪容都会引起交往对象的特别关注，并将影响到对方对自己的整体评价。仪容美是个人礼仪的整体要求，它包括自然美、修饰美、内在美。

1. 自然美

指仪容的先天条件好，天生丽质。尽管以貌取人不合理，但姣好的容颜，无疑会令人赏心悦目。

2. 修饰美

指依照规范与个人条件，对仪容进行必要的修饰，扬长避短，设计、塑造出美好的个人形象，在社交活动中以美好的形象出现。

3. 内在美

指通过努力学习，不断提高个人的文化、艺术素养和思想、道德水平，培养出自己高雅的气质和美好的心灵，秀外慧中、表里如一。

仪容美是自然美、修饰美、内在美三者的和谐统一，缺一不可。内在美是仪容美的最高境界，自然美是人们的普遍愿望，修饰美是仪容礼仪关注的重点。

仪容修饰的内容通常有头发、面容、肢体及化妆等，其基本原则是美观、整洁、卫生、得体。

小贴士　办公场所里的个人形象

◆仪表端庄、大方。要注意个人卫生和整洁，发型要简洁，女士应略施淡妆。服饰穿戴简洁、庄重，忌穿牛仔装或无领无袖的衣服，忌穿拖鞋。

◆举止要庄重、文雅。注意保持良好的站姿和坐姿，不要斜身倚靠办公桌，更不能坐在办公桌上面。不要在办公室里吃东西，尤其不要吃瓜子等有响声的食品。

◆说话要文明、有分寸。办公场所不要使用亲昵的称呼。不要总是抱怨、发牢骚或闲聊。

◆遵守公共道德和行为准则。不要无限制地使用办公用品。办公室中的传真机、公函信封、信纸和其他办公用品等只是办公用的。

二、头发的修饰

人的头发和脸庞是人体的制高点，很能吸引他人的注意，发型的可塑性较大，它可以随着人们的意志而改变，因此，美发就成为人们塑造仪容美的重头戏，中职生发型、发色的选择不能仅仅考虑自己的喜好，同时还要遵循美观、大方、整洁、方便生活和学习等原则。

1. 了解自己的发质

有的人头发常有油腻感，洗后易出油。有的人头发表面干燥，洗后无光亮、润滑的感觉，发型不易保持，属于干性发质。有的人头发柔顺、有光泽，是较理想的发质，属于中性发质。有的人头发摸起来质感不好，梳头时尖端会断裂，易打结，属于劣质发质。

2. 保持头发日常整洁

（1）勤于清洗。洗头是保护与美化头皮头发的基本手段。经常清洗头发，不仅可以洁净头皮，而且有助于头发的正常生长。洗发应当3天左右进行一次；水温以感觉舒适为宜，一般在37℃～40℃之间，过烫的水容易使头发受损伤而变得松脆易折断；而水温过低，去油腻的效果又不好。洗发剂应选择适合自己发质的，一般略带弱酸性者较佳；洗发剂要用手搓起泡沫后，再均匀地涂在头发上，不要直接倒在头发上；不要用指甲抓挠头皮，应用手指的指腹按摩头皮，并顺着头发的自然长势从前往后洗；要确保将洗发剂彻底冲洗干净，不然会损伤头发，产生脱发、断发、分叉、头皮屑等不良现象。

（2）勤于修剪。头发平均每月可长1厘米，如果不定期修剪，发型将会凌乱，有损个人形象。通常，男性应20天左右理发一次，女性可根据个人情况，若是短发，一般不应超过30天。

（3）勤于梳理。梳发，是保持美发不可缺少的日常修整方式之一，同时还能保持头发的健康。梳头时，梳子可给头皮以适度的刺激，以促进血液循环，促使头发的生长，并且增加头发的柔软度和光泽度。

如有重要的交际应酬，应于事前再认真进行一次洗发、理发、梳发，不必拘泥于以上时限。

3. 头发长短适中

男性一般以短发为主，前发不覆额，侧发不掩双耳，后发不及衣领，最好不留大鬓角，也不宜剃光头。

女性应视身高、年龄、职业而异。女性头发的长度应与身高成正比，也要与年龄相适应。矮个的女性不宜长发过腰，老年女性也不宜留披肩长发，职业女性多以短发、盘发、束发为主打发型，青年女学生可留短发、披肩发，还可以束发。

4. 美化发型自然得体

（1）女性发型要与脸型相适应。（图3-1）

①圆脸型的发型。圆脸型又叫娃娃脸，双颊较宽，可选择头前部或顶部略半隆的发式，两侧则要略向后梳，将两颊及两耳稍微留出。

②长脸型的发型。长脸型人的额前的发际线较高，额、腮成一直线或宽度差不多。发端应适当遮额，两侧的头发适当蓬松，可以留长发，也可以齐耳。若将头发做成自然成形的揉曲状，会更理想。

③方脸型的发型。方脸型人的额角宽、两腮突出，脸型显得短阔，适宜选择自然的大波浪状发式，两颊头发呈蓬松状遮住脸的宽部，冲淡脸部方正刚直的印象。

④三角脸型的发型。头顶部分的头发宜具有蓬松感，两侧的头发要紧贴脸部。

⑤椭圆脸型的发型。椭圆脸型属较完美的脸型，适合各种发型，更适宜中分的发型。

图3-1

（2）女性发型要与身材相适应。

①身材高瘦的人，适合留长发，可以增加发型的装饰性。不要盘高发髻或把头发剪得太短，以免显得更加瘦长。

②身材矮小的人，适宜留短发或盘发，发型以秀气、精致为主，忌粗犷、蓬松或者留长发，那样会使身材显得更矮。

③身材较胖的人，剪成运动型短发，会给人俏丽、健康的美感。若留两侧蓬松的卷发发型，则会显得更胖。

(3)女性发型要与发质相协调。

头发细软的，不宜留过长的直发，可选择中长发或俏丽的短发。发质较硬的人不宜选择太短的发型，宜选择不到肩的短发型或披肩长发。

(4)女性发型要与服饰相协调。

服装与相应的发式相配，才会显得和谐大方，适宜得体。女性着职业装时，无论直发、烫发还是盘发都要显得端庄、大方；着礼服时，可将头发挽在颈后结低发髻，显得庄重、高雅；与运动衫相适应的发型是将长发高束，显得青春、活泼；如果搭配连衣裙，可选择披发或束发。

三、面部的修饰

一个人的仪容，最主要的是包括五官在内的整个脸部，它是人的仪表之首，是人际交往中为他人所注意的重点。

对面容最基本的要求是：时刻保持面部干净清爽，无汗渍和油污等不洁之物。修饰面部最简单的方式是清洁面部，就是勤于洗脸。除早晚洗脸外，午休、用餐、劳动、出汗或者外出之后，应立刻洗脸，保持面部清洁。

面部修饰的重点在眼部、口部、鼻部、耳部和颈部，应通过修饰，使之整洁、卫生、端庄。

1. 眼部修饰

(1)清洁。要及时清除眼部分泌物。若眼睛患有传染病，应自觉回避社交活动。

(2)修眉。眉型可进行必要的修饰。但尽量不要纹眉，更不要剃眉毛。

(3)墨镜。在社交场合不宜戴墨镜，否则会显得不伦不类，或给人拒人于千里之外的感觉。

2. 口部修饰

(1)清洁口腔。牙齿洁白、口腔无异味，是对口腔护理的基本要求。为此应坚持每天刷牙。尤其是饭后，一定要刷牙，以去除残渣、异味。在重要应酬之前忌食蒜、葱、韭菜、萝卜、腐乳等可让人口腔发出刺鼻气味的东西。

(2)清除胡须。在正式场合，男士留着乱七八糟的胡须，一般会被认为是很失礼的行为，而且会显得邋遢。个别女士因内分泌失调而长出的汗毛，应及时清除，并予以治疗。

(3)禁止异响。在社交场合，包括嘴、鼻子及身体其他部位发出的咳嗽、哈欠、喷嚏、吐痰、吸鼻、打嗝、放屁等不雅之声统称为异响，应当禁止出现。禁止异响，重在自律。如果不慎弄出了异响，应向身边的人道歉。

3. 鼻部修饰

(1)保持干净。鼻腔要随时保持干净，不要让鼻涕或别的东西充塞鼻孔；不要随处吸鼻子、擤鼻涕；不要在人前挖鼻孔。

（2）修剪鼻毛。经常修剪鼻毛，去除长到鼻孔外的鼻毛。

4. 耳部修饰

（1）保持清洁。平时洗澡、洗头、洗脸时，应安全地清洗耳朵，并及时清除耳孔中的分泌物。

（2）修剪耳毛。个别人的耳毛长得较快。当耳毛长出耳孔之外时，就应进行修剪。

5. 颈部修饰

（1）保持清洁。颈部是面容的自然延伸部分，不要只顾着脸上干干净净，而忽视了对脖子的照顾。尤其是颈后、耳后要清洗干净，绝不能令其成为藏污纳垢的地方。

（2）保护皮肤。脖子上的皮肤细嫩，应给予相应的呵护，防止过早老化，与面容产生较大的反差。

四、手部和腿部的修饰

1. 手部修饰

手是肢体中使用最多、动作最多的部位，要完成各种各样的手势语。如果人的手部的"形象"不佳，那么其整体形象将大打折扣。手部的修饰，可以分为手掌、肩臂两个部分。

（1）手掌。首先要勤洗手，餐前、便后、外出回来及接触到各种东西后，都应及时洗手，随时保持干净；其次要勤修指甲，最好每周修剪一次，手指甲的长度以不超过手指指尖为宜；最后要护理皮肤，手部皮肤粗糙、红肿、皲裂，要及时护理、治疗。若长癣、生疮、发炎、破损、变形，不仅要治疗，还要避免接触他人。

（2）肩臂。在正式的商务场合，手臂尤其是肩部不应裸露在衣服之外。由于个人生理条件不同，个别女性手臂上的汗毛过浓或过长，最好是采用适当的方法进行脱毛。在他人面前，尤其是外人或异性面前，腋毛是不应为对方所见的，否则即为失礼。女士要特别注意这一点。

2. 腿部修饰

腿部在近距离之内为他人所注目，因此腿部的修饰必不可少。腿部的修饰，主要应注意脚部、腿部两部分。

（1）脚部。修饰脚部，要注意三个方面：第一，在正式的社交场合不允许光脚穿鞋子，而且脚部过于暴露的鞋子，如拖鞋、凉鞋都不能穿；第二，要注意保持脚部的卫生，保证脚无异味。在非正式场合光脚穿鞋子时，要确保脚干净、清洁；第三，趾甲要勤于修剪，最好每周修剪一次。趾部通常不应露出鞋外，不要穿露趾凉鞋出入正式场合。

（2）腿部。在正式场合，男士不得穿暴露腿部的服装，即不能穿短裤。女士可以穿长裤、裙子，但不得穿短裤或超短裙。女士在正式场合穿裙子时，不允许光着大腿不穿袜子；穿袜子时，不允许袜子以外的腿部暴露在裙子之外。

男子成年后，一般腿部的汗毛都比较重，所以在正式场合不允许穿短裤或卷起裤管。女士的腿部汗毛如果过于浓密，应脱毛或剃掉，或选穿深色丝袜，加以遮掩。没有剃掉或脱掉过浓密的汗毛之前，忌穿浅色的透明丝袜。

五、化妆美容

化妆是通过使用美容用品来修饰仪容、美化形象的行为。化妆是一门技术，也是一门艺术，适度的妆容可以展现个人风采。在人际交往中，化妆是自尊自信和尊重他人的表现，成年人，特别是成年女性进行适度的化妆是很有必要的。"十分容颜，五分造化，五分妆饰；两颊品貌，一半生成，一半饰成。"化妆可以体现女性端庄、温柔、美丽、大方的独特气质，达到巧夺天工的效果。

小贴士　你的皮肤属于哪一种类型？

你可以根据下述现象判断自己的皮肤类型：

◆中性皮肤。皮肤毛孔不太明显，皮肤细腻平滑、富有弹性，晨起时皮肤油脂光泽隐现，化妆后近中午时刻出现油亮，面部T型区（额头，鼻子及下巴）有油腻；洗发四五天后头发会轻微黏起，并易随季节变化：天冷变干，天热变为油性。

◆干性皮肤。皮肤毛孔看不清楚，皮肤无光泽，表皮薄而脆，细碎皱纹多，手感粗糙。晨起面部无油脂光泽，化妆后长时间不见油光；洗发一周后，头发既不发黏也无光泽；耳垢为干性。

◆油性皮肤。皮肤毛孔十分明显，皮肤长时间油腻光亮，早晨起来面部油光浮现，而且需用香皂才易洗净。面部易生粉刺、暗疮，化妆后不超过两小时就面部油腻；洗发后第二天就有黏着现象；耳垢为油性。

三类皮肤类型中，中性皮肤属于正常的健康皮肤。

1. 化妆的原则

（1）美化面容。化妆的目的是使人变得更加美丽，所以化妆时要扬长避短、适度矫正。自行其是、标新立异，反而达不到化妆的效果。

（2）自然完美。美的妆容是力求真实、自然、天衣无缝，匀称适度的妆容会给人以整洁、大方、淡雅、舒畅的印象。一位美容专家说过："高超的淡妆应当是虽化了妆，却好似没有化妆。"可见，化妆的最高境界当是"妆成有却无"的自然和美丽。

(3)协调化妆。协调是指妆面协调、全身协调、场合协调、身份协调,整体效果和谐悦目,以体现出容貌的端庄、品位的高雅。

2. 化妆的程序和步骤

从化妆的技巧上讲,进行一次完整而全面的化妆,其步骤与程序也有一定的规则。下面列举女性全套化妆的 12 个步骤:

(1)沐浴护肤。沐浴时使用沐浴液,浴后使用润肤液保养、护理全身肌肤,并注意保护手部皮肤。

(2)做头发。沐浴时,用洗发剂洗头。浴后吹干头发,使用发胶等做出发型。

(3)洁面。用洗面奶清洁面部的油污、汗水与灰尘;随后往脸上拍化妆水(爽肤水),收缩皮肤毛孔,防止脱妆;再在面部涂适量的护肤乳液或润肤霜,滋润皮肤。

(4)涂粉底液。粉底液可遮盖面部的瑕疵,还可为化妆定下一个基本色调。粉底液的颜色应同面部肌肤的色调相近。

(5)第一次定妆。使用少许定妆粉(干粉)来固定粉底。

(6)描眉画眼。首先,修眉、画眉。眉笔选择咖啡色或灰色;其次,沿着睫毛的根部画眼线,上眼线全画实,下眼线则从距眼端三分之一处画至眼尾。眼线笔选择咖啡色或灰色;再次,用睫毛膏、卷睫毛器对睫毛进行加工、造型;最后,通过涂眼影来为眼部着色,加强眼睛的立体感。

(7)美化鼻部。画鼻侧影,以改善鼻型的不足之处。

(8)涂腮红。即将红色胭脂均匀地涂在面颊上,使面颊红润,有立体感。胭脂的色调不宜太红,应与肤色协调。

(9)第二次定妆。使用少许定妆粉定妆。

(10)修饰唇形。先用唇线笔勾描好唇形,再填涂色彩适宜的唇膏(口红)。

(11)喷涂香水。美化身体的整体大环境。

(12)修正补妆。检查化妆效果,进行必要的调整、补充、修饰和矫正。

化妆时,粉底、眼影、腮红、口红的颜色应与皮肤、服饰的颜色协调,这样才能给人以和谐的美感。

小贴士 使用香水的正确部位

◆脉搏附近的皮肤,如手腕、颈侧、耳根、膝部、踝部等处。
◆既不会污损面料,又容易扩散出香味的服装上的某些部位,如内衣、衣领、口袋、裙摆的侧面以及西装上所用的插袋巾的下端。

3. 化妆的礼仪与禁忌

（1）勿当众化妆。修饰避人是一条重要的礼仪原则。化妆属个人私事，应在无人之处或专用化妆间进行；也不宜在异性面前化妆，以免给人搔首弄姿、吸引异性之嫌，有损形象。

（2）勿残妆示人。化妆要有始有终，维护妆容的完整性。若妆容出现残缺，应及时避人补妆，维护妆容的完整。

（3）勿评论他人。一个人的妆容如何，纯属个人之事，不要自以为是地评论他人的妆容。

4. 勿借用化妆品

借用他人的化妆品很不卫生，故应避免。

知识卡片　化妆的由来

化妆是一种历史悠久的女性美容技术。古代人们在面部和身上涂上各种颜色，表示神的化身，以此祛魔逐邪，并显示自己的地位和存在。后来这种装扮渐渐具有装饰的意味，一方面在演剧时需要改变面貌和装束，以表现剧中人物；另一方面是由于实用而兴起。如古代埃及人在眼睛周围涂上墨色，使眼睛避免日光直射的伤害；在身体上涂上香油，保护皮肤免受日光和昆虫的侵扰等。如今，化妆则成为满足女性追求自身美的一种手段，主要是利用化妆品并运用人工技巧来增加天然美。

学习活动

活动一　同桌的两位同学相互分析对方的脸型、发型，找出其不足之处，提出修饰方案。

活动二　由老师利用一节课的时间为班上的1～2名女生做化淡妆、做发型的示范，让学生了解化妆的过程和发型的选择。

学习评价

判断以下仪容修饰的正误：

1. 仪容美是自然美、修饰美、内在美三者的和谐统一，缺一不可。（　　）
2. 洗发应当每天都进行一次。（　　）
3. 洗发时，水温以感觉舒适为宜，一般在37℃~40℃之间。（　　）
4. 男性应养成每隔两天修面剃须的好习惯。（　　）
5. 参加正式活动，不宜当众化妆。（　　）
6. 男性一般以短发为主，前发不覆额、侧发不掩双耳、后发不及衣领。（　　）
7. 男性理发的时限通常为35天左右一次。（　　）
8. 化妆的最高境界当是"妆成有却无"的自然和美丽。（　　）
9. 在正式的社交场合可以光着脚穿着鞋子，但不能穿露趾凉鞋。（　　）
10. 夏天，女士在正式场合穿裙子时，可以不穿袜子。（　　）
11. 若有必要，在社交场合可以佩戴墨镜。（　　）
12. 发质较硬的人宜选择不到肩的短发发型或披肩长发。（　　）
13. 椭圆脸型属较完美的脸型，适合各种发型，更适宜中分的发型。（　　）
14. 青年女学生可留短发、披肩发，还可以束发。（　　）
15. 忘记带化妆品时，可以向他人借用化妆品。（　　）

第二节　仪态礼仪

一次，有位老师带着三个职校毕业生同时应聘一家公司做业务员，面试前老师怕学生面试时紧张，同人事部主任商量让三个同学一起面试。三位同学进入人事部主任办公室时，主任上前请三位同学入座。当主任回到办公桌前，抬头一看，欲言又止，只见两位同学坐在沙发上，一个架起二郎腿，而且两腿不停地颤抖，另一个身子松懈地斜靠在沙发一角，两手攥握手指咯咯作响，只有一个同学端坐在椅子上等候面试，人事部主任起身非常客气地对两位坐在沙发上的同学说："对不起，你们二位的面试已经结束了，请退出。"两位同学四目相对，不知何故，面试怎么什么都没问就结束了？

一、仪态的含义

仪态，就是人的身体姿态，又称为体态，包括人的站姿、坐姿、行姿。举止，指的是人的行为动作。"站如松、坐如钟、行如风"这是我国古人对人体姿态的要求，举止仪态也是一种语言，而且是内涵极为丰富的语言——体态语。一位哲人说过，行为举止是心灵的外衣，它不仅反映一个人的外表，也可反映一个人的品格和精神气质。英国著名科学家培根说过，"相貌的美胜于色泽的美"，而秀雅合度的动作之美又胜于相貌的美，这是美的精华。

美国心理学家艾伯特·梅拉比安进行了多年的研究后认为：在一个信息的传递过程中，形体部分占全部表达的比例为55%。用优雅的体态表现礼仪比用任何的其他语言，更能让人感到真实、美好和生动；不仅如此，它还能有效地弥补语言在传递信息中"言不尽意"的缺陷。因此当你词不达意、理屈词穷的时候，自信的姿态、充满魅力的微笑、炯炯有神的目光能助你一臂之力。形体语言主要由人的肢体所呈现出的各种仪态及其变动组成。人们通常是通过身体的不同姿态的变化，来完成自己的各项活动的。人的举手投足并非偶然随意的，这些行为举止自成体系，像有声语言那样具有一定的规律，并具有传情达意的功能。人们可以通过自己的行为举止向他人传递个人的学识与修养，并能够交流思想、表达情意。优良的举止礼仪在表情达意时往往比语言更让人感到真实、生动。

二、站姿

站姿是指人的双腿在直立静止状态下所呈现出的姿势。古人主张"站如松"，是指人的站立姿势要像松树一样直立挺拔，给人以健康向上的感觉。

1. 规范的站姿要点

(1) 头正。两眼平视前方，嘴微闭，脖颈挺直，表情自然平和。

(2) 肩平。两肩微微放松，稍向后下沉。

(3) 臂垂。两肩平正，两臂自然下垂于体侧，手指自然弯曲，中指对准裤缝。

(4) 躯挺。挺胸、收腹、立腰，臀部向内向上收紧，重心有向上的感觉。

(5) 腿并。两腿立直、贴紧，脚跟靠拢，脚尖开度呈45°~60°夹角。

由于性别的差异，男士的站姿要稳健，要"站如松"，以显出男性刚健、强壮、英武、潇洒的风采；女士的站姿要柔美，要"亭亭玉立"，以体现女性轻盈、妩媚、娴静、典雅的韵味。

2. 女士的基本站姿

(1) 身体直立，挺胸抬头，下颌微收，双目平视，两膝并严，挺髋立腰，吸腹收臀，脚跟靠紧，两脚脚尖向外略展开，双手放在身体两侧，自然下垂。

(2) 身体直立，挺胸抬头，下颌微收，双目平视，两膝并严，脚跟靠紧，脚掌

分开呈"V"字形或丁字步，挺髋立腰，吸腹收臀，双手在腹前交叉，右手搭在左手上，贴在腹部。（图3-2）

3. 男士的基本站姿

（1）身体直立，挺胸抬头，下颌微收，双目平视，两膝并严，脚跟靠紧，脚掌分开呈"V"字形，挺髋立腰，吸腹收臀，双手置于身体两侧，自然下垂，手指自然弯曲，中指对准裤缝。（图3-3）

（2）身体直立，挺胸抬头，下颌微收，双目平视，两腿分开，两脚平行并略窄于肩宽，双手在身后交叉，右手搭在左手上，贴在臀部。

4. 站姿训练

站姿的训练是体态中最基础的训练。站姿如何将直接影响人体姿态的整体美，好的训练方法能收到事半功倍的效果。常见的训练方法有：

（1）顶书法。把书本放在头顶中心，为使书不掉下来，头、躯体自然会保持平衡。这种训练方法可以纠正低头、仰脸、歪头、晃头的毛病。

（2）贴背法。两人一组，背靠背站立，两人的头部、肩部、臀部、小腿、脚跟紧靠保持在一个水平面上。

（3）贴墙法。背靠墙站立，头部、肩部、臀部、小腿、脚跟五个部位紧靠在墙壁上。

图3-2　　　　　　图3-3

5. 几种不良的站姿

（1）身躯歪斜。站立姿势以身躯直正为美。若是站立时，身躯出现明显的歪斜，将直接破坏人体的线条美，而且还会给人以颓废消沉、委靡不振、自由放纵的直观感受。

（2）弯腰驼背。弯腰驼背其实也是身躯歪斜的一种特殊表现。除腰部弯曲、背部弓起之外，大都伴有颈部弯曲、胸部凹陷、腹部挺出、臀部翘起等其他不雅体态，凡此种种，都会使人显得无精打采。

（3）腿位不雅。双腿在站立时分开的幅度，一般情况下越小越好，不可超过本人的肩宽。站立时，也不可将双腿扭在一起或弯曲。

（4）手位不当。站立时不要将手插在衣服的口袋内，也不要将双手抱在胸前，或用手托住下巴，或是下意识地做小动作，如摆弄衣角、咬手指甲、摸耳挠腮等。

（5）全身乱动。站立是一种相对静止的状态，因此不宜在站立时频繁变动体位。手臂挥来挥去、腿脚频繁抖动、身躯扭动，都会使站显变得十分难看。

三、行姿

行姿是指一个人在行走过程中呈现出来的姿势。它以人的站姿为基础，始终处于运动中。行姿体现的是一种动态的美。所谓的"行如风"，是指行走动作从容稳健、轻盈敏捷。

1. 规范的行姿要点

(1)头正。双目平视，收颌，表情自然平和。

(2)肩平。两肩平稳，防止上下前后摇摆。双臂前后自然摆动，前后摆幅在30°~35°，两手自然弯曲，在摆动中离开双腿不超过一拳的距离。

(3)躯挺。上身挺直，收腹立腰，重心稍前倾。

(4)步位。两脚尖略开，脚跟先着地，两脚内侧落地。

(5)步幅。适度行走中两脚落地的距离大约为一个脚长，即前脚脚跟与后脚脚尖相距一个脚的长度为宜。不过，不同的性别、身高、着装，步幅要求会有些差异。

(6)步速。平稳行进的速度应保持均匀、平衡，不要忽快忽慢。

女士在较正式的场合中的行路轨迹应该是一条线，即行走时两脚内侧在一条直线上，两膝内侧相碰，收腰提臀，挺胸收腹，肩外展，头正颈直，微收下颌；男士在较正式的场合中的行路轨迹应该是两条线，即行走时两脚的内侧应是在两条直线上。

2. 其他行姿

(1)后退步。与人告别时，应当先后退两三步，再转身离去。退步时脚轻擦地面，步幅要小，先转身后转头。

(2)引导步。引导步是用于走在前边给宾客带路的步态。引导时要尽可能走在宾客左侧前方，整个身体半转向宾客方向，保持两步的距离，遇到上下楼梯、拐弯、进门时，要伸出左手示意，并提示客人上楼、进门等。

(3)前行转身步。在前行中要拐弯进，要在距离所转方向远侧的一脚落地后，立即以该脚掌为轴，转过全身，然后迈出另一脚。即向左拐，要右脚在前时转身；向右拐，要左脚在前时转身。

3. 行姿训练

行姿的训练属动态训练。不良的行姿大都积习已久，训练难度较大。训练时，一定要掌握要领，严格按规定要求和步骤进行训练，才会收到较好的效果。常见训练方法有：

(1)摆臂训练。身体直立，以身体为柱，双臂前后自然摆动。注意摆动要适度，纠正双肩过于僵硬、双臂左右摆动的毛病。

(2)步位、步幅训练。在地上画一条直线，行走时检查自己的步位和步幅是否正确，纠正"外八字""内八字"及脚步过大、过小的毛病。

(3)顶书训练。将书本置于头顶，保持行走头正、颈直、目不斜视，纠正走路摇头晃脑、东张西望的毛病。

（4）协调训练。训练行走时注意各种动作的协调配合，最好配上节奏感较强的音乐，注意掌握好走路时的速度、间歇、保持身体平衡。双肩摆动对称，动作协调。

4. 几种不雅的行姿

（1）横冲直撞。行走时，专拣人多的地方走，在人群中乱冲乱闯，甚至碰撞到他人的身体，这是极其失礼的行为。

（2）抢道先行。行进时应注意方便和照顾他人，通过人多路窄之处时务必要讲究"先来后到"，对他人"礼让三分"。

（3）阻挡道路。在道路狭窄之处，悠然自得地缓步而行，甚至走走停停，或者多人并排而行，显然都是不妥的。

（4）蹦蹦跳跳。必须注意保持自己的风度，不宜使自己的情绪过分表面化，出现上蹿下跳甚至连蹦带跳的失态行姿。

（5）制造噪声。走路时要轻手轻脚，不要在落地时过分用力，走得"咚咚"直响；不要在公共场合穿带有金属鞋跟或带有金属鞋掌的鞋子，以免产生噪声。

（6）步态不雅。对"八字步"、摇摆的"鸭子步"和脚尖首先着地等不雅步态，要及时进行训练或矫正。

四、蹲姿

蹲姿是由站立的姿势转变为两腿弯曲和身体高度下降的姿势。蹲姿其实只是人们在比较特殊的情况下所采用的一种暂时的体态。日常生活中，蹲下捡东西或者系鞋带时一定要注意自己的姿态，尽量迅速、美观、大方，应保持优雅、端庄的蹲姿。

1. 规范的蹲姿要点

（1）下蹲拾物时，应自然、得体、大方，不遮遮掩掩。

（2）下蹲时，两腿合力支撑身体，避免滑倒。

（3）下蹲时，应使头、胸、膝关节在一个角度上，使蹲姿优美。

（4）女士无论采用哪种蹲姿，都要将腿靠紧，臀部向下。

2. 基本蹲姿

（1）高低式蹲姿。下蹲时，左脚在前、右脚稍后，不重叠；两腿靠紧向下蹲，左脚全脚掌着地，小腿基本垂直于地面，右脚脚跟抬起，脚掌着地；右膝低于左膝，右膝内侧靠于左小腿内侧，形成左膝高右膝低的姿态，臀部向下。高低式蹲姿多在捡拾物品时采用。

（2）交叉式蹲姿。下蹲时，右脚在前、左脚在后；右小腿垂直于地面，全脚着地，左腿在后与右腿交叉重叠，左膝由后面伸向右侧，左脚跟抬起，脚掌着地；两腿前后靠紧，合力支撑身体；臀部向下，上身稍前倾。交叉式蹲姿适合身穿短裙的女性在公关场合采用。

（3）半跪式蹲姿。半跪式蹲姿又叫单跪式蹲姿，特征是双腿一蹲一跪。它是一种非正式蹲姿，多用于下蹲时间较长或为了用力方便之时。下蹲之后，改为一腿单膝着地，臀部坐在脚跟上，脚尖着地；另一腿则应当全脚着地，小腿垂直于地面；双膝应同时向外，双腿应尽力靠拢。

蹲姿应遵循迅速、美观、大方的原则。若用右手捡东西，可以先走到东西的左边，右脚向后退半步再蹲下。脊背保持挺直，臀部一定要蹲下，避免弯腰翘臀的姿势。男士两腿间可留有适当的缝隙，女士则要两腿并紧，穿短裙时需更加留意。（图 3-4）

图 3-4　　　　　　　　图 3-5

3. 几种不雅的蹲姿

（1）弯腰捡拾物品时，两腿叉开，臀部向后翘起。（图 3-5）

（2）两腿展开平衡下蹲。

（3）下蹲时内衣外露。

五、坐姿

坐姿与站姿同属静态造型。坐姿是指人在就座以后身体所保持的一种姿势。所谓"坐如钟"，是指坐姿要像钟一样端庄沉稳、镇定安详。优美的坐姿给人以文雅、稳重、自然、大方的美感。

1. 规范的坐姿要点

（1）入座轻稳。走到座位前，转身，从座位左侧轻稳地坐下。

（2）头部端正。双目平视，收颌，表情自然平和。

（3）双肩平正。两臂自然弯曲，双手放在膝上，也可放在椅子或沙发扶手上，掌心向下。

（4）躯挺。立腰、挺胸、上体自然挺直。至少坐满椅子的三分之二，脊背轻靠椅背。

（5）膝并。双膝自然并拢，双腿正放或侧放。

（6）离座稳当。离座时要自然稳当，右脚向后收半步，而后站起，从左边离开。

一般情况下，女性要求双腿并拢，男性双腿之间可适度留有间隙；双腿自然弯曲，两脚平落地面，不宜前伸；如果椅子位置不合适，需要挪动椅子，应先把椅子移至欲就座处，然后入座；女性若着裙装，入座时应用手将裙子稍稍拢一下，不要坐下后再拉拽衣裙；根据不同的场合和座位，入座的位置可前可后，但上身一定要保持直立。

2. 女士的基本坐姿

（1）标准式。上身挺直，双肩平正，两臂自然弯曲，两手交叉叠放在两腿中部，并靠近小腹。两膝并拢，小腿垂直于地面，两脚成45°，保持小丁字步。

（2）交叉式。双脚并拢，双脚在踝部交叉后略向左侧或右侧斜放，两踝关节重叠，两脚尖着地，膝部可略微分开。

（3）后点式。两小腿后屈，脚掌着地，双膝并拢。

（4）侧点式。两小腿向左斜出，两膝并拢，右脚跟靠拢左脚内侧，右脚掌着地，左脚尖着地，大腿与小腿呈直角，小腿要充分伸直。

（5）侧挂式。在侧点式基础上，左小腿后屈，脚掌内侧着地，右脚提起，用脚面贴住左踝，膝和小腿并拢，上身右转。

（6）重叠式。在标准式坐姿的基础上，两腿向前，一条腿提起，腿窝落在另一腿的膝关节上，上边的腿向里收，贴住另一腿，脚尖自然向下。（图3-6）

图3-6　　　　　　　图3-7

3. 男士的基本坐姿

（1）标准式。上身直挺，双肩正平，下颌微收，两腿自然分开，不超肩宽，两脚平行，小腿垂直落于地面，两手放在双膝上。

（2）交叉式。小腿前伸，两脚踝部交叉，两手放在双膝上。

（3）后点式。左小腿回屈，前脚掌着地，右脚前伸，双膝并拢，两手放在双膝上。

（4）重叠式。右腿叠在左膝上部，右小腿内收、贴向左腿，脚尖自然下垂。（图3-7）

4. 坐姿训练

坐姿训练的主要内容是腿位和脚位。训练时要求上身挺直，腿型优美，脚型规范，落座、起身时轻稳、大方。

坐姿训练最好是对镜训练，坐在镜前，按照坐姿的规范进行自我检查、纠正，也可同学间相互指导、学习和纠正。训练时间每次可在25分钟左右，训练时最好配上音乐，以减轻疲劳。

5. 几种不雅的坐姿

在他人面前落座时一定要遵守律己敬人的基本规定，不要出现以下不雅的坐姿：

（1）两膝分开，两脚呈八字形。

（2）两脚尖朝内，脚跟朝外。

（3）在椅子上前俯后仰，或把腿架在椅子、沙发扶手或茶几上。

（4）两腿交叠而坐时，悬空的脚尖向上或上下抖动、左右摆动。

（5）与人谈话时，上身往前倾或以手支撑下巴。

（6）趴在桌子上，躺在沙发上，半坐在桌子或椅背上。

（7）做出摆弄手指、拉衣角、整理头发等懒散的动作。

六、手势

手势指通过两手和手臂的动作传递信息，是人们交往时不可缺少的动作，是最具表现力的体态语言。手势美是一种动态美，得体适度的手势语可增加感情的表达。

1. 规范的手势

要点：手掌自然伸直，掌心向上，手指并拢，拇指自然稍稍分开，手腕伸直，使手与小臂成一直线，肘关节自然弯曲，大小臂的弯曲以40°为宜。在做手势时，要讲究柔美、流畅，同时配合眼神、表情等肢体语言，使手势更加协调大方。

2. 常用的手势

（1）横摆式。在表示"请进""请"时常用横摆式。做法是五指并拢，手掌自然伸直，手心向上，肘微弯曲，腕低于肘。小臂从腹部之前抬起，以肘为轴向一旁摆出，到腰部并与身体正面成45°时停止。头部和上身微向伸出手的一侧倾斜。另一手下垂或放在背后，目视宾客，面带微笑，表现出对宾客的尊重、欢迎。

（2）前摆式。如果右手拿着东西或扶着门，需要向宾客做出右"请"的手势时，可以用前摆式。做法是：左手五指并拢，手掌伸直，自身体一侧由下而上抬起，以肩关节为轴，到腰的高度再由身前向右摆出，摆到距身体15厘米，在并不超过躯干的位置时停止。目视来宾，面带微笑，也可双手前摆。

（3）双臂横摆式。当来宾较多时，表示"请"可以动作大一些，采用双臂横摆式。做法是：两臂从身体两侧向前上方抬起，两肘微曲，向两侧摆出。指向前进方向一侧的臂应抬高一些，伸直一些，另一手稍低一些，也可以双臂向一个方向摆出。

（4）斜摆式。请客人落座时，手势应摆向座位。做法是：手先从身体的一侧抬起，到高于腰部后，再向下摆去，使大小臂成一斜线。

（5）直臂式。需要给宾客指方向时，用直臂式。做法是：手指并拢，掌伸直，屈肘从身前抬起，摆向指引的方向，摆到肩的高度时停止，肘关节基本伸直。指引方向不可用一个手指指示，否则显得不礼貌。

3. 几种流行手势

（1）翘大拇指手势。一般都表示顺利或夸奖别人。但也有很多例外，在美国和欧洲部分地区表示要搭车，在德国表示数字"1"，在日本表示"5"，在澳大利亚则表示骂人的话。与别人谈话时将拇指翘起反向指向第三者，即以拇指指腹的反面指向除交谈对象外的另一人，是对第三者的嘲讽。

（2）OK手势。拇指、食指相接成环形，其余三指伸直，掌心向外。OK手势源于美国，在美国表示"同意""顺利""很好"的意思，在法国表示"零"或"毫无价值"，在日本表示"钱"，在泰国表示"没问题"，在巴西表示"粗俗下流"。

（3）V形手势。这种手势是英国首相丘吉尔在第二次世界大战时首先使用的，现在已传遍世界，表示"胜利"。如果掌心向内，则变成骂人的手势了。

4. 手势的礼仪

手势发出的信息非常丰富，表达的感情也非常微妙复杂。如招手致意、挥手告别、拍手称赞、拱手致谢、举手赞同、摆手拒绝；手抚是爱、手指是怒、手搂是亲、手捧是敬、手遮是羞等。能够恰当地运用手势表情达意，将为交际形象增辉。

我们在使用手势礼仪时要注意以下事项：

（1）在交往中，为增强语言感染力，可考虑使用一定的手势，但手势不宜过多，动作不宜过大，切忌"指手画脚"和"手舞足蹈"。

（2）打招呼、致意、告别、欢呼、鼓掌属于手势范围，应注意力度的大小、速度的快慢、时间的长短，不可过度。鼓掌表示欢迎、祝贺、赞许、致谢等。在正式社交场合，如观看文艺演出、重要人物出现、听报告、听演讲等都可用热烈的掌声表示钦佩、祝贺。鼓掌的标准动作应该是用右手掌轻拍左手掌的掌心，鼓掌时不应戴手套，鼓掌应自然，切忌为了使掌声大而使劲鼓掌，应自然终止。鼓掌要热烈，但不要"喝倒彩""鼓倒掌"，这样有起哄之嫌，是失礼的表现。

（3）在任何情况下都不要用大拇指指自己的鼻尖和用手指指点他人。谈到自己时应用手掌轻按自己的左胸，那样会显得端庄、大方、可信。用手指指点他人的手势是不礼貌的。

（4）一般认为，掌心向上的手势有诚恳、尊重他人的含义；掌心向下的手势意味着不够坦率、缺乏诚意等；攥紧拳头暗示进攻和自卫，也表示愤怒；伸出手指来指点，是要引起他人的注意，含有教训人的意味。因此，在介绍某人、为某人引路指示方向、请人做某事时，应该掌心向上，以肘关节为轴，上身稍向前倾，以示尊敬。

（5）有些手势在使用时应注意各国和区域的不同习惯，不可以乱用。因为各地习俗迥异，相同的手势表达的意思不仅有所不同，而且有的大相径庭。

（6）在日常生活中，某些不雅的行为举止常常会令人极为反感，严重影响交际风度和自我形象，应特别注意避免。如：当众搔头皮、掏耳朵、抠鼻孔、剔牙、咬指甲、剜眼屎、搓泥垢等，餐桌上更应注意这些不雅行为。

知识卡片　中国古代的坐姿礼仪

中国古人对坐姿很有讲究。古代人们的坐姿主要有三种：趺(音"副")坐，即双足交叠，盘腿而坐，类似佛教中的修禅者的坐姿，所以又称"跏趺坐"；箕踞，即两腿前伸，全身像簸箕形状；跽(音"计")，即跪坐，臀部压在后曲的小腿和脚上。在没有宾客时，坐姿可以随便一些，可采用"趺坐"和"箕踞"两种坐姿，但是如果和尊者、长者、朋友交谈，或在议事、宴会、招待客人时，就要采用礼貌的姿势——"跽"了。

学习活动

活动一　老师选定20名学生，分成五个小组，把站姿、蹲姿、坐姿、行姿、手势五个部分分别划分给各个小组，由小组成员进行讨论、商量，推荐一名同学上来讲课。

活动二　学生两人一组，可自由组合，把常用手势中的横摆式、前摆式、双臂横摆式、斜摆式、直臂式串成一个故事情节，自告奋勇地上来先讲故事情节，再做表演。

活动三　把学生带到操场上，按性别分为六人一组，小组长带小组成员练习站姿、蹲姿、坐姿和行姿，教师可进行个别辅导。第二节课按小组进行集体考核，考核分数计入平时成绩。

学习评价

1. (　　)被称作人类的"第二语言"。
   A. 外表　　　　B. 仪态　　　　C. 手势　　　　D. 动作
2. 正确的坐姿男性膝部可分开一些，一般不超过(　　)。
   A. 肩宽　　　　　　　　　　B. 两个拳头的距离

C. 一个拳头的距离　　　　　　D. 二分之一的肩宽

3. 女士的( )坐姿又称二郎腿或标准式架腿。

A. 后点式　　　B. 重叠式　　　C. 侧点式　　　D. 侧挂式

4. ( )是人与人在会面之际所应遵守的第一礼仪。

A. 握手　　　B. 打招呼　　　C. 会面礼仪　　　D. 社交礼节

5. 当三人或三人以上并排行走时,往往以( )为上。

A. 左　　　B. 右　　　C. 前　　　D. 中

6. 上下楼梯,包括使用平面自动电梯时,要遵循( )的规则。

A. 单行右行　　　B. 并行　　　C. 单行左行　　　D. 他人先行

7. 男士与女士握手时,应只轻轻握一下女士的( )。

A. 指尖　　　B. 手掌　　　C. 手指　　　D. 手腕

8. 在端起茶杯时,应以( )持杯耳。

A. 右手　　　B. 左手　　　C. 双手　　　D. 无所谓

9. 女士的标准坐姿应该是( )。

A. 膝盖分开不超过肩宽　　　　　　B. 架着二郎腿

C. 两膝并拢　　　　　　D. 盘腿而坐

10. 鞠躬行礼时,如果戴着帽子,应该( )。

A. 戴着帽子行礼　　　　　　B. 脱帽行礼

C. 帽子可摘可不摘　　　　　　D. 用不着行礼

11. 在向别人递送物品时,应该( )。

A. 用左手递送　　　　　　B. 用右手递送

C. 使用双手　　　　　　D. 尖、刃向外

12. 以下属于良好站姿的一项是( )。

A. 身躯歪斜　　　B. 弯腰驼背　　　C. 浑身乱抖　　　D. 上身挺直

13. 日常生活中,正确的行进姿势应该是( )。

A. 步态不雅　　　B. 体位失常　　　C. 从容稳健　　　D. 制造噪声

14. 在采用蹲的姿势时,正确的蹲姿是( )。

A. 脊背挺直　　　B. 两脚叉开　　　C. 毫无遮掩　　　D. 弯腰翘臀

15. 离座指的是采用坐姿之人起身离去,离座时不雅的姿势是( )。

A. 先有表示　　　B. 突然站起　　　C. 站好再走　　　D. 从左边离开

16. 在正式的场合,宜采用的坐姿是( )。

A. 双脚内收　　　　　　B. 双腿过度叉开

C. 双腿直伸出去　　　　　　D. 脚尖指向他人

17. 挥手与人道别时,不应该( )。

A. 站直身体　　　B. 左顾右盼　　　C. 手臂前伸　　　D. 左右挥动手臂

18. 与人交往的过程中,恰当的举止有( )。

A. 亲切待人　　　　　　B. 斜视对方

C. 以食指指点对方　　　　　　D. 头部仰靠在椅背上
19. 在手势语中，切忌谈话时伸出食指指点（　　），这是极不礼貌的行为。
A. 天空　　　　B. 自己　　　　C. 对方　　　　D. 四处乱指
20. 在参加重大集会时，来宾到会时不要（　　）。
A. 鼓掌　　　　B. 围观　　　　C. 起立　　　　D. 肃静行注目礼

第三节　表情礼仪

西班牙内战时，有一位国际纵队的普通军官不幸被俘，并被投进了阴森可怕的单人监狱。在即将被处死的前一夜，他搜遍全身竟然发现半截皱巴巴的香烟。他很想吸上几口以缓解临死前的恐惧，可是他发现自己身上没有火柴。于是，他艰难地走向铁窗，向铁窗外的看守士兵再三请求。最后，铁窗外那个木偶似的士兵总算毫无表情地掏出火柴，划着了火，并且把火伸向了铁窗内的军官。当四目相对时，军官不由得向士兵送上了一丝微笑。令人惊讶的是，那士兵在几秒钟的发愣后，嘴角也不由自主地向上翘了，最后竟然不可思议地也露出了微笑。后来两人开始交谈，谈到了各自的家乡，谈到了各自家中的妻子和孩子，甚至还相互传看了他们珍藏的与家人的合影照片。当次日的第一缕曙光照进监狱的时候，军官已经是苦泪纵横了。没想到那位士兵竟然动了真感情，悄悄地放走了军官。微笑在这一刻，沟通了两颗心灵，也挽救了一条生命。

表情是指人的面部情态。人们通过表情来传情达意，表现出人的心理。在人际沟通方面，表情起着重要的作用，现代心理学家把人的感情表达效果总结为一个公式：感情的表达 = 语言（7%）+ 声音（38%）+ 表情（55%）。优雅的表情可以给人留下深刻的第一印象。表情是优雅风度的重要组成部分，构成表情的主要因素有两点：一是目光，二是笑容。

一、目光

眼睛是传递心灵信息的窗口，目光是面部表情的核心。在人际交往时，目光是一种真实的、含蓄的语言，从一个人的目光中，可以看到他的整个内心世界。泰戈尔说："一旦学会了眼睛的语言，表情的变化将是无穷无尽的。"

1. 目光的魅力

目光是一种真实、含蓄的语言。人们的喜怒哀乐、爱憎好恶等思想情绪，都能从眼睛中表现出来。专家研究表明，眼睛的瞳孔受中枢神经控制，能如实地显示大脑正在进行的一切活动。当人们看到有趣的或心中喜爱的东西时，瞳孔就会扩大；而看到不喜欢的或厌恶的东西时，瞳孔就会缩小。可以说，瞳孔是人兴趣、偏好、动机、态度、情感和情绪等心理活动的高度灵敏的显像屏幕。俗话说"情发于目"，一双漂亮的、会说话的眼睛，就是一个人打开内心世界的窗口。

早在两千多年前，孟子就说："听其言也，观其眸子。"(《孟子·离娄上》)可见，目光传情达意非常深刻和微妙：含情脉脉，频传秋波；目光凝滞，若有所思；双眉不展，目光忧郁；双目圆睁，惊恐万状；目光明快，喜形于色；挤眉弄眼，目光轻佻。

在与人交往的过程中，不同的目光会给人留下不同的印象。目光亲切、友善，给人以平易近人的印象；目光炯炯，给人以精力旺盛的印象；目光坦然，给人以值得信任的印象；目光如炬，给人以富有远见的印象。反之，目光迟钝，给人以衰老、虚弱的印象；目光闪烁、游离，给人以神秘、心虚的印象，等等。

2. 运用目光的礼仪

"眼睛是心灵之窗。"在目光接触中，注视的部位、角度和时间不同，双方的关系也不同。

（1）注视的部位

①公事注视。是人们在洽谈业务、磋商交易、交办任务和商务谈判时所使用的一种注视，位置在对方双眼或双眼与额头之间的区域。

②社交注视。是人们在社交场合所使用的一种注视，位置在对方唇心到双眼之间的三角区域。

③亲密注视。是亲人或恋人之间使用的一种注视，位置在对方双眼到胸之间的区域内。

（2）注视的角度

与交往对象的亲疏远近不同，要求注视的角度也不同。

①平视。也叫正视，即视线呈水平状态。常用在普通场合与身份、地位平等的人进行交往时。

②侧视。是平视的一种特殊情况，即位于交往对象的一侧，面向并平视着对方。侧视的关键在于面向对方，若为斜视对方，即为失礼之举。

③仰视。即主动居于低处，抬眼向上注视他人，以表示对对方的尊重、敬畏。

④俯视。即向下注视他人，可表示对晚辈的宽容、怜爱，也可表示对他人的轻慢、歧视。

在与人交谈的过程中，目光应以温和、大方、亲切为宜，多用平视的目光，双目注视对方的眼鼻之间，表示重视对方或对其发言颇感兴趣，同时也体现出自己的坦诚。

（3）注视的时间

在交往中，目光注视时间的长短，要视关系亲疏和对对方的重视程度而定。

①一般对初次接触的人，不能直视对方，应先平视一眼，同时做微笑、点头、问候或握手等动作，然后转视他人或四周，避免相互长时间对视。

②对熟人、故交，或对交往对象表示友好、重视，注视对方的时间则应长一些。

在谈话中，目光与对方接触累计应达到整个谈话过程的50%～70%，而听的一方注视的时间比说的一方要长一些。有时双方目光会出现对视，此时不要迅速躲闪，而应泰然自若地缓慢移开。

心理学实验表明，人们视线接触的时间，通常占交往时间的30%～60%。如果超过60%，则表示彼此对对方的兴趣可能大于谈话的内容；低于30%，则表明对对方本人或交谈的话题没有兴趣。

一个良好的交际形象，目光应是坦然、亲切、友善、有神的。在与人交谈时，目光应当注视着对方，以表现出诚恳与尊重。

小贴士　从上司的眼神判断自己在上司心目中的印象

◆上司说话时不看你，是他想用不重视来惩罚你，说明他不想评价你。
◆上司从上到下看了你一眼，则表明其优势和支配，还意味着自负。
◆上司久久不眨眼盯着你看，表明他想知道更多情况。
◆上司友好地、坦率地看着你，甚至偶尔眨眨眼睛，则表明他同情你，对你评价较高或想鼓励你，甚至准备请求你原谅他的过错。
◆上司用锐利的眼光目不转睛地盯着你，则表明他在显示自己的权力和优势。
◆上司只偶尔看你，并且当他的目光与你相遇后即马上躲避，这种情形连续发生几次，表明面对你，这位上司缺乏自信。

二、微笑

在人的面部表情中，除目光之外，最动人、最有魅力的就是微笑。它是沟通双方心灵的桥梁，是最能打动人的无声语言，被称为"世界语"。

1. 微笑的魅力

有一首诗说得好："微笑一下并不费力，但它却产生无穷的魅力。受惠者变得富有，施与者并不会变得贫穷。它转瞬即逝，却往往留下恒久的回忆。"美国希尔顿酒店总公司董事长康纳·希尔顿五十多年里不断地到他设在世界各国的希尔顿酒店视察，视察中他经常问下级的一句话是："你今天对客人微笑了没有？"正是运用了微笑的魅力，希尔顿酒店在世界各国立足，得到世界人民的青睐。在人际交往中，我们更应充分运用微笑的魅力，赢得他人的好感。

（1）微笑有一种天然的吸引力，是人际交往的轻松剂和润滑剂。它能使人相悦、相亲、相近，能有效地缩短双方的心理距离，打破交际障碍，为深入的沟通与交往创造真诚、融洽、温馨的良好氛围。

当你第一次踏入社交场合，或第一次与客人交往，不免会感到紧张、羞怯，微笑可以帮助你摆脱窘境——对方的友好微笑可以化解你的局促，你的微笑可以帮助自己镇定。所以在交谈中，表示友善、欢迎、亲切，要面带微笑；表示请求、道歉、拒绝，更应面带微笑。如让人久等了，边微笑边说"对不起"，可以消除对方的怨气。通常人们总习惯以消极的表情语来表达否定的意思，其实若在人际交往中用积极的表情语——微笑的方式来表达拒绝，会免去对方的尴尬，更容易使人接受。

(2)微笑是一种特殊的情绪语言，它可以起到有声语言所起不到的作用。它是一个人对他人态度诚恳的一种表现，能给人以亲切、友好的感受，帮助对方驱散笼罩在心头的阴云，消除误解、疑虑和隔阂。

微笑是善意的标志、友好的使者、礼貌的表示。当碰到他人向你提出不好满足的请求或要求时，若板起脸来拒绝，往往会招人反感。而微笑不但可以为你赢得思考的时间，而且可以使你的拒绝让人容易接受，不伤和气地解决问题。

(3)微笑给人以亲切、甜美的感受，是一个人最美的神态。微笑作为一种表情，不仅是形象的外在表现，也是人的内在精神的反映。一个善于微笑的人，心理一定是健康的。因为笑口常开的人，通常是一个心地善良、心胸豁达、乐观向上的人，是一个热爱工作、奋发进取、充满自信的人。可以说，微笑是礼仪的基石，也是一个人礼仪修养的展现。因此，善于微笑的人，往往会赢得他人的好感和信赖。

图3-8

2. 微笑的礼仪规范

(1)微笑的规范。规范的微笑应是真诚、自然、亲切、甜美的。微笑时，面部肌肉放松，嘴角两端微翘，适当露出牙齿，不发声。(图3-8)

(2)微笑的基本要求。微笑应是发自内心的笑，应该笑得真诚、适度、适宜。

①真诚微笑。微笑是发自内心的快乐，当心情愉快、兴奋或遇到高兴的事情时，

往往会自然地流露笑容。我们提倡发自内心的微笑，因为发自内心的微笑是自信、真诚、友善、愉快的心态表露，同时又能制造明朗而富有人情味的气氛。发自内心的真诚微笑应是笑到、口到、眼到、心到、意到、神到、情到。

②适度微笑。微笑虽然是人际交往中最有吸引力、最有价值的面部表情，但也不能随心所欲、不加节制。微笑的基本特征是齿不露、声不出，既不要故意掩盖笑意，压抑喜悦，也不要咧着嘴哈哈大笑。笑得得体、笑得适度，才能充分表达友善、诚信、和蔼、融洽等美好的感情。

③适宜微笑。微笑虽是世界"通用语言"，但也不能走到哪里笑到哪里，见谁对谁笑，微笑要适宜。如特别严肃的场合，不宜笑；当别人做错事、说错话时，不宜笑；当别人遭受重大打击、心情悲痛或痛苦时，不宜笑。微笑要注意对象，两人初次见面，微笑可以拉近双方的心理距离；同学之间见面点头微笑，显得和谐、融洽；当遇到别人与自己争执的时候，微笑既能缓解对方的紧逼势头，又能为寻求应对办法赢得时间；当遇到一些不好回答或不便回答的问题时，轻轻一笑不作回答，更显出它特殊的功能。

(3)完美微笑的四结合。微笑必须发自心底才会动人，只有诚于中才能美于外。因此必须注意四个结合：

①口眼结合。要口到、眼到、神色到，笑眼传神，微笑才能扣人心弦。

②笑与神、情、气质相结合。"神"，就是要笑得有情入神，笑出自己的神情、神色、神态，做到情绪饱满、神采奕奕；"情"，就是要笑出感情，笑得亲切、甜美，反映美好的心灵；"气质"，就是要笑出谦逊、稳重、大方、得体的良好气质。

③笑与语言相结合。语言和微笑都是传播信息的重要符号，只有注意微笑与美好语言相结合，声情并茂、相得益彰，微笑方能发挥出它应有的特殊功能。

④笑与仪表、举止相结合。以笑助姿、以笑促姿，形成完整、统一、和谐的美。

尽管微笑有其独特的魅力和作用，但若不是发自内心的真诚的微笑，则是对微笑语的亵渎。有礼貌的微笑应是自然坦诚的，是内心真实情感的表露。否则强颜欢笑、假意奉承的"微笑"则可能演变为"皮笑肉不笑""苦笑"。如拉起嘴角一端微笑，使人感到虚伪；吸着鼻子冷笑，使人感到阴沉；捂着嘴笑，给人以不自然之感。这些都是失礼之举。

3. 微笑训练

微笑的基本要领是：放松面部表情肌肉，嘴角两端微微向上翘起，让嘴唇略呈弧形，不露牙齿，不发出声音，轻轻一笑。辅以训练，微笑的效果会更好。

(1)口型训练法。摆出普通话"一"音的口型，注意用力抬高嘴角两端，双唇微闭，不要露出牙齿。

(2)对镜训练法。端坐镜前，衣装整洁，以轻松愉快的心情，调整呼吸至自然顺畅；静心3秒钟，开始微笑，双唇轻闭，使嘴角微微翘起，面部肌肉舒展开来；同时注意眼神的配合，以达到眉目舒展的微笑效果，如此反复多次。自我对镜微笑训练时间长度随意。为了使效果明显可播放节奏较欢快的背景音乐。

(3)情绪记忆法。借助"情绪记忆法"辅助训练微笑。当微笑训练时,可以想起生活中最快乐最使人兴奋的事情,脸上会流露出笑容。

(4)观摩欣赏法。这是几个人一起互相观摩、议论、交流、鼓励,互相分享开心微笑的一种方法。也可以平时留心观察他人的微笑,记住精彩的"镜头",时时模仿。

(5)含箸法。这是日式训练法。选用一根洁净、光滑的圆柱形筷子(不宜用一次性的简易木筷,以防拉破嘴唇),横放在嘴中,用牙轻轻咬住(含住),以观察微笑状态。

知识卡片　蒙娜丽莎的微笑

《蒙娜丽莎》是法国巴黎卢浮宫博物馆的镇馆之宝。《蒙娜丽莎》是意大利文艺复兴时代著名画家达·芬奇创作于1504年左右的肖像画作品。画中的主人公是当时的新贵乔孔多年轻的妻子蒙娜丽莎,这幅画画了4年。那时,蒙娜丽莎的幼子刚刚夭折,她一直处于哀痛之中,闷闷不乐。为了让女主人高兴起来,达·芬奇在作画时请来音乐家和喜剧演员,想尽办法让蒙娜丽莎高兴起来。

这幅画完成后,端庄美丽的蒙娜丽莎脸上那神秘的微笑使无数人为之倾倒。人们对那微笑进行了种种猜测:是和蔼可亲的温婉的微笑?是多愁善感的感伤的微笑?是内在快乐的标志?那微笑仿佛是这一切,又仿佛不是这一切。它的诱人之处,全在于那微笑的神秘莫测和令人倾倒。后即以"蒙娜丽莎的微笑"喻指迷人的微笑或神秘莫测的微笑。

学习活动

准备喜、怒、哀、乐四张人脸图片,分别给四个小组的学生观看,然后每组推荐两名同学上讲台,一名学生讲一个关于本组图片表情的故事,一名学生给全班同学分析图片表情在生活中的利弊。

学习评价

你会正确运用目光语和微笑吗？ 请选择下列正确的一项：

1. 注视对方以两眼为底线、额中为顶角形成的一个三角区属于(　　)。
   A. 礼仪注视区　　B. 公务注视区　　C. 社交注视区　　D. 亲密注视区
2. 不符合微笑作用的有(　　)。
   A. 营造轻松友好的气氛　　　　　　B. 融洽主、客双方的感情
   C. 缓解紧张的气氛　　　　　　　　D. 掩盖笑意、压抑喜悦
3. 在社交场合与人交谈时，双方应该注视对方的(　　)才不算失礼。
   A. 上半身　　　　　　　　　　　　B. 双眉到唇心的三角区域内
   C. 颈部　　　　　　　　　　　　　D. 额头
4. 和家人交谈时，双方应注视对方的(　　)区域。
   A. 双眼或双眼与额头之间　　　　　B. 唇心到双眼之间
   C. 双眼到胸部之间　　　　　　　　D. 任何部位
5. (　　)是一种程度最浅的笑，它不出声、不露齿，仅是面含笑意，意在表示接受对方、待人友善。
   A. 轻笑　　　　B. 含笑　　　　C. 微笑　　　　D. 狂笑
6. 通常在与人交谈的过程中，双目注视对方的(　　)，表示重视对方或对其发言颇感兴趣。
   A. 眼睛　　　　B. 嘴巴　　　　C. 鼻子　　　　D. 额头
7. 在与人交谈的过程中，目光应以温和、大方、亲切为宜，多用(　　)的目光注视对方。
   A. 侧视　　　　B. 平视　　　　C. 仰视　　　　D. 俯视
8. (　　)是人际交往的润滑剂，是广交朋友、化解矛盾的有效手段。
   A. 目光交流　　B. 握手　　　　C. 微笑　　　　D. 拥抱
9. 笑的三个基本要求是(　　)。
   A. 真诚、适度、适宜　　　　　　　B. 自然、真诚、适度
   C. 真诚、自然、亲切　　　　　　　D. 真诚、亲切、甜美
10. 人的表情之中，尤以(　　)的变化引人注目。
    A. 鼻子　　　　B. 眼睛　　　　C. 嘴巴　　　　D. 眉毛

第四节　服饰礼仪

周恩来青少年时期就读的南开中学各教学楼门口有一面大镜子，上面的一段话引人注目：面必净，发必理，衣必整，钮必结，头容正，肩容平，胸容宽，背容直，气象勿傲、勿暴、勿怠，颜色宜和、宜静、宜庄。这段著名的"容止格言"每天都在提醒着南开学子要时刻保持端庄得体的仪容、仪表、仪态，处处注意自己的容貌穿戴。

服饰指人的服装的穿着和饰品的佩戴，是仪表的重要组成部分。莎士比亚说："服饰往往可以表现人格。"的确，人际交往中，服饰在很大程度上反映了一个人的社会地位、文化品味、审美意识以及生活态度等，它向人们传递出一种"非语言信息"。服饰是形成人的外在风度的重要组成部分，不同的服饰会给人不同的感受，显示不同的精神面貌。

一、着装的 TPO 原则

TPO 是英文 Time、Place、Object 三个词首字母的缩写。T 代表时间、季节、时令、时代；P 代表地点、场合、职位；O 代表目的、对象。着装的 TPO 原则是世界通行的着装打扮的最基本的原则。它要求人们的服饰应力求和谐，以和谐为美。着装要与时间、季节相吻合，符合时令；要与所处场合环境，与不同国家、区域、民族的不同习俗相吻合；符合着装人的身份；要根据不同的交往目的、交往对象选择服饰，给人留下良好的印象。根据 TPO 原则，着装时应注意以下几个问题：

1. 时间原则

时间原则要求同学们在着装时需考虑时间因素，考虑每天的早、中、晚三个时间段，也需要考虑每年春夏秋冬的季节更替，做到随"时"更衣。早晨同学们通常都在宿舍或进行室外活动，着装时应方便、随意，可选择运动服、便服、休闲服装；上课时间的服装应该便于学习，以朴素大方为原则；参加校外集体活动时，如大型的参观、社会公益活动等，以穿校服并佩戴校徽为宜，服饰也应当随一年四季的变化而更替交换，不宜冲破季节而打破常规、标新立异，冬天穿夏装或夏天穿冬装都是不合时宜的选择。

2. 地点原则

地点原则是指地方、场所、位置不同，着装也应有所区别。特定的环境应配以与之相适应、相协调的服饰，才是活动视觉及心理上的和谐美感。豪华宾馆铺着丝绒地毯的会客室与陈旧简陋的会客室，穿着同一件服装得到的心理效应是截然不同的，可能会给人身份与穿着不相配的感觉，或是给人华而不实的感觉，这些都是有损于人的形象。

3. 场合原则

不同的场合有不同的服饰要求，只有与特定场合的气氛相一致、相融洽的服饰，才能产生和谐的审美效果，从而达到人景交融的最佳效果。

正式场合着装应规范，比如：男生可以穿西装，西装要平整，衣领和袖口要干净，穿皮鞋且皮鞋必须锃亮；女生不应在正式场合赤脚穿凉鞋，如果穿长筒袜子，袜口不要露在衣裙外面，在进入教室图书等地，参加集会、演出，参加集体活动及其他公共场合，不应穿背心、拖鞋、短裤、超短裙等不适宜学生穿的服装。在喜庆场合不能穿得古板，在庄重场合不能穿得随便，在悲伤场合不能穿的艳丽，平日居家可以穿着随意、自在。

在欢度节日或纪念日、结婚典礼、生日聚会、联欢晚会、舞会等喜庆场合，服装可以鲜艳明快、潇洒时尚些，以烘托喜庆的气氛，参加殡葬仪式，则要求以深色、素色为主，忌穿新潮的或鲜艳的服装，以免与现场悲哀、肃穆的气氛不协调。

在日常的学习、生活、工作中多穿着便于行动、适合年龄要求的休闲装、便装等，在一些特定场合，着装应体现出自己的文化层次、道德水准、审美品位。穿着合体、衣帽端正，不穿奇装异服。最基本的服装应保持干净、朴素、整洁、衣着得体。不穿背心及坎肩式篮球上衣上课(上衣袖口长度标准：举手时不露腋窝)，衬衫的纽扣不能故意松开几个，不要里面的衣服比外面的还长，不穿凉拖鞋、棉拖鞋等(特殊情况，需先写申请备案)。女生不穿吊带装、露背装等不适合学生的服装。不佩戴首饰、吉祥物，严禁任何学生戴耳环、耳钉，不背长挎包(背带不过腰部以下)。

二、服装的色彩搭配

人们对服装的整体感受首先是从色彩开始的，它有先入为主的效果，所以服装美应充分重视色彩的选择与搭配，使服装的色彩达到有序的统一。

1. 色彩的象征意义

红色象征热烈、活泼、兴奋、富有激情；黄色象征明快、鼓舞、希望、富有朝气；橙色象征开朗、欣喜、活跃；黑色象征沉稳、庄重、冷漠、富有神秘感；蓝色象征深远、沉静、安详、清爽、自信、幽远；紫色象征华丽、高贵而神秘；绿色象征生命、平安、祥和与希望；白色象征朴素、高雅、明亮、纯洁；灰色象征庄重、大方、朴实，等等。

色彩有不同的象征意义，不仅能给人不同的联想，而且在色相上能让人产生冷暖、扩缩、轻重的感觉。如红、黄、橙等颜色能给人温暖的感觉，故称为暖色；蓝、绿、紫、黑等颜色则往往给人降温变冷的感觉，故称为冷色；白色、灰色则为中性色。所以人们喜欢在冬天穿戴暖色调的服饰，在夏天穿戴冷色调的服饰；体型瘦小的人会选择浅色服饰而显得丰满，体型肥胖的人喜欢选择使自己显得苗条的深色服饰；年轻人身着上深下浅的服装会显得活泼、飘逸、富有青春气息，中老年人采用上浅下深的搭配，给人以稳重、沉着的静感。

2. 服装色彩的搭配

服装配色以"整体协调"为基本准则。全身着装颜色搭配最好不超过三种颜色，而且以一种颜色为主色调，颜色太多则显得乱而无序。

(1)同种色相配。这是一种简而易行的配色方法，即把同一色相、明度接近的色彩搭配起来，如深红与浅红、深绿与浅绿、深灰与浅灰等。这样搭配的上下衣，可以产生一种和谐、自然的色彩美。

(2)邻近色相配。把色谱上相近的色彩搭配起来，会收到调和的效果。如红与黄、橙与黄、蓝与绿等色的配合。这样搭配时，两个颜色的明度与纯度最好错开。例如用深蓝和浅绿相配、中橙和淡黄相配，都能显出调和中的变化，起到一定的对比作用。

(3)主色调相配。以一种主色调为基础色，再配上一两种或几种次要色，使整个服饰的色彩主次分明、相得益彰。这是常用的配色方法。采用这种配色方法需要注意：用色不要太繁杂、零乱，尽量少用、巧用。一般来说，男性服装不宜有过多的颜色变化，以不超过三种颜色为好。女子常用的各种花型面料，色彩也不要过于堆砌，色彩过多，显得太浮艳、俗气。

(4)对比色搭配。对比的色彩，既有互相对抗的一面，又有互相依存的一面，在吸引人或刺激人的视觉感官的同时，产生出强烈的审美效果。因此，鲜艳的色彩对比，也能给人和谐的感觉。如红色与绿色是强烈的对比色，配搭不当，就会显得过于醒目、艳丽。若在红与绿衣裙间适当添一点白色、黑色或含灰色的饰物，使对比逐渐过渡，就能显得协调。或者红、绿双方都加以白色，使之成为浅红与浅绿，看起来就不那么刺眼了。

着装配色应根据个人的肤色、年龄、体形选择颜色。如肤色黑，不宜着颜色过深或过浅的服装，而应选用与肤色对比不明显的粉红色、蓝绿色，最忌用色泽明亮的黄橙色或色调极暗的褐色、黑紫等。皮肤发黄的人，不宜选用半黄色、土黄色、灰色的服装，否则会显得精神不振、无精打采。脸色苍白不宜着绿色服装，否则会使脸色更显病态。而肤色红润、粉白，穿绿色服装效果会很好。白色衣服任何肤色的人穿效果都不错，因为白色的反光作用会使人显得神采奕奕。体形瘦小的人适合穿色彩明亮度高的浅色服装，这样显得丰满；而体形肥胖的人穿明亮度低的深颜色则显得苗条等。大多数人的体形、肤色属中间混合型，所以颜色搭配没有绝对的原则，重要的是在着装实践中找到最适合自己的搭配颜色。

三、女士着装

1. 礼服

（1）旗袍。旗袍是我国的传统女装，有不同的款式、质料和颜色。作为礼服，一般采用紧扣的高领，贴身，衣长至脚背，两旁开衩，斜式开襟，袖口至手腕上方或肘关节上端的款式。选择颜色单一、面料典雅华丽的锦缎或金丝绒为佳。可配高跟鞋或半高跟鞋，饰品有精致的项链、耳坠、胸花。旗袍款式流畅，最能体现东方女性柔美的身体曲线，显得高雅、端正、仪态万千。

（2）晨礼服。又叫常礼服，一般由质地、颜色相同的上衣与裙子搭配而成，可配上帽子和薄纱手套。适合白天参加庆典、婚礼时穿着。

（3）小礼服。又叫晚礼服或便礼服，是一种质地高档、长至脚背的露背式单色连衣裙式礼服。适合参加晚上举行的宴会、音乐会、婚礼时穿着。

（4）大礼服。是一种袒胸露背的单色拖地或不拖地的连衣裙式礼服，配以颜色相同的帽子、薄纱手套以及各种头饰、耳环、项链等首饰。适合在晚间举行的正式宴会、交谊舞会、婚礼时穿着。

2. 职业女装

职业女装通常有三种基本类型：西装套裙、裤式套装、连衣裙和两件套裙。

（1）西装套裙。西装套裙是职业女性的标准着装，可塑造出端庄、干练的形象。

西装套裙分两种：一种是配套的，上衣和裙子同色同质地；一种是不配套的，上衣与裙子色彩、质地不同，但要搭配协调。着单排扣西服套裙，上衣可以不系扣；着双排扣的套裙，则要将扣子全部扣上。

西装套裙要选择质地和垂感好的面料。西装套裙多为单色调，最佳颜色是黑色、藏青色、灰褐色、灰色和暗红色。衬衫的颜色最常见的是白色、黄白色和米色，因为它们与大多数套装都能相配。

（2）裤式套装。裤式套装在职场里便于活动，更显利索干练。裤式套装的变化主要表现在衣服款式的多元设计上，但最好选择设计简洁、合体的款式。裤式套装多为单色调，质地和颜色的选择与西装套裙相同。

（3）连衣裙和两件套裙。连衣裙和两件套裙，可以单独穿，也可以和其他上衣搭配着穿。它们尽管不如西装套裙那么正规，但也适用于某些场合。其中纽扣一排到底的大衣式裙子，比衬衫配裙子更显得职业化。

面料以丝绸最为理想，也可选用100%的人造丝或加入人造纤维的亚麻制品。不要选用纯亚麻制品，容易起皱，也不要用棉布，显得过于随便。颜色可选择灰色、藏青色、暗红色、米色、驼色、红色和玫瑰红色，也可以选用简洁的印花或图案；不要选择过于鲜艳的花色。

3. 服饰礼仪

（1）首饰。首饰泛指戒指、项链、耳环、手镯、手链、胸针等。首饰是一种无声的语言，它反映着一个人的兴趣、爱好、文化修养和婚姻状况。佩戴首饰，在社交场合一般以少为佳，最好不超过三种，而且要同质同色，否则会显得凌乱、俗气。首饰的式样要简单大方，并注意与服装的款式和色彩搭配。

①戒指。戒指通常讲究戴在左手手指上，最多戴一枚戒指。戴在哪个手指上应根据婚姻状况而定。戴在左手食指上意为"示爱"，戴在中指上表示正在恋爱中，戴在无名指上表示已订婚或结婚，戴在小指上则表示自己是独身者。戒指的粗细应与手指的粗细成正比。从造型上讲，老年人戴的戒指应古朴庄重，年轻人戴的戒指则应小巧玲珑，注重艺术化。

②项链。项链是戴于颈部的环形首饰。通常，所戴的项链不应多于一条，但可将一条长项链折成数圈佩戴。项链的粗细应根据脖子的粗细选用，脖子较粗的人应选择较细的项链，脖子较细的人应选择较粗的项链。从材质上讲，项链有金银项链、珠宝项链和仿制项链等，老年人一般宜选质地上乘、工艺精细的项链，青年人可以选择质地颜色好、款式新颖的项链。

③耳环。耳环又叫耳饰，可分为耳环、耳链、耳钉、耳坠等。一般情况下，仅为女性所用，并且讲究成对佩戴，即每只耳朵上均佩戴一只。佩戴耳环应兼顾脸型，长脸型可选择耳钉、耳环，圆脸型可选择耳坠、耳链。

④手镯。手镯即佩戴于手腕上的环状饰物。手镯可以戴一只，通常戴于左手；也可同时戴两只，一手戴一个或都戴在左手上。同时戴三只手镯的情况比较罕见。

⑤手链。手链是佩戴在手腕上的链状饰物。男女均可佩戴，但一只手上仅限戴一条手链，并应戴在左手上。在一只手上戴多条手链、双手同时戴手链、手链与手镯同时佩戴，一般是不允许的。

⑥胸针。胸针即别在胸前的饰物，多为女士所用。其图案以花卉为多，故又称胸花。别胸针的部位多有讲究。穿西装时，应别在左侧领上；穿无领上衣时，应别在左侧胸前；发型偏左时，胸针应当居右；发型偏右时，胸针应当居左。其具体高度，应在从上往下数的第一粒与第二粒纽扣之间。

小贴士　饰物保养常识

◆尽量避免接触温泉、海水、沐浴露等。
◆清洁饰物可用干净的擦银布轻轻擦拭，或将牙膏揉搓起泡沫，再用软毛牙刷轻轻刷洗。
◆洗衣、洗碗、做饭、沐浴时，请将佩戴的饰物取下，避免化学物质影响和侵蚀到镀层。

◆进行剧烈运动或搬运重物时,请尽量避免佩戴饰物,以免饰物被碰擦磨损。

◆建议梳妆完毕后再佩戴饰物,避免被化妆品和香水污染,影响饰物的光亮度。

(2)头饰(发带)。头饰的款式应根据发型来选择,颜色要与服装相协调。头饰的颜色最好与所穿服装的主色调一致,至少要与服装色彩中的一种颜色相呼应,否则最好采用黑色。头饰本身的颜色不要超过两种,而且这两种色调也应协调。一件头饰最得体,多则使人眼花缭乱,反而不美了。

(3)腰带。腰带具有装饰美化的作用,是矫正体形、制造错觉的重要物件。通过系腰带部位的上下移动,可以调节人上下体的比例;腰带的色泽深浅、宽窄度的不同,能够制造错觉,调节人体腰身的粗细。腰带质地以纯皮的为好,颜色应与皮鞋的颜色相配。皮带扣要简洁。

(4)围巾。围巾不但有保暖作用,而且具有装饰美化功能。围巾的色彩、款式要与整体服装相协调。围巾的颜色最好与服装中的某种颜色相同。此外,穿暗色的衣服宜选用色泽鲜艳的围巾;衣服色彩艳丽,围巾则应素雅些,否则会让人感到杂乱。围巾的系法有多种,视情况可包头、围颈、披肩和束腰。围巾的不同色彩和包法可以产生不同的视觉效果。如果要将围巾打结或系起来,最好选择100%的丝绸面料。

(5)袜子。丝袜是用来衬托裙装的,颜色最好为肉色,即与肤色相近或稍深。袜口不要暴露在别人的视线内,即裙摆与袜口之间不能露出一截腿。一般来讲,厚重的袜子应配低跟鞋,鞋跟愈高,袜子应愈薄。穿浅色皮鞋时不要穿黑袜子,否则一旦跳丝很容易看出来,而且黑袜子看上去很像紧身裤。白线袜子只适合配旅游鞋。带图案的袜子,容易引人注意你的腿部,最好不要穿用。应随身携带一双备用的丝袜,以防袜子被刮破。一旦袜子出现跳丝,涂无色指甲油可防止跳丝继续扩展。

(6)鞋。应着传统的皮鞋,不要穿凉鞋、松糕鞋、又长又尖的鞋。要注意保持皮鞋的光亮清洁。鞋跟高度以2.5~5厘米为宜。尽量避免穿后跟用带系住的或露脚趾的鞋。鞋的颜色应与衣服的颜色搭配得当,一般要与衣服下摆一致或再深一些。从衣服下摆到鞋的颜色一致,可以使大多数人显得高一些。工作场合应选用中性颜色的鞋,如黑色、藏青色、暗灰色、灰色,而不要穿红色、粉红色、玫瑰红色和黄色的鞋。即使在夏天,穿白鞋也带有社交而非商务的意义。如果鞋与服装的颜色不一致,会把别人的注意力吸引到脚上。为了在开车时保护鞋子,可以在车里放一双旧的平跟鞋,当然它不能使袜子容易跳丝。

(7)手提包和手提箱。手提包和手提箱的质地最好是皮革的。提包上不要带有设计者的标签；手提箱可以用硬衬，也可用软衬。手提包的颜色可以随着季节及服饰的变化而变化，即要与服装和鞋的款式、颜色配套，或与服装的色彩一致，或采用对比色做点缀。手提包和手提箱最实用的颜色是黑色、棕色和暗红色。

（8）眼镜。戴眼镜的人，应根据自己的脸型选择眼镜，如方脸型戴上翘镜架、椭圆形或圆形镜框的眼镜，可使脸庞显出曲线的柔美；圆脸型戴长方形等几何形的眼镜，可使脸型显得修长等。

美丽的饰物让人爱不释手，但却不是都能使人漂亮。社交活动中的着装应大方稳重，首饰的佩戴应少而精，越雅越好，一味地穿金戴银，不利于树立个人的良好形象。

4. 女士着装原则

（1）端正稳重。套装确实是目前最适合女性的服装，但过分花哨、夸张的款式绝对要避免；极端保守的式样，则应掌握如何配饰、点缀而使其免于死板之感。将几组套装巧妙地搭配穿用，不仅是现代化的穿着趋势，也是符合经济原则的装扮。

（2）质料讲究。所谓质料是指服装采用的布料、裁制手工、外形轮廓等条件的精良与否。职业女性在选择套装时一定不要忽视它。

（3）高雅规范。交际场合的着装要整洁、大方、高雅、规范，不能穿超短裙、露脐装、体形裤，不要穿得过分艳丽或新潮，不能穿薄、露、透的服装。过分性感或暴露的服装绝不能出现在办公室中，这会惹出不必要的麻烦，如使男同事或上司有非分念头，更会给人留下"花瓶"的印象，从而失去升职的可能。

（4）整体协调。除了穿着应注意考究外，从头至脚的整体装扮也应强调"整体美"，这是现代穿着中最流行的字眼。

四、男士着装

男性在服装上的选择虽然比女士少，但这并不意味着男性对服饰的选择就可以不注意了。事实证明，男性恰当的着装同样反映着一个人的个性特点和独特品位，有利于树立良好的社交形象。

1. 礼服

（1）中山装，是我国近现代的民族服装，是以孙中山先生命名的。中山装为封闭式领口，前门襟定五颗纽扣，领处定风纪扣，左右上下各两个贴袋。用作礼服时，通常为上下身同色的深色毛料精制，配以黑皮鞋，显得整齐、庄重，适合于各种礼仪场合。

（2）晨礼服，又名常礼服，是白天参加典礼、婚礼等活动的正式礼服。通常上装为灰色、黑色，后摆为圆尾形，下装深灰色或黑色条子裤。系灰领带，穿黑皮鞋，戴黑礼帽。

（3）小礼服，也称晚礼服或便礼服，一般在晚上参加音乐会、宴会、观看戏剧演出时穿。小礼服为白色或黑色西装上衣，衣领镶有缎面，下装为配有缎带或丝腰带的黑裤。

（4）大礼服，又称燕尾服，适宜晚间较正式的场合穿戴，如官方宴会、正式舞会、晚间婚礼等。上装为黑色或深蓝色，前摆齐腰剪平，后摆剪成燕尾状。下装为黑色或蓝色配有缎带、裤腿外侧有黑丝带的长裤。系白领结，穿黑皮鞋、黑丝袜，戴白手套。

2. 职业男装

男性职业服装一般分两种类型：两件套西装和运动式夹克配长裤。

（1）西装。西装是一种国际性服装，也是现代许多场合中男性穿用最多的一种服装。俗话说："西装七分在做，三分在穿。"穿西装时，符合穿着规范，才能显得潇洒、精神、有风度。（图3-9）

图3-9　　　　　　图3-10

西装有两件套、三件套之分，正式场合应着同质、同色的深色毛料套装。两件套西服在正式场合不能脱下外衣。按国外习俗，西服里面不能穿毛背心或毛衣。在我国，至多也只能加一件"V"字领羊毛衫，否则会显得臃肿，破坏西服的线条美。西裤的裤线任何时候都应熨烫得挺直。颜色宜为具有稳重感的单色，如浅灰色、黑色、深蓝色、米色等，质地最好是中等厚的毛料织物。

（2）西装着装顺序：梳头发—换衬衫—着西裤—穿皮鞋—系领带—穿上装。

（3）西装的配饰礼仪。

①衬衫。衬衫通常为单色，一般多用蓝色、白色，不能过于花哨。领子要挺括、干净。衬衫下摆要掖进裤子，不能露在外面。系好领扣和袖扣，衬衫衣袖要稍长于西装衣袖0.5~1厘米，领子要高出西装领子1~1.5厘米，以显示衣着的层次。非正式场合可不系领带，此时衬衫领口的扣子应解开。

②领带。西装脖领间的"V"字区最为显眼，领带应处在这个部位的中心，领带的领结要饱满，与衬衫的领口吻合要紧凑，领带的长度以系好后下端正好在腰带上端为最标准。如穿背心，领带要放入背心里面。领带结的大小应与所穿衬衫的领子大小成正比。领带夹一般应夹在衬衫第四粒与第五粒纽扣之间，西装系好纽扣后，

领带夹不能外露。选择领带时,色彩恰当很重要,要根据个人的肤色、脸型以及着装环境,尤其是衬衣和西装的颜色来选择。

③衣袋。西装上下衣的口袋很多,但不能随便装东西。一般上装外面左胸口的衣袋是专门用于插装饰性手帕的,下面的两个口袋只作装饰用,一般不放物品,否则会使西服上衣变形。上装左侧内袋可装记事本、钱包,右侧可放名片、香烟等。背心的四个口袋用于存放珍贵的小物件。西裤前面的裤兜亦不可装物品,可用于插手(站立时可将手插在裤兜内,行走时一定要把手拿出来);右边后裤袋用于放手帕,左边用于存放平整的零钱或其他轻薄之物。穿西裤要保持臀位合适,裤形美观。

④纽扣。双排扣的西服要把纽扣全部系上,以示庄重;坐下时也可将最下面的扣子解开。单排两粒扣的上装,正规穿法是只扣上面一粒纽扣;三粒扣的则扣中间一粒。单排扣的西服扣子也可以全部不扣,显得潇洒;如将全部扣子都系上,则显得土气。

⑤鞋袜。穿西服一定要穿皮鞋,裤子要盖住皮鞋鞋面。男性的皮鞋最好是黑色或与衣服同色的,正式场合还应当是黑色、无花纹、系带的。不能穿旅游鞋、轻便鞋或布鞋、露脚趾的凉鞋,也不能穿白色袜子、色彩鲜艳的花袜子和半透明的尼龙或涤纶丝袜。男性宜着深色线织中筒袜。

(4)运动式夹克配长裤。运动式夹克和长裤的颜色应形成一定的对比,以保持它们较随意的风格。(图3-10)

①颜色的选择。选择藏青色、灰色和铁灰色等,可以与多种颜色形成对比。棕色或驼色的运动式夹克配上蓝裤子,要比相同颜色的西装更易于被人接受。深色的夹克搭配颜色较浅的长裤,如黄褐色或米色,效果也不错。普蓝色可搭配的颜色也较多,如藏青色或灰色等。

②面料的选择。与西装一样,夹克的质地应为纯毛、混纺、纯棉或混合丝的;长裤应为纯毛华达呢、混纺或永久熨烫混纺。格子花呢面料在正式场合显得过于随便,不宜选用。

小贴士　学生穿衣小知识

◆穿衣要合体。衣服过大会影响运动,过紧则影响生长发育。
◆着装整洁。切忌衣冠不整就出门。
◆穿衣要符合年龄特征。不要穿饰物过多或成人化的衣服。
◆不要佩戴项链、耳环等饰物。
◆在学校的着装,以棉质运动装为主,样式简洁明快,还要便于清洗。

3. 服饰礼仪

（1）首饰。男性除了戴结婚戒指之外，最好不佩戴其他首饰。而且最多每只手只戴一枚戒指。

（2）手表。手表既是实用性物品，亦可作为装饰性用品。一般在社交、上班场合应选择正宗高档的手表。男性以戴纯银、金质或不锈钢制的手表为宜。皮表带的颜色要与腰带、皮鞋的颜色一致。

（3）腰带。要选皮革的腰带，颜色应为黑色、棕色或暗红色，并与鞋的颜色相配。皮带扣要简洁。男性有时也可穿背带裤。

（4）袜子。袜子要长一些，到小腿中部最好，以免坐下后露出腿上的皮肤和汗毛。选择尼龙袜或薄棉袜均可，袜子的颜色应为黑色、棕色或藏青色，不要穿白色、米色、浅色或图案大的袜子，否则会吸引别人注意。也可选用与长裤相同或相近颜色的袜子，但穿黄褐色裤子例外，这时的袜子应与鞋相配。

（5）鞋。鞋的选择很重要，应尽量选择系带或无带扣皮鞋。鞋的颜色应该比裤子的颜色深。黑皮鞋可以配灰色、藏青色或黑西服，深棕色的鞋能够配黄褐色或米色西服。

（6）包。不管是背包还是手包，都应是皮质的，颜色宜为棕色、黑色。钱包不要放在西服后边的裤袋里，否则会影响美观。

知识卡片　人类是从什么时候开始着装的？

据考古学家的研究：30万~50万年前人类开始从原始居住的地方迁移到北方寒冷的地带，需要用东西遮盖身体御寒，那时，他们住在山洞里并用兽皮遮盖身体。人类开始纺纱织布大约在1万年前的新石器时代。1854年，在瑞士一个干涸的湖底发现了人类最早使用的麻织物。大约公元前2000年前，埃及已能生产精致的亚麻织物。有确凿的证据证明，我国在6000年前已开始纺纱织布。总之，人类的史前服饰经历了漫长而丰富的演变过程：①涂身，如用赭石装饰身体；②用动物毛皮覆盖身体；③动物毛皮经过某些加工缝制，用于保暖，便于运动；④经过纺织的织物用于遮盖身体；⑤织物经过缝制做成衣服。

学习活动

活动一　每组请一个学生到讲台上来，让其他同学对其服装和饰品的色彩搭配情况进行点评。

活动二　任课教师可根据自身的身体条件谈谈自己如何着装更得体，学生也可发表自己的意见。

活动三　教师可展示几幅服装彩图，让学生分析其款式结构和色彩的搭配。

学习评价

如何让你的着装大方得体？请选择下列正确的一项：

1. 正式交往场合我们的仪表仪容要给人(　　)的感觉。

    A. 随意、整齐、干净　　　　B. 漂亮、美观、时髦

    C. 端庄、大方、美观

2. 能与西装相配的衬衫很多，最常见的是(　　)衬衫。

    A. 蓝色或白色　　B. 浅色　　　C. 深色

3. 衬衫袖子的长度一般应(　　)。

    A. 与西服袖子同长　　　　B. 长出西服袖子6~7厘米

    C. 长出西服袖子0.5~1厘米

4. 穿着西装，纽扣的扣法很有讲究，穿(　　)西装，不管在什么场合都要将扣子全部扣上，否则会被认为轻浮不稳重。

    A. 三粒扣　　　B. 单排扣　　　C. 双排扣

5. 男士着装，整体不应超过(　　)颜色。

    A. 一种　　　　B. 两种　　　　C. 三种

6. 一般情况下，男士可以佩戴的饰物是(　　)。

    A. 戒指　　　　B. 项链　　　　C. 耳环

7. 在公共场所，女士着装时应注意(　　)不能外露，更不能外穿。

    A. 短裙　　　　B. 内衣　　　　C. 围巾

8. 男士西服单排扣有两个纽扣，在正式场合站立时，应(　　)。

现代礼仪

72

A. 只扣上边一个　　B. 只扣下边一个　　C. 两个都扣上

9. 佩戴首饰原则上不应超过(　　)。

A. 五件　　　　　B. 四件　　　　　C. 三件

10. 领带夹应别在七粒扣衬衫上数的(　　)个纽扣之间。

A. 第四和第五　　B. 第二和第三　　C. 第三和第四

11. 西装袖口外的商标及纯羊毛标记(　　)。

A. 不能拆下　　　B. 一定要拆下　　C. 可拆可不拆

12. 女士穿着西式套裙时，最佳搭配的鞋是(　　)。

A. 高跟皮鞋　　　B. 平跟皮鞋　　　C. 凉鞋

13. 一位女士拥有5枚戒指、3条手链、4条项链、2副耳环，则她应该(　　)。

A. 全部佩戴　　　B. 各佩戴一件　　C. 佩戴不超过三件

14. 男士穿西装时，应穿(　　)。

A. 旅游鞋　　　　B. 皮鞋　　　　　C. 布鞋

15. (　　)衬衫不应与正式的西装相配。

A. 方领　　　　　B. 短领或长领　　C. 异色领

16. (　　)的袜子不能在穿西装的时候穿。

A. 黑色　　　　　B. 深蓝色　　　　C. 白色

17. 男士衬衣内除了背心之外，最好不穿其他内衣，如棉毛衫之类，如果穿的话，内衣的领圈和袖口应该(　　)。

A. 不要显露出来　B. 可露出一点　　C. 露在衬衣的外边

18. 以下关于西装的说法中，错误的是(　　)。

A. 西装袖口上的商标应在拆除后才可以穿着

B. 西服上衣的袖子要比里面的衬衫袖子长一些

C. 西装上衣下面两个口袋不宜存放物品

19. 女士穿西装套裙时，应注意(　　)。

A. 穿短袜　　　　B. 穿彩色丝袜　　C. 穿肉色长筒丝袜

20. 在旅游景区游览时不需打领带，也不宜穿(　　)。

A. 休闲鞋　　　　B. 旅游鞋　　　　C. 高跟鞋

21. 外出携带手机的最佳位置在(　　)。

A. 皮带上　　　　B. 公文包里　　　C. 上衣口袋内

22. 在女士需要的时候，男士应帮助女士提包或者拿其他物品。但(　　)不适合长时间帮女士提。

A. 行李　　　　　B. 背包　　　　　C. 坤包

23. 女士携带的手提包，在正式宴会就餐期间应(　　)。

A. 放在背部与椅背之间

B. 挂在自己椅子的靠背上

C. 挂在衣帽架上

24. 观看经典的歌剧或音乐会时，应该选择(　　)。
A. 相对正式的服装
B. 时尚休闲服装
C. 无所谓
25. 商务活动中，男士可穿(　　)的西服。
A. 粗格呢　　　　B. 印有花、鸟图案　　C. 条纹细密的竖条纹
26. 在饭店、旅馆住宿时，不应穿(　　)出现在公共场所。
A. 西装　　　　　B. 休闲装　　　　　　C. 睡衣和拖鞋

项目四　公共礼仪

我们在出行时，往往需要乘坐各种交通工具，以求方便。人们可以乘坐多种交通工具，下面主要介绍一下有关行路礼仪，乘坐轿车、公共汽车、火车、轮船、飞机等交通工具时的礼仪，以及入住宾馆的礼仪。

第一节　问路礼仪

《说岳全传》第十回描写牛皋独自赶往小校场向两位老人问路时，居然在马上叫道："呔！老头！爷问你，小校场往哪去的？"那老者听了，气得目瞪口呆……"冒失鬼！京城地面容不得你撒野！幸亏是我两个老人家，也不和你作对，只要你走七八个转回哩。这里投东转南去，就是小校场了。"而岳飞问路时则是下了马，走上前拱手道："不敢动问老丈，方才可曾见一个黑大汉，坐一匹黑马，往哪条路上走的？"……那老者道："遵驾何以这等斯文，你那个令弟怎么这般粗蠢？"

一、问路礼仪

1. 向他人问路时，宜主动到距对方适当的距离内，根据对方年龄、性别等特征恰当地予以称呼，并对打扰对方表示歉意，然后清晰简明地说明自己的意图。

2. 问路时应主动走向对方，有礼貌地表达自己的意图。把他人招呼到自己跟前问路，是不尊重他人的一种表现，而且往往以失败而告终。

3. 问完路后，要表示感谢，如对方表示不清楚或者不确定，也应表示谢意，并转问他人，可以用"实在过意不去""麻烦您啦""感谢您的帮助"等语句表示谢意。

4. 当接受他人问路时，应当主动向对方指明需乘坐的交通工具，如口头表达不清，可征得对方同意后带路，自己不清楚或不确定时，应致歉意，并请其他人予以帮助，不可对他人问路不理不睬或漫不经心地随意指引，更不可指错路。

二、行路礼仪

行进时重点注意以下几点：

1. 注意步行时的仪态。行走时，每个人都应注意自己的仪态与风度，要做到仪态优雅、风度不凡。行走时的基本姿态是：脊背与腰部伸展放松，脚跟先着地。

行走时应当上身挺直、目视正前方；行进时应当将腿伸直，要做到这一点，就要使膝盖伸直；走路时应当将注意力集中于后面的脚，并且使前脚跟首先触地，步行时应当保持一定的、相对稳定的节奏，无论是步幅、步速还是双臂摆动的幅度，均需注意此点。应当保持一定的方向，从理论上讲，行走的最佳轨迹，应当是双脚后跟落地之后恰成一条直线。

2. 行进时的位置安排。与客人并排行进和单行行进时，有不同的做法，并排行进的要求是中央高于两侧，内侧高于外侧，一般情况下，应该让客人走在中央或者内侧。与客人单行行进时，即成一条线行进时，标准的做法是前方高于后方，以前方为上，如果没有特殊情况，应该让客人在前面行进。

3. 步行时的禁忌。忌行走时速度过快或者过慢，以免妨碍周围人的行进；忌与已成年的同性在行走时勾肩搭背、搂搂抱抱，在西方国家，只有同性恋者才会这么做；忌一边行走一边连吃带喝，或是吸烟不止，那样不仅不雅观，而且还会有碍于人；忌行走时与他人相距过近，避免与对方发生身体碰撞，万一发生，务必及时向对方道歉；忌行走时尾随于他人身后，甚至对其窥视、围观或指指点点，在不少国家此举会被视为侵犯人权。

4. 上下楼梯是在商务交往中经常遇到的情况。简单地说，上下楼梯时应单行行进，以前方为上，但需要注意一点，男女同行上下楼梯时，宜女士居后。上下楼时因为楼道比较窄，并排行走会妨碍他人，因此没有特殊原因，应靠右侧单行行进。

在客人不认识路的情况下，陪同引导人员要在前面带路，陪同引导的标准位置是左前方1~1.5米处。别离太远，也别离太近，太近容易发生身体上的碰撞，原则上应让客人走在内侧，陪同人员走在外侧。我国道路行进规则是右行，实际上靠墙走是客人在里面自己在外面，这样客人受到骚扰和影响少，行进时身体侧向客人，用左手引导，如果完全背对客人，这是不太礼貌的。

单行行进时，前方应高于后方，以前方为上，一般情况下，应该让客人走在前面，把选择前进方向的权利交给客人。有一点需要注意，如果陪同接待女性宾客的是一位男士，而女士又身着短裙，这种情况下，上下楼时，接待的陪同人员要走在女士面前，以免"短裙走光"避免尴尬。

学习活动

活动一　请同学们列举出十种以上行路时的不文明行为。

活动二　把全班学生按3人分成一组，表演3人单行行走、3人并排行走。注意行走的方法、姿态，可以边走边谈。训练结束后，老师请几位比较优秀的同学谈一谈感受，并给予表扬或鼓励。

学习评价

判断以下各题，检查自己对行路礼仪的了解程度：

1. 出门行路是人人每日不可缺少之事，在行路时，首先要遵守交通规则。（　　）

2. 行路时，应当让年长者、女士和未成年人走在离机动车道较近的一侧。（　　）

3. 三人并排行走时，以右边为尊。（　　）

4. 前尊、后卑、左大、右小是行走时的最高原则。（　　）

5. 下属与上司两人同行时，下属应位居其前方或右方。（　　）

6. 马路上车水马龙、人来人往、比肩接踵，因此要提倡行人之间相互礼让。（　　）

7. 走路遇到熟人，应主动打招呼或问候。（　　）

8. 走路的姿势是个人精神风貌的体现，正确的走姿是挺胸抬头、左顾右盼。（　　）

9. 在狭窄之处行走时，最好将内侧让出，以便有急事者能快速通过。（　　）

10. 横过马路时，要切记"红灯停，绿灯行"，并且一定要走斑马线。（　　）

项目四　公共礼仪

第二节　乘车礼仪

小云在一家房地产公司实习，有一天公司临时派她去车站接几个远道而来的客户，小云是个非常热情好客的女孩，在接到客人时，她首先拉开了她认为最舒服的副驾驶座的车门，热情地招呼道："张总，您请！"可那位张总脸色一下沉了下来，事后经理把小云叫去训了一通：你怎么让对方的老总坐副驾驶座呢？

小云把她认为最舒服的位置让给客人坐，难道不对吗？

一、自行车

中国是自行车王国，我国的自行车产量和骑自行车上下班的人数，在世界上是首屈一指的，每天上下班的高峰时间，每条马路上都可见到自行车的滚滚洪流。即使在深街小巷，同样也可以看到自行车穿梭来往的身姿，就比如说现在的共享单车，已经遍布全国各个大城市，它们已经成为环保出行的重要交通工具之一。因此，如何文明骑自行车便自然成了交通礼仪中的应有之仪。

1. 超越前面的自行车时要响铃警醒，超越时不猛拐被超的车；超越前面骑车者时，不从他人的右面走；骑车需打拐弯时，提前示意（一般是做手势），并注意身后的车辆，向左拐弯应拐大弯，不要拐小弯逆行，尽量获取周边信息以免发生不测。

2. 骑自行车要严格遵守交通规则，听从交通警察指挥。

3. 在快慢车道隔离或有标志分开的马路上骑车，要在慢行道上鱼贯而行；在快慢车道没有隔离的马路上骑车要尽量靠右边行驶，不抢行快车道，不追逐机动车。

4. 要主动避让穿过马路的行人，通过交叉路口时不抢红灯。

5. 较多的人一起骑车要前后循序行进，不要成群结伙在马路上一起飞车、追逐比赛；也不要好几辆车并排行驶、说说笑笑，甚至扶肩搭背、阻挡后面车辆的去路。

6. 在马路上骑车既要瞻前又要顾后，下车时要先做手势，慢行靠边下车；除了紧急情况外，不能随便急刹车。

7. 下车办事要将自行车停放在指定的地方，不要随意在马路上停放，要遵守停车规则。

二、轿车

乘坐轿车时，应当注意的问题主要涉及座次、举止、上下顺序三个方面。

1. 座次

在比较正规的场合，乘坐轿车时，一定要分清座次的尊卑，并在适当的位置就座。而在非正式场合，则不必过分拘礼。轿车上座次的尊卑，在礼仪上来讲，主要取决于下述两个因素：

(1)驾驶者。驾驶轿车的司机，一般可分为两种人：一是主人，即轿车的拥有者；二是专职司机。

由主人亲自驾驶轿车时，一般前排座为上，后排座为下；以右为尊，以左为卑。乘坐主人驾驶的轿车时，最重要的是不能令前排座位空着，一定要有一个人坐着，以示相伴(图4-1)。

由男士驾驶自己的轿车时，其夫人一般坐在副驾驶座上。由主人驾车送友人夫妇回家时，友人中的男士，一定要坐在副驾驶座上，与主人相伴，而不宜形影不离地与其夫人坐在后排，那将是失礼之至。

由专职司机驾驶轿车时，通常仍讲究右尊左卑，但座次同时变化为后排为上，前排为下(图4-2)。

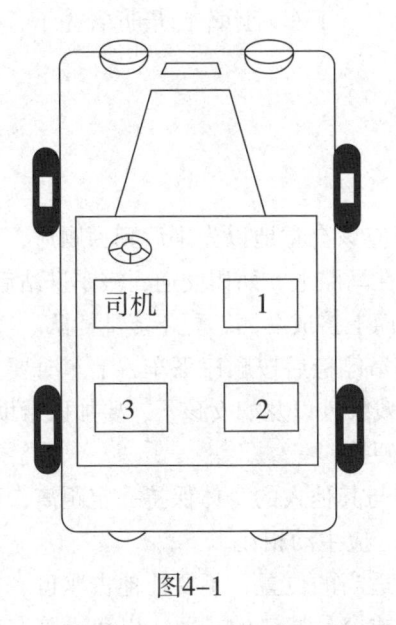

图4-1

图4-2

(2)轿车的类型。轿车通常是指一种有四门或两门的、封闭式车身、固定顶盖、一个车厢的汽车，一般包括司机在内可乘坐四至七人，包括吉普车和其他多排座客车。不同的车型座次的尊卑各有不同。吉普车上的座次由尊而卑的顺序是：副驾驶座、后排右座、后排左座。而多排轿车的顺序是：以前排为上，以后排为下；以右为尊，以左为卑。

2. 举止

如果与其他人一同乘坐轿车时，应该把轿车视为一处公共场所，在这个移动的公共场所里，同样有必要对个人的行为举止加以约束。具体说来应该注意以下问题：不争抢座位，上下轿车时，要相互礼让；动作要文雅，在轿车上应注意举止，不要往车外扔东西、吐痰，也不要在车上脱鞋、脱袜、换衣服；要讲究卫生，不要在车上吸烟、吃东西、喝酒、乱扔垃圾；要注意安全，不要与驾驶员交谈，不要让驾驶员听移动电话或看书刊。当自己上下车、开关门时,要先看后行,切勿疏忽大意,以防意外。

3. 上下车顺序

上下轿车的顺序也有礼可循。基本要求是:如果条件允许,须请尊长、女士、来宾先上车后下车。具体而言,可分为多种情况。它们主要包括:

(1)主人亲自驾车。主人驾驶轿车时,如有可能,均应后上车先下车,以便照顾客人上下车。

(2)分坐于前后排。乘坐由专职司机驾驶的轿车时,坐于前排者,大都应后上车先下车,以便照顾坐于后排者。

(3)同坐于后一排。乘坐由专职司机驾驶的轿车,并与其他人同坐于后一排时,应请尊长、女士、来宾从右侧车门先上车,自己再从车后绕过来帮助对方。

(4)乘坐多排座轿车。乘坐多排座轿车时,通常应以离车门远近为序。上车时,距车门最远者先上,其他人随后由远而近依次而上。下车时距车门最近者先下,其他人随后由近而远依次而下。

三、公交车

1. 上车要排队。如果等候公交车的人较多,应该自觉地以先来后到为顺序,排队候车、排队上车,应该站在站台上,不要拥挤在马路上,妨碍交通,汽车进站后,要等车停稳了,按顺序依次排队上车,不要蜂拥而上挤成一团,更不能乱插队。

上车后要主动向下车车门方向移动,待车到站停稳后按顺序下车,上车时要主动礼让他人,对行动不便的老人、孕妇、病人、残疾人以及妇女孩子,要加以帮助,如果车太挤上不去了,应该等下一辆,不要扒门硬挤。

2. 注意礼让。乘坐公交车时,如有可能,应与其他人的身体保持一定距离,不要把腿伸到过道上,不要翘二郎腿,有人通过时,应主动相让。

在公交车上,应把自己随身携带的物品放在适当的位置,不要让他占座位、挡路。尽量不要在车上吃东西,特别是那些汁水多或容易掉渣的东西,以免弄脏车厢或他人的衣物。此外,在车上吸烟、随地吐痰、乱吐口香糖或乱扔果皮纸屑杂物等,都是很不文明的行为。

3. 下车应提前准备。准备下车时,如果需要他人让路,应有礼貌地先打一声招呼,或说"借光""劳驾",不要默不作声地猛冲,更不要发脾气或出言不逊,万一自己不小心碰撞、踩踏了别人,应立即道歉。如他人因此向自己道歉,则应大度地表示"没关系"。

4. 注意乘车安全。为了乘车安全,在公交车上除了座位外,不要随便乱坐,比如窗沿、地板、扶手、发动机盖等处。挤坐他人的座位也是很失礼的行为。

5. 尊重司机、售票人员。文明乘车还要求我们尊重售票员、驾驶员的辛勤劳动。在乘车过程中,主动地配合司售人员维护车内的秩序。上车后应主动买票。

四、出租车

随着人们收入的增加，乘坐出租车的机会也越来越多。乘坐出租车应注意的礼仪主要是：

应站在道路右侧扬手招车，切忌在道路左侧、十字路口、人流密集的地方以及交通规定禁止停车的地方招手。两个乘客同时拦下一辆出租车时，要懂得谦让。

出租车靠边停稳后，应及时从右前车门或右后车门上车，关好车门并告知司机目的地。不要站在车外说到某地或讨价还价，以免阻碍交通。乘客应该坐在后排。应照顾长辈和女士上车。

不与司机聊天，以免引起交通事故。同时要爱护环境，讲究卫生，不吸烟、不吐痰。

到目的地后，男士或晚辈先下，然后照顾长辈或女士下车，禁止从车的左门下车，应从右门下车，以防发生意外。注意带好随身物品，不要将垃圾、废弃物留在车上。

如果不能接受高价出租车请注意选择乘坐能接受价格的车辆。如晚上看不清挡下高价车，可请其驶离，这不是失礼行为。假如是为别人叫车，一定问清楚他坐什么价位的车。

上车后不应与司机闲聊，尤其不应议论小道消息。

如果不明路线，则应信任司机，不应与司机发生路线争执。

到达目的地停车后，当准备推门下车时，应注意前后有无行人或自行车过来。

下车时应向司机道谢，并关好车门。

电话叫车时应约好准确的上车地点。

五、地铁

1. 按照规定，候车时应站在站台黄线后面。由于地铁轨道的电压高达800伏，一旦违反这项安全规定很可能造成意外伤害，尤其是在列车进站时，违反前拥的行为更加危险，一定要遵守"按线候车，排队上车，先下后上"的文明礼仪规范。同时也要注意自己的言行举止，不要在站内大声喧哗、不要在站台上奔跑。

2. 候车时，如果车站有椅子，可以坐下等候。如果没有椅子或座位已满，即使很想休息一下，也不要坐卧或蹲在站台上，因为这样的举止十分不雅，有损城市文明风貌。

3. 有些人习惯靠墙休息，但别忘了维护和爱惜公共设施，千万不要把脚踏在墙上，要时刻注意避免破坏或污染地铁站内的设施及环境。

4. 在乘坐地铁时，女性的坐姿要并拢膝盖，双腿若是斜放，就会影响到旁边的人，包也要直立放在自己的膝盖上，双手扶住包的中央，这看起来很优雅。

5. 困时，无论如何，请把双手合拢放在包上，稍微低下头，这样看起来很可爱。

6. 手持雨伞时，要靠近自己的身体竖起来，因为雨伞尖朝外，很容易妨碍到别人。

7. 与别人接触面少的两端座位是车厢的"一等席"，应该尽量让上司或者女性坐在两端的坐席上。

8. 出站时，投入有效车票后，机械臂（栏杆）会自动打开，让乘客走出；如发生意外，应招呼工作人员处理，不能私自跨越栏杆，否则会按违规处以罚款。

9. 若是群体优先，排队上车时，如果遇到老人、病人、残疾人、孕妇和带小孩的妇女，应礼让他们，让他们排到自己前面。

10. 乘自动扶梯时，应站在右侧，把左侧留出来给那些有急事、要赶着上下的人。在进入电梯、地铁或地下通道前，应该让出去的人先行。

六、火车

在国内，人们进行长途旅行的时候，火车仍是第一选择。乘坐火车的礼仪包括上车、就座、休息、用餐、交际、下车等几个方面。

1. 上车

(1)持票上车。乘坐火车，均应先购票，持票上车。万一来不及买票，应上车时预先声明，并尽快补票。

(2)排队上车。坐火车因为人多，停车时间短，故应提前到站，在候车室等候检票，检票时要排队。进入站台后，等火车停稳，方可在指定车厢排队上车。不要拥挤、不排队，更不要从车窗上车，或是从车顶上、车厢下攀援、穿行。

(3)找准车次。坐火车一定要乘坐车票上所指定的车次，不要不分东西，上错车次，以至"南辕北辙"。明智的做法，是上车时，再次询问乘务员以确认此次列车是否是自己所要乘坐的列车。

(4)携物定量。火车对乘客所携带的物品内容、数量均有规定。不应携带违禁物品或过量物品上车。必要时，应办理托运手续。当工作人员检查行李时，应主动予以配合。

2. 就座

上火车后，应立即寻找座位。寻找座位时，须注意以下几点：

(1)乘坐指定座位。座位不同，车票价格有所不同，如卧铺与坐席、硬座与软座以及有无空调等。

（2）中途上车找座。中途上车找座时，应先以礼貌用语向他人询问，不要硬挤、硬抢、硬坐。身边有空座时，则应主动请无座位者就座，不要占着不让，对他人的询问不理睬，或说假话骗走他人。

（3）让出自己座位。如果发现老人、孩子、病人、孕妇、残疾人没有座位时，应尽量挤出地方请其就座，或干脆让出自己的座位来，以照顾对方。

（4）座次亦有尊卑。火车上座位的尊卑，可由下述几点决定。靠窗为上，靠边为下；靠右为尊，靠左为卑；面向前方为佳，背向前方为次。有人同行时，应为其让出上座。若座位不够，则应请其先坐下。

3. 休息

坐火车的人大都行程较远，因此在火车上的绝大多数时间都是在休息。在火车上休息，应当注意下列礼仪规范：

（1）着装文明。在车上休息一般不应宽衣解带。若非在卧铺车上就寝，脱鞋脱袜也不适合。不论天气多么炎热，都不要打赤膊，下装也不应过于短小。不要当众更换衣服，或当众袒胸露怀、撩衣撩裙。

（2）姿态优雅。在座席车上休息，不要东倒西歪，卧倒于坐席上、坐席下、茶几上、行李架上或过道上，不要靠在他人身上，或把脚翘在对面座位之上。在卧铺车上休息，不要与恋人、配偶共享一张铺位，不要采用不雅的姿态。

（3）管好小孩。如果你外出时带着小孩，一定要管好小孩，不要让其随地大小便、哭哭闹闹、到处乱跑，以免影响别人休息，也不要让孩子乱动他人物品或纠缠他人。

（4）不要抽烟。火车上大都实行禁烟，即使未明令禁止，也最好不要抽烟。实在忍不住了，可去过道解决问题。不要因自己抽烟而污染车厢里的空气，进而引起其他乘客的反感。

4. 用餐

如果在火车上用餐，须注意一些问题。

（1）在餐车上用餐，应预约或购票。如果用餐的人数过多，应耐心排队等候。在用餐时，应节省时间，不要大吃大喝、猜拳行令。用餐完毕即离开，不要故意不走，借以休息、谈天。

（2）在车厢内用餐，不应讨要他人的东西吃，当他人请自己品尝时，应当婉言谢绝。尽量不要在车上吃气味刺鼻的食物。吃剩的东西不要扔在过道上或投出窗外。在茶几上，也不要过多地堆放自己的食物。

5. 交际

（1）主动问候，即应主动向邻座之人打招呼问好。如果有必要，还可对自己进行简单介绍。如果对方反应一般，向其点点头、微笑一下即可，不必一厢情愿，说得过多。

（2）交谈适度。与邻座的乘客交谈，要注意话题的分寸。当他人兴致不高或打算休息时，应适可而止。有人跟自己交谈，应礼貌对答，不要置之不理。与异性交谈则不应过多涉及个人问题。

（3）相互关心。在火车上，乘客之间要彼此相互关心、相互照顾。别人行李拿不动时，应伸出援助之手；有人前去用餐或方便时，应帮其照顾行李、孩子；有人晕车或病了，应多加体谅；他人帮助了自己要多加感谢。

6. 下车

下火车时，有三个细节问题不应忽视：

（1）提前准备。在到达目的地的前半个小时，就应开始准备下车。不要仓促行事，手忙脚乱。

（2）与人道别。在下车前，应与邻人道别。遇上乘务员，也要主动说"再见"。在一般情况下，与邻座道别时，没有必要主动要求与之交换地址或电话号码。

（3）排队下车。下车的人如果较多，应当自觉排队等候。不要往前硬挤，或是踩在坐椅背上拿行李或从车窗处下车。下车时为争一时之早晚，而招来麻烦，是得不偿失的。

小贴士　乘坐火车应注意的事项

◆火车上切记不可与不相识的人轮流睡觉、看包，以免行李被盗。

◆不要佩戴金银首饰，因为很容易成为抢夺的对象。

◆在车上掏钱掏物、买饭时，尤其是处在人挤人的情况下，不宜将自己的大把钞票露出来，如果钞票露出来被一些人看见，很容易被抢或被盗。

◆上厕所、就餐、会朋友或去排队打开水，或是在停车时下车买东西吃时，千万不可产生麻痹大意的思想，要密切防止行李被盗。

◆近年来，利用麻痹饮料犯罪的行动相当猖獗，切不可随便接过他人递过的饮料，尤其是已经打开封口的饮料。

◆上车用包占座位或下车在窗口请人递包交接时，因人离包有时间之差，此时，人多物多又忙乱，要特别留心行李包被人提走或调包。

◆在车上要对那些坐立不安、东张西望、瞄来瞄去以及装疯卖傻碰擦他人的人，都要注意严加防范，以免被盗。

知识卡片　磁悬浮列车

★磁悬浮列车是一种没有车轮的陆上无接触式有轨交通工具，时速可达到500公里左右，具有启动快、停车快、爬坡能力强等优点。早在1922年，德国的赫尔曼·肯珀就提出了电磁原理，并在1934年申请了磁浮列车的专利，并由此开始为人类编织一个高速乘行的梦想。

★上海磁悬浮列车项目是世界上第一条投入商业化运营的高速磁浮线路，上海磁悬浮线路全长29.863公里，设计时速和运行时速分别为505公里和430公里。示范运营线于2002年12月31日成功实现了单线通车试运行。2003年1月1日，磁悬浮列车对外试运行。目前，上海磁浮列车时速最快430公里。

项目四　公共礼仪

学习活动

活动一　在上学或放学回家的公交车上，自己注意对乘车礼仪进行练习，并时刻注意乘公交车的礼仪，以此作为一种乘车习惯，而不只是练习。

活动二　请同学在班上讲讲自己在乘车时遇到的关于乘车礼仪的事情。

活动三　乘坐轿车训练：可用椅子模拟轿车座位。若干人一组，并确定各自的角色(客人、女士、上级或主人、男士、下级等)，表演按着正确的座次乘车。

(1)客方1人，主方3人(主要接待1人、陪同1人、司机1人)，乘一辆车。

(2)客方2人，主方2人(主要接待1人、司机1人)，乘一辆车。

学习评价

选择下列正确的一项，看看你对乘车礼仪的了解程度：

1. 骑自行车进出有人值守的大门时，正确的做法应该是(　　)。
   A. 不下车，快速通过　　　　　　B. 不下车，减速骑行

C. 下车推行，以示尊重

2. 自行车要靠右行驶在（　　）上。

A. 机动车道　　　B. 非机动车道　　　C. 人行道

3. 在我国，由专职司机驾驶的专车(小轿车)，其贵宾专座是（　　）。

A. 副驾驶座　　　B. 后排右座　　　C. 后排左座

4. 在比较正规的场合，由主人亲自驾驶轿车时，其贵宾专座是（　　）。

A. 后排左座　　　B. 后排右座　　　C. 副驾驶座

5. 乘坐小轿车的时候，正确的入座方法是（　　）。

A. 背对车门，先入座再收进双腿

B. 面对车门，先踏进双脚后再坐下

C. 面对车门，先踏进一腿，坐下后再收进另一腿

6. 在乘坐公共汽车时，有老、弱、病、残、孕上车，第一个必须起立让座的是（　　）。

A. 非老、弱、病、残、孕专席上的乘客

B. 离上车门最近的座位上的乘客

C. 老、弱、病、残、孕专席上的乘客

7. 乘坐出租车时，路边招停，招停的地点应该是（　　）。

A. 道路右侧　　　B. 道路左侧　　　C. 十字路口

8. 乘坐出租车，应从（　　）上车。

A. 左后车门

B. 右前车门或右后车门

C. 都可以

9. 乘坐火车时，以下不文明的行为是（　　）。

A. 随意脱鞋，将脚放到对面的座位上

B. 需要吸烟时，到吸烟区吸烟

C. 不长时间占用卫生间或盥洗池

10. 乘坐火车时，如遇到老、弱、病、残、孕等特殊旅客，文明的做法是（　　）。

A. 主动帮助　　　B. 视而不见　　　C. 少管闲事

第三节　乘船礼仪

有一对情侣，外出旅游，女孩小刘从来没有坐过船，到了船上特别兴奋，大喊大叫，甚至跑到甲板上，挥舞着丝巾，大声叫喊："我来了……"结果别的船只误以为是求救信号，立即做出反应。由于她的无知给两艘船都带来了不必要的麻烦。后果可想而知。

日常生活中，当人们在江河湖海上进行旅行时，大都优先选乘客轮。

一、乘船礼仪

一般来说，上船之后的主要时间是用来休息的。在乘船的整个过程之中，有下列几个十分重要的礼仪问题应当注意：

1. 寻位

在一般情况下，乘船是要对号入座的。所以，买到有座号、铺号船票的乘客，所要做的就是要对号入座。不要争抢、占据不属于自己的坐席，也不要随便同不认识者调换座号或铺号。

如果自己所买的是不对号的散席坐票，则上船之后要听从船员的指挥、安排，前往指定之处休息，不要任意挪动或是自己选择地方。

2. 休闲娱乐

在自己所属的船舱之内，可以自行安排活动。在可能的情况下，可进行一些具有休闲娱乐性质的活动，以便使自己的船上生活过得更加充实有趣，但不要妨碍别人、破坏别人的休息或是因此而给别人带来不便。

3. 健身

乘船的时间过长，会使人产生疲惫、身体不适之感。在这种情况下，有经验的乘客通常会进行一些健身活动。

在甲板上进行日光浴时，着装应保持在绝大多数人所能接受的程度之内。不要过分地裸露身体，更不允许一丝不挂。

4. 卫生

不管同一客舱里有多少人，不管其他人的表现如何，乘船时自始至终都要自觉地维护环境卫生，保持环境整洁。切勿不讲卫生、损害环境。

与他人同住一个客舱时，一定不要抽烟。与不抽烟者同住时，更不能自得其乐地吞云吐雾。

如果因晕船而呕吐，千万不要直接吐在地上，应当去洗手间处理或是吐在呕吐袋里。万一不小心吐在地上，应立即将其打扫干净。对于吃剩的食物、废弃的物品、果皮纸屑等，不可随手乱丢，即使将其扔到甲板上或是水中，也是很不卫生的。客舱的空间较为狭小，因此要注意及时刷牙、洗澡，以消除体味、汗臭。患有汗脚的人，应有自知之明，尽量不要脱鞋袜，以防脚臭熏人。

5. 睡眠

在铺位上睡觉时，要注意睡姿、睡相，不要衣衫不整，睡相惨不忍睹。与其他人的铺位相对、相邻时，不要让身体闯入对方的范围，不要面对对方。除家人之外，不要注视、打量其他任何酣然入睡的人，对异性尤其不宜如此。

二、乘船的注意事项

乘船旅行，安全第一。这一条对于任何乘客都没有例外。因此，乘坐客轮时，务必要具有安全意识，遵守安全规则，采用安全措施，尽一切努力确保旅途平安。

乘船时必须注意如下几个方面：

1. 行李准备

乘船时不得随身携带易燃品、易爆品、易腐蚀物品、枪支弹药、腐烂性物品、家畜动物以及其他一切违禁品。

为了自己和他人的健康，一定要遵守有关规定，不要擅自偷带上述违禁物品上船，以致危及行船安全。有些时候，登船之前必须接受对人体和行李的安全检查。对此要积极配合，不要加以非议或加以拒绝。

另外，所带行李的重量必须符合有关规定，不要超过标准。

2. 上船与下船

上下客轮的时候，一定要注意安全。不要为了争时间、抢速度而影响自己或他人的安全。

上船一定要按先后次序排队，有可能的话，应早到一些，以便在时间上留有余地。与长者、女士、孩子一起上船时，应请其走在前面或者以手相扶。不要加塞、乱挤、人为地制造拥挤不堪的局面，进而产生可能危害安全的诸多问题。

下船要提前做好准备工作，与其他乘客要相互礼让，依次而下。与长辈、女士、孩子一起下船时，可以以手相扶，或是请其走在自己身后，以便照顾对方。

3. 舱外活动

在轮船上进行舱外活动时，处处仍须以安全为重，切勿心存侥幸、自找麻烦。

4. 紧急事件

乘船旅行途中，若遇到难以预料的天灾人祸，例如火灾、沉船、撞船、触礁、劫船、台风等，应当处变不惊，与其他人一道进行自救，共渡危难。

如果需要离船，应当听从船员的指挥并乘坐对方安排的交通工具。不要惊慌失措、急不择路而盲目跳水逃走。遇到这类事件，不仅要奋起自救，而且要尽心尽力地救助其他人。

小贴士　从船上落水该怎样办？

从船上落水时，除大声呼救外，应尽量保持冷静，让身体漂浮在水面。如穿有救生衣，把双膝屈到胸前成腹中胎儿状可暂保暖，并举起一臂，协助船上的人寻找自己。如没穿救生衣，应脱去鞋或丢弃口袋重物，切勿脱衣，以免冻僵，并尽量少动，慢慢呼吸，保存体力及体温。若船上抛来救生圈，应浮在水面，把救生圈靠自己的一边竖起来伸进头和一只手，再伸进另一手，顶住双臂和胸脯，等待救援。

知识卡片　世界上最大最豪华的邮轮——海上解放号

由著名的皇家加勒比公司耗资10亿美元打造的"海上解放号"是世界上最大的超级邮轮。邮轮的排水量达到了16万吨，可搭载乘客4375名及1360名船员。它长达339米，有18层楼，相当于泰坦尼克号3倍大，船上不仅有容纳1350人的剧院、310米长的大街，甚至还有1个高尔夫球场，堪称一艘极尽奢华的"海上城市"。

学习活动

如有条件，可模拟练习救生衣的使用方法，看谁能在最短的时间内又快又好地完成。获得优胜者给予表扬。

学习评价

根据你所学过的知识，判断下列题中各种行为的正误：

1. 乘坐轮船可以携带较多的行李，并可以把全部行李带入船房。（　　）
2. 在船上比在其他交通工具上有更多的时间和机会进行交谈，交谈中决不要涉及翻船、撞船之类人们忌讳的话题。（　　）
3. 为了确保客轮的安全，乘船时不得随意携带易燃品、易爆品、枪支弹药，但可以携带家畜动物、腐烂性物品上船。（　　）
4. 上下客轮的时候，一定要争时间、抢速度。（　　）
5. 与长者、女士、孩子一起上船时，应请其走在后面或者以手相扶。（　　）
6. 乘船时，未经允许，不管自己水性多好，都不要擅自下水游泳。（　　）
7. 乘船旅行途中，要是发生了难以预料的天灾人祸，应当处变不惊，与其他人

一道进行自救，共渡难关。（　　）

8. 如果所买的是不对号的散席船票，上船之后可以任意挪动或是自己选择地方，不需听从船员的安排。（　　）

9. 在船舱内做健身活动时，只要时间、空间允许，可以尽可能地使自己尽兴、舒服，而不必考虑其他乘客的感受。（　　）

10. 在船上用餐吃鱼时，切勿将其翻身，也不要讲"沉"与"翻"字，此为船员所忌。（　　）

11. 乘船时，由于空间大，对于吃剩的食物、废弃品、果皮纸屑，可以随便扔到甲板上或水中。（　　）

12. 公共场所最容易显示一个人的文明知礼程度。（　　）

第四节　乘机礼仪

在一些国际航班上，大家都在休息，有的旅客却站在飞机的过道上拍照，还摆出各种各样的姿势，完全忽视了其他乘客的感受。搭乘飞机时很重要的一点就是保持安静。

在所有交通工具中，飞机最为舒适，其档次也最高。当前，在长途旅行或出国访问时，它通常是人们的优先选择。在乘坐飞机时，必须认真遵守乘机礼仪。唯有如此，才会使自己的旅行既饶有兴味，又不失身份。

一、乘坐飞机的礼仪

乘坐飞机时，必须认真遵守乘机礼仪。

1. 登机前的礼仪

上飞机时，均有空中小姐站立在机舱门口迎接乘客。她们会向每一位通过舱门的乘客热情地问候。此时，作为乘客应有礼貌地点头致意或问好。

正确摆放行李。随身携带的手提箱、衣物等整齐地放入上方的行李舱中。不要让东西掉下来砸到下面坐着的乘客。通常，乘务员会在飞机起飞之前检查行李是否放好。不要给乘务员增添太多麻烦，以免延误起飞时间。

2. 登机后的礼仪

（1）按号入座。坐下时可以向你旁边的乘客点头示意。入座后，想将座椅向后倾时，要先向后看一看，再缓缓将椅背后倾，以免撞到后座客人或弄翻饮料。

（2）少用味浓的化妆品。飞机机舱内通风不良，因此，不要过多地使用香水，也不要使用味道浓烈的化妆品。

（3）保持卫生间清洁。飞机上的卫生间是男女合用的，应排队依次使用，入内后要将门闩插紧，并尽量少占时间。用完洗脸池和梳妆台，要保持清洁，在任何地方都不要留下令人不快的不整洁的痕迹，这是举止文雅的第一要素。

(4) 尊重空乘人员。空乘人员的工作非常重要，他们承担着保护旅客安全的重要职责。别把乘务员当成私人保姆，不要故意为难他(她)们。如果你对他(她)们有意见，可以向有关部门投诉，不要在飞机上与乘务员大吵大闹，以免影响旅行安全。按照国际惯例，空乘人员都不接受小费。

3. 停机后的礼仪

在飞机没有完全停稳之前不要急忙站起，这样很不安全。要等信号灯熄灭后再解开安全带。下飞机时不要拥挤，应当有秩序地依次走出机舱。

二、乘机的注意事项

乘坐飞机期间，要注意约束个人行为，检点个人表现，在严格要求自己、尊重乘务人员、善待其他乘客等方面做到合乎礼仪规范。

1. 不能携带危险物品登机

乘机时不得违规携带有碍飞行安全的物品。通常规定：任何乘客均不得携带枪支、弹药、刀具以及其他武器，不得携带一切易燃、易爆、剧毒、放射性物质等危险物品。

登机时应当认真配合例行的安全检查。在进行安全检查时，每位乘客都要通过安全门，而其随身携带的行李则需要通过检测器。如有必要，对乘客或行李使用探测仪进行检查或手工检查，这时不应当拒绝合作或无端指责安检人员。

2. 禁用电子仪器

飞行时必须遵守有关安全乘机的各项规定，当飞机飞行期间，一定要熟知并遵守有关各项安全乘机的规定。当飞机起飞或降落时，一定要自觉系好安全带，并且收起面前的小桌板，同时将座椅调直。

当飞机受到高空气流的影响而发生颠簸、抖动时、也要将安全带系好，切勿自行站立、走动。在飞行期间移动电话、手提电脑、激光唱机、微型电视机、调频收音机、电子玩具、电子游戏机等电子设备，均严禁使用。违反者要受到法律制裁。

3. 切勿乱摸、乱动飞机上的安全用品

飞机上的物品不要随意取拿，设备也不要乱摸。如果有特别需要就按座位旁边的按钮呼叫空乘人员，不要在机舱内大呼小叫。私拿安全用品或私开安全门，不仅有可能犯法还有可能危及自己和机上其他乘客的生命安全。

4. 乘机时不要妨碍他人

上下飞机时，要对空乘人员点头致意或者问好，要注意依次而上，上机后不要抢座，应该对号入座，坐卧的姿势以不妨碍他人为好，如果感到闷热，可以打开座位上方的通气阀，也可以脱下外衣，切忌打赤膊。更衣需要去洗手间。

不要在飞机上吐痰、吸烟，享用免费食物也要量力而行，不要抱着不吃白不吃的心理吃太多。与他人交谈时，说笑声切勿过高。呕吐时务必使用专用的清洁袋，

对待客舱服务人员和机场工作人员，要表示理解和尊重，不要蓄意滋事，或向其提出过分要求。

在机上放置自己随身携带的行李时，与其他乘客要互谅互让。当自己休息时，不要使身体触及他人，不要把腿、脚乱伸乱放或者将座椅调得过低，以免妨碍到后面的人。遇到飞机误点或改降、迫降时不要紧张，更不能向空姐发火，这个时候，不少人会表现得急躁火爆，这是不适宜的。在飞行中，乘客必须遵守各种乘机规定，服从机组人员的安排。如当"扣紧你的安全带"的信号灯闪亮时，要立刻照办；当"禁止吸烟"的信号灯闪亮时，应赶快熄灭烟头，并把烟头放在烟灰缸里。有很多航班，特别是国际航班，是全程禁止吸烟的。

知识卡片　飞机在空中飞行发生颠簸的原因

飞机一般都是在万米以下的对流层中飞行，由于空气对流原因，飞机就会出现颠簸现象。一般来说主要是受以下几个因素影响：一是受地形的影响。在山区、高原、沙漠地区飞行，地形使空气受到阻力，造成空气垂直运动。二是受季节的影响。如夏天雷雨多、秋天风大，这两个季节颠簸会多些。

学习活动

若乘坐明天早上 9：30 的飞机，你认为几点钟从住所出发比较合适？请与同学讨论一下。

学习评价

根据你所学过的知识，判断以下各题正误：

1. 上飞机后，若高档座舱有空座，任何人可随意去高档座舱的座位就坐。（　　）

2. 在飞机上进餐所用的刀叉、阅读用的书刊、座位底下的救生衣、氧气面罩等均可以取走。（　　）
3. 对于机上的一切禁用之物、禁动之处，不可出于好奇而乱摸乱动。（　　）
4. 飞机上禁止使用移动电话、AM/FM 收音机、游戏机，但可以使用便携式电脑。（　　）
5. 乘坐飞机应尽可能轻便，手提行李一般可以超过 10 千克。（　　）
6. 在国际航班上，对行李重量有严格限制，经济舱的旅客可携带 20 千克，头等舱的旅客可携带 40 千克。（　　）
7. 万一遇上飞机晚点、停飞、返航或是改降其他机场，应从大局着想，少拿乘务员出气，不要聚众闹事。（　　）
8. 在飞行中，乘客必须遵守各种乘机规定、服从机组人员的安排。（　　）
9. 飞机升空或降落前，乘务人员都要巡视、检查每位乘客的安全带是否扣好，座位是否端正，乘客可以拒绝检查。（　　）
10. 停机后，乘客要带好随身携带的物品，按次序下飞机，不要抢先出门。（　　）

第五节　宾馆礼仪

小王是新来的服务员，一到房间吓了一跳，浴室里的毛巾被人用来擦了皮鞋，地毯上到处都是瓜子皮、茶根儿，西瓜汤洒在地毯上，留下黄黄的印渍，甚至把酒瓶砸碎扔在浴缸里，屋子里一片狼藉。小王以为发生了抢劫事件，赶快打电话报警……结果却是入住的旅客造成的。这位旅客的同事听说了这件事，从此对他另眼相看。

不论是出差还是旅行，我们都会入住一些宾馆。在我国，客人的入住一般须出示居民身份证，然后办理住宿登记等手续。在一些发达国家，大都是先预订房间，到达后，只是说出自己的姓名，然后在登记册上签名即可。根据工作需要，旅行人员亦可在房间办公、举行小型会议、洽谈业务或会友。无论将客房作为休息场所还是临时办公地点，掌握入住基本规定，对自己、对工作都是十分有益的，具体要注意以下五个方面：

1. 内外有别

宾馆既是休息的地方，又可能是工作的地方。所以，室内着装可相对随便些，但如果约好客人在下榻饭店的客厅或自己的房间洽谈业务，则要仪表端庄，注意自己的职业形象，同时亦应遵守待客礼仪和日常礼仪，为客人准备好相关的茶水和饮料。

2. 文明入住

住宾馆要处处体现文明，关房门时用力要轻。深夜洗澡，动作要轻，避免打扰到隔壁邻居，如可能最好等第二天早晨再洗。如果与别人合住，应该注意出门时随手将门关上，不要在房间里喧哗，以免影响他人休息。休息的时候可以按上"请勿打扰"的标志灯，或在门外挂上"请勿打扰"牌子。到别的房间找人，应该敲门，经主人许可后方可进入。

3. 安全第一

入住宾馆，进入客房后应先阅读贴在房门后的消防逃生线路图，熟悉所在房间的位置和逃生楼梯的方位。之后，要查看一下窗户和房门是否锁好。如果饭店员工无法将房门锁好，可以要求换一个房间。旅行期间，尽量将所带的贵重物品随身携带，不要把钱或贵重物品留在房间里，要把珠宝、照相机、文件等都锁在饭店的保险箱里。进入饭店房间时，为安全起见，如果条件允许，可以让电视机开着。待在房间里的时候，把门关好并上好锁。除非你在等人，否则不要开着门；开门前要先问一声，或从窥孔那儿查看一下来人是谁。如果对方宣称自己是饭店员工，或者你有其他顾虑，可以给前台打电话进行核实。晚上睡觉前，应将防撬链扣好、挂好。房门钥匙要随身携带，不要当众展示你的钥匙，也不要将其放在饭馆的餐桌上、健身房里或者其他容易丢失的地方。门厅的灯可以亮着，可以开夜灯睡觉，或者开着洗手间的灯睡觉，以便让自己感到安全，或者遇到紧急的情况，可以照亮。

4. 爱护设施

宾馆客房内备有供旅客生活使用的各种物品，如桌、椅、灯具、电视、空调以及洗刷和卫生洁具、浴具等设施，使用时应予以爱护，不许用力拧、砸、敲。如不慎损坏应主动赔偿，故意破坏房内物品、将房内不属于自己的东西随意拿走等都是违背社会公德的不文明行为。

5. 保持卫生

淋浴时，把浴帘的下部放在浴盆里面，防止水溅到外面而把地板弄湿。若用浴缸，洗完之后，浴帘的下部要放在浴盆的外面，把自己落在盆里的头发拾起来。在客房内，衣物和鞋袜不要乱扔乱放。废弃物应投入垃圾桶内，也可放到茶几上让服务员来收拾，千万不要扔进马桶里，以免堵塞影响使用。吸烟者不要乱弹烟灰、乱抛烟头，以免烧坏地毯或家具，甚至引起火灾。出门擦鞋应用擦鞋器，用枕巾、床单擦鞋是不道德的行为。洗发膏、牙刷、肥皂、信封、信纸之类的小用品可以带走，但不能拿走毛巾或烟灰缸，这是酒店的财产。

知识卡片　饭店知识

饭店是以夜为时间单位向客人提供配有餐饮及相关服务和住宿设施的房子，按不同习惯也被称为宾馆、酒店、旅馆、旅社、宾舍、度假村、俱乐部、大厦、中心等。

用星的数量和颜色表示饭店的等级。星级分为五个等级，即一星级、二星级、三星级、四星级、五星级（含白金五星级）。最低为一星级，最高为白金五星级。星级越高，表示饭店的档次越高。星级以镀金五角星为符号，用一颗五角星表示一星级，两颗五角星表示二星级，三颗五角星表示三星级，四颗五角星表示四星级，五颗五角星表示五星级，五颗白金五角星表示白金五星级。

饭店星级的标志和证书由全国旅游饭店星级评定机构统一制作、核发。饭店星级的标志须置于饭店前厅最明显位置。

项目四　公共礼仪

学习活动

活动一　模拟入住宾馆。全班同学分为四组。每组安排2~3个同学作为宾馆总台工作人员。其余同学以旅客身份进行入住宾馆的相关礼仪的练习，包括如何预订宾馆。

活动二　请同学列举出十种入住宾馆的不文明行为。

学习评价

根据你所学过的知识，判断以下各题正误：

1. 在我国，客人入住宾馆一般无须出示居民身份证或其他证件，即可办理住宿登记手续。（　　）

2. 与女士、老人同行时，应让他们后进门，以示尊重。（　　）
3. 入住宾馆，进入客房后应首先阅读贴在房门后的消防逃生路线图，熟悉所在房间的位置和逃生楼梯的方位。（　　）
4. 入住宾馆后，到别的房间找人，应该先敲门，经主人许可后才可进入。（　　）
5. 旅行期间，可以把你所带来的钱和贵重物品，都留在房间里，不必随身携带。（　　）
6. 待在房间里的时候，不必关门上锁，这样做是非常安全的。（　　）
7. 宾馆客房内备有供旅客生活使用的各种物品，若不慎损坏，是不用赔偿的。（　　）
8. 在宾馆上下电梯应该排队，要遵循尊老爱幼、女士优先的原则。（　　）
9. 入住宾馆后，吸烟者均不得在房间内吸烟，以免烧坏地毯或家具，甚至引起火灾。（　　）
10. 退房时，可以把洗发膏、牙刷、肥皂、信封、信纸之类的小用品带走，但不能拿走毛巾或烟灰缸。（　　）

项目五　求职礼仪

求职礼仪，是指人们在职业场所中应当遵循的一系列礼仪规范。学会这些礼仪规范，将使一个人的形象大幅提升，有利于提高就业机会，职业形象包括内在和外在两种主要因素，而每一个职场人都需要树立塑造并维护自我职业形象的意识。

第一节　面试准备礼仪

一家有名的大公司要聘请一名办公室文员，一名男生前来应聘。只见男生走到总经理办公室门前，礼貌地敲了三下门，待里面传出"进来"的声音，他才轻轻推开门，认真地蹭掉脚上的泥土，尔后进门并随手关门。未走近总经理的办公桌，男生发现地上有本书，很自然地拾起放到办公桌上。总经理和男生简单地交谈了几句，这时有人敲门说是找总经理的，门一开，一位残疾老人蹒跚而入，男生连忙自然地起身搀扶老人，且让座于他。当男生走出办公室，人力资源部部长进来请示总经理是否传呼下一人，总经理微笑地冲他点点头说："就是刚刚这个男生，我决定聘用他了。"

一、心理准备

1. 知己知彼，有的放矢

记住第一份工作所追求的目标，放在第一位的永远是有利于自己实际能力的提升，而不是待遇。如果你找到一份你喜爱的工作，一份能使你业务水平很快提升的工作，你就会相当满意。大科学家法拉第认为"工作也是报酬"，收入只是你的副产品，做好你应做的事，理想的薪水必然会到来。

2. 克服恐惧，消除幻想

恐惧是一种常见的心理症状，是以发作性或持续性情绪焦虑、紧张恐惧为基本特征的一种病态心理。适度的焦虑可以使人产生一种压力，增强积极向上、主动参与竞争的能力，过度的焦虑则会干扰人的正常活动能力，产生较严重的心理障碍或疾病。

在求职时，有些人渴望竞争，希望能找到理想的单位和职业，但由于害怕面对严酷的竞争结果或惧怕遭受挫折，而采取了一种逃避态度；成绩好的能力强的同学，幻想不参与竞争，盼望着"天上掉馅饼"更有甚者陷入自我陶醉，认为自己既有实力，又有社会关系，幻想用人单位会主动找上门来，认为哪个单位录用自己是它的荣幸。另有能力不强学习也不优者，便自暴自弃，不思进取，不主动求职，消极等待，幻想车到山前必有路，整日处于幻想状态，恍恍惚惚、浑浑噩噩，使自己的择业态度与当前严峻的就业形势形成极大的反差。这些都是错误的心态，希望每位求职者在求职前都要保持清醒的头脑，消除幻想，积极迎接挑战。

3. 拥有自信，克服自卑

自信是求职成功的奠基石。一个没有自信的求职者，很难获得理想的工作岗位，自己对自己没有信心，又如何让他人相信你？

自卑是因为受到某种挫折而产生的一种心理障碍，人们在择业前常常踌躇满志、跃跃欲试，想一显身手、大展宏图，而一旦受到挫折后，就容易产生自卑心理，自信心大大减弱，自尊心荡然无存，于是否定自己，产生自卑感，产生失败的痛苦和愧疚，不敢再面对竞争，结果错失良机。

求职中的自卑心理，实际上是对自己的不信任。一是担心自己不符和招聘单位的要求；二是担心自己在众多竞争者面前不能取胜；三是自己主动去求职，担心对方不感兴趣。如此瞻前顾后、畏首畏尾，首先自己就看不起自己，怎么能期望得到对方的信任、欣赏乃至聘用？因此参加招聘考试，要做到心理上坦然、态度上自然，要相信自己的能力与水平，这样才能在语言应对中使自己获得正常或超常的发挥。因为能否被对方录用起决定作用的还是自我情况与对方标准的吻合程度。所以说自信的应答来自健康的心理，也有助于聘用考试的顺利通过。

其实，世界之大，容得下你，也容得下他，要想站到第一排，不仅要有实力，还要有竞争意识，是千里马不用扬鞭自奋蹄，如何等伯乐？自信的源泉来自于竞争和创作，困惑的阴影出自于等待和彷徨。《国际歌》的歌词告诉我们："从来就没有什么救世主，也不靠神仙皇帝，要创造人类幸福，全靠我们自己。"所以每位求职者，在求职前必须做好充分的心理准备，要自信、勿自卑。

自信的语言应答不仅有助于受试人吻合招聘者既定的招聘期望，而且可能重新塑造招聘者的聘用愿望，下面请看一位充满自信的中职生前往求职的实例：

一位年轻人走进一家报社问道："你们需要一位好编辑吗？"言下之意自己当然是一位"好编辑"，口气是这么自信。

"不。"拒绝是那么的干脆。

"那么好记者呢？"语言还是这么自信。

"不。"拒绝还是那么干脆。

"那么印刷工如何?"依然坚韧不拔,寻找机遇。

"不,我们现在什么空缺也没有了,口子全都封死了。"看来这位年轻人是没戏了。

"那么,你们一定需要这个。"年轻人从公文包里拿出一块自制的精美的牌子,上面写着"额满,暂不聘用"。

报社主任笑了,开始用一种新的眼光审视这位年轻人。最后他被录用了,不久还当上了报社销售部的经理。

小贴士　测测你的自信心

下列13个问题,按给定的选择答案与自己实际情况相对照,认真予以回答,便可测定自己有无自信心。

1. 半夜醒来,我常为种种惴惴不安而不能入睡。(　　)
A. 常常如此　　　　B. 有时如此　　　　C. 极少如此

2. 事情进行不顺利时,我常急得涕泪交流。(　　)
A. 从不如此　　　　B. 有时如此　　　　C. 常常如此

3. 在处理一些必须凭借智慧的事务中(　　)。
A. 我的能力的确比一般人差
B. 我的能力比较普通
C. 我的能力的确超人一等

4. 当领导召见我时(　　)。
A. 我觉得可以趁机提出建议
B. 介于AC之间
C. 我总怀疑自己做错了事

5. 在困难的情景中,我总能保持乐观。(　　)
A. 是　　　　　　　B. 不一定　　　　　C. 不是的

6. 迁居是件极不愉快的事。(　　)
A. 是　　　　　　　B. 介于AC之间　　　C. 不是的

7. 不论是在极高的屋顶上,还是在极深的隧道中,我很少感到胆怯不安。(　　)
A. 是的　　　　　　B. 介于AC之间　　　C. 不是的

8. 只要没有过错,不管别人怎么说,我总能心安理得。(　　)
A. 是的　　　　　　B. 不一定　　　　　C. 不是

9. 有时我会无故产生一种面临大祸的恐惧。(　　)
A. 是　　　　　　　B. 有时如此　　　　C. 不是

项目五　求职礼仪

10. 我在童年时代( )。

A. 害怕黑暗的次数极多

B. 害怕黑暗的次数不太多

C. 害怕黑暗的次数几乎没有

11. 我仅仅被认为是一个能够苦干而稍有成就的人而已。( )

A. 是　　　　　　　　B. 介于AC之间　　　　C. 不是

12. 即使是在不顺利的情况下,我仍能保持精神振奋。( )

A. 是　　　　　　　　B. 介于AC之间　　　　c. 不是

13. 有时我会无缘无故地感到沮丧痛苦。( )

A. 是　　　　　　　　B. 介于AC之间　　　　C. 不是

评分原则:

1. A＝2 B＝1 C＝0　2. A＝0 B＝1 C＝2　3. A＝2 B＝1 C＝0　4. A＝0 B＝1 C＝2
5. A＝0 B＝1 C＝2　6. A＝2 B＝1 C＝0　7. A＝0 B＝1 C＝2　8. A＝0 B＝1 C＝2
9. A＝2 B＝1 C＝0　10. A＝2 B＝1 C＝0　11. A＝2 B＝1 C＝0　12. A＝0 B＝1 C＝2
13. A＝2 B＝1 C＝0

评定:参照上述原则将你的总分进行累计。

①如果你是一名男同学,少于5分,说明你具有很强的自信心;6～12分,说明你有一定的自信心;13～16分,说明你缺乏自信心;大于17分,说明你的自信心极差,经常患得患失、烦恼多端。

②如果你是一位女同学,少于6分,说明你有很强的自信心;7～13分,说明你有一定的自信心;14～17分,说明你缺乏自信心;大于18分,说明你的自信心极差,患得患失。

二、资料准备

1. 求职单位的信息

"知己知彼,百战不殆",对自己要有清醒的认识,对求职的单位也应做到心中有数。在面试前,应多了解求职单位的相关信息:

(1)有关用人单位的信息。主要包括单位的性质、单位的规模、单位的经营、单位的产品、单位的效益、单位的口碑等。

(2)有关用人条件的信息。包括对应聘人员的性别、年龄、学历、阅历、专业、岗位、外语等各个方面的具体要求和限制。

(3)有关用人待遇的信息。具体是指单位按规定将给予应聘合格者的福利待遇,诸如工资、奖金、补贴、培训、进修、假期、住房、医疗、保险等。

2. 个人的信息

(1)求职信。也称自荐信,是求职者在收集到需求信息后有目的地向用人单位做的自我介绍。它是一块"敲门砖",能否敲开门就看信的内容能否引起用人单位的兴趣，从而取得面试的机会。

①求职信的格式及写法

a. 标题。在第一行正中写上"求职信"或"自荐信"等字样。

b. 称谓。另起一行顶格写收信方的单位名称或单位领导的姓名和职务。前面可加上"尊敬的"等修饰语。

c. 正文。这是主体部分，包括求职意向、求职缘由、自身条件、答复请求四部分。要求简洁明了、诚实可信。

求职意向：指就业目标，应明确提出应聘的部门和岗位等；

求职缘由：对单位性质、岗位性质等的认识和其他的选择理由等；

自身条件：包括个人的基本条件、教育背景、性格能力、所获成果、实习情况等，应注意突出自身条件与用人单位要求相一致的地方；

答复请求：再次强调求职目标，并请求用人单位给予明确答复或面谈机会等。

d. 致敬语。另起一行空两格写"此致"，再另起一行顶格写"敬礼"。

e. 落款。在正文右下方写上求职者姓名，在姓名下面写上日期。

f. 附件。附件可以起到重要的证明作用。附件一般包括个人简历、学历证书、专业技术资格证书、获奖证书以及著作作品等，一般为复印件。

②求职信的写作要求

a. 重点突出。写求职信要把重点放在自我介绍、自我推荐上，篇幅应控制在1000字左右，一页纸以内。

b. 实事求是。恰如其分地介绍自己的能力和特长，既不吹嘘也不贬低。

c. 句子要简短，并且要多分段，以便于阅读。

d. 求职信最好用电脑打印，打印稿的签名一定要用蓝黑色或黑色墨水的钢笔亲笔手写。

e. 求职信不应有语法错误和错别字，不要使用涂改液或橡皮擦，纸张不要沾上污迹，以示对用人单位及阅信者的尊重。如：

求职信

尊敬的××先生：

您好！

我是××中专学校文秘专业的应届毕业生。在这个非常注重学历文凭的社会大环境中，我自知没有大学生的渊博知识和傲人的学历，但我勤奋好学、积极上进，经过两年的学习，我已比较系统地掌握了从事文秘工作的知识和技能，各门课程均取得了优异成绩，具有中专生特有的优秀素质，如对自己能正确定位、热爱文员工作、做事细致认真、务实肯干、有敬业勤业精神、动手能力比较强等，能胜任文员、秘书、电脑操作、公关接待等工作。请给我一个施展才能的天地，我将爱岗敬业，不负期望！

诚恳地希望您给我一次面谈的机会，不胜感激！

通讯地址：（略）

邮编：××××××
电话：××××××
　　此致
敬礼

×××敬上
××××年××月××日

　　(2)个人简历。个人简历又称个人履历，是个人向有关单位介绍自己学习、工作、生活经历的资料文书。简历一定要"简"，主考官第一次看一份简历的时间不过是短短的几秒钟而已。

　　①书面简历。

　　a. 表格式简历。求职者只需在表格栏中按要求逐项填写即可。这一格式比较适合年轻、缺乏工作经历，但具有各种诸如所学课程、专业技能、爱好特长、实习经验等背景的应届毕业生。

　　b. 文章式简历。内容包括：个人资料，包括姓名、性别、年龄、联系电话等；学历，一般写自己的最高学历；工作经历，一般按照工作的先后顺序依次列出，先写工作日期，接着写工作单位和职务；特长、能力、兴趣爱好，要针对所求职务的特点来写，不可泛泛而谈。求职意向，写清楚求职应聘的职位和目标。这种方式比较适合年长的或资历丰富的求职者。

　　②电子简历。随着因特网的普及，网上招聘的逐渐流行，电子简历的应用范围也越来越广。对于招聘单位来说，网上招聘大大减少了招聘的周期和费用，提高了效率；对于求职者来说，网上应聘可以方便地得到大量的招聘信息，发送电子简历又节约时间和费用。在写电子简历时，有几点要请求职者注意：

　　a. 最好不要用附件的形式发送简历。虽然以附件形式发送的简历看起来效果更好，但是由于病毒的威胁，越来越多的公司都要求求职者不要用附件发送简历，甚至有些公司把所有带附件的邮件全部删除。在这种情况下，尽管你的简历制作精致出彩，却可能根本没有人看。

　　b. 注意设定页边距，使文本的宽度在16厘米左右，这样你的简历在多数情况下都不会错误换行。

　　c. 尽量用较大字号的字体，以便浏览阅读。

　　d. 为使自己的简历看起来与众不同，可以用一些星号（*）、特殊字母（如O）、加号（+）等分隔简历内容，这些符号不会像版式符号一样被转换成不可识别的记号。

　　招聘公司更注重的是简历的内容而不是简历的形式，所以制作简历应更多地把时间和精力放在内容上而不是形式上。

　　(3)其他资料。除了求职信和个人简历外，求职者还应准备好身份证、户口本、本人免冠正面半身照片、毕业证、专业技术证书、获奖证书以及本人的著作、论文、作品等。这些材料要周详完备、突出重点，按一定顺序整理装订好，避免这些页面在传递过程中"分家"而造成不必要的遗憾。如：

个人简历

姓名		性别		年龄		[照片]
民族				健康状况		
毕业院校			专业			
求职意向						
联系方式	电话			E－mail		
	地址				邮编	
教育经历						
个人能力	所学课程					
	专业能力					
	英语能力					
	计算机能力					
	其他特长					
实践经验						
获奖情况						
自我评价						

三、形象准备

面试的过程就是展示自己优点、推销自己的过程，应充分认识"第一印象"的重要性。三国时庞统就因"浓眉掀鼻、黑面短髯、形容古怪"被孙权、刘备所不喜，而不被重用。虽然求职者的五官相貌很难改变，但是他的穿着打扮，风度气质是可以改变别人对他的印象的。

1. 仪表

（1）男士成功仪容。发型能体现一个人的性格、气质和修养。在求职期间务必保持合乎要求的发型，最好是提前一个星期就去理发，这样看起来比较自然。如果你不是音乐家、摇滚明星，请把头发剪短再去面试，烫发或染发同样也是不可取的。注意保持头发的清洁和整齐，但不可油光发亮，此外，胡须必须刮净，鼻毛不能长到鼻孔外面，手和指甲要洁净，不要留长指甲。

（2）女士成功仪容。有人说："女人的美，有一半在头发。"女士的发型不仅要符合美观、大方、整洁和方便生活与工作的总体原则，而且要与自己头发的发质、脸型、体形、年龄、气质、服装以及环境等因素很好地结合起来，才能给人以整体美的印象。长发最好用发夹或皮筋束一下，也可专门去做发型，但应大众化，符合学生身份。此外，化妆是必不可少的。妆容应考虑到不同的季节、时间、自身的性格气质、职业特点、年龄、场合而采用不同风格的化妆法。整体应该淡雅自然，过浓则易给人以"妖艳"感。如睫毛膏涂在睫毛上能使睫毛显得浓密漂亮，但若使用发荧光的假睫毛就与办公室的气氛显得不相称了。另外，眼影不宜过于浓重，更不能化烟熏妆。手和指甲要保持干净，指甲必须修剪，不要涂颜色鲜艳的指甲油。

2. 服饰

服饰是指衣服和配饰。基本原则是：整洁、大方、自然、和谐。

（1）男士的基本着装

①西装。面试是一种正式的场合，男士的衣着不能过于随便，一般慎穿运动服、沙滩装或牛仔服、夹克衫之类的休闲服装。西装是公认的办公服装，所以穿着西装面试已成惯例，在面试场合穿西装要强调高档、得体，皱巴巴的劣质西装无论如何也不会有助于面试成功。但穿西装也要因人、因时、因地而异，如果你很不习惯穿西装也不要勉强，否则会出洋相，适得其反；天气太热或太冷也不要穿西装；当地的大多数人都不喜欢西装时，也就不要逆潮流而动了。

②衬衫。衬衫的领口和袖口要确保洁白无瑕，千万别穿那种已经洗得发白，衣领和袖口有磨破痕迹的衬衫，同时也不要穿崭新的没有熨过的衬衫，因为上面还有折痕。

③领带。领带应保持清洁无瑕、无折痕。另外，颜色是否和整体服装协调很重要。花点时间打好领带，要打得挺而结实，两边平衡。

④袜子。男士袜子的颜色不应浅于裤子，也不应过短，以免架腿时露出小腿。男人小腿显露，很难让人产生"美感"。

⑤鞋。鞋面要保持光亮，系带的皮鞋一定要检查鞋带是否干净且系紧了。

⑥配饰。夹一个公文包在某种程度上可显得庄重，并能携带必带的个人简历、推荐信、个人资料等。

（2）女士的基本着装

①应聘较高职位或是去公司、外企求职时，女士可以选择套装或套裙，颜色越少越好，不要穿晚礼服、运动服或休闲服。尤其忌穿露肩、露胸、露背、露腰的

"四露"服装，紧身及过于透明的衣服也是不合适的。

②鞋。颜色和款式应与服装相配。忌穿露趾、露跟的鞋子。

③袜子。袜子不能有脱丝，为保险起见，应在包里放一双备用，以防脱丝时能及时更换。另外，都不应在面试时露着腿。长筒袜要够高，不要在裙子和袜子之间露出皮肤。

④配饰。饰物要大方得体、质地优良、做工精美，不宜过多。切记不要佩戴叮当作响的手镯、念珠，不佩戴过长的吊挂式耳环，也不要同时戴多枚戒指等。

知识卡片　毕业生面试服装的选择

毕业生选购面试服装时，应该定位于年轻化的西装或套装，把握好款式、颜色和尺寸。

面试服装推荐：行政类职位——典雅庄重的西服或套装，给人以简洁干练的感觉；技术类职位——款式简洁、颜色简单的西服套装是最佳选择；市场类职位——主要选择能让人感觉舒服、干练的服饰；会计与律师职位——比其他行业更需要简洁、干练、质感要好的服饰；艺术类职位——时尚与沉稳并重，有创意、色彩亮丽些的服饰会更适合。

学习活动

活动一　老师根据学生所学专业给出一个招聘岗位信息，请学生按照求职信和简历的写作要求，写一份求职信和个人简历。学生自由写作，老师巡视指导，抽查部分习作进行讲评，对不符合要求之处，师生一起修改。

活动二　你将要去以下不同单位应聘，请根据不同单位的形象要求为自己进行形象设计。

1. 到学校应聘老师
2. 到外企应聘秘书
3. 到酒店应聘公关人员

学习评价

一、选择题

1. 求职者就求学经历、工作经历、特长、爱好等方面的内容进行重点陈述，以便用人单位能短时间内了解自己的应用文是指(　　)。
   A. 推荐信　　　　　　B. 简历　　　　　　C. 求职信

2. 推荐人替求职者写给用人单位或个人，向其推荐求职者的专用书信是指(　　)。
   A. 推荐信　　　　　　B. 简历　　　　　　C. 求职信

3. 面试前下列心态正确的是(　　)。
   A. 自卑　　　　　　　B. 自负　　　　　　C. 自信

4. 下列形式中不是简历的常用正文形式的是(　　)。
   A. 文章式　　　　　　B. 表格式　　　　　　C. 列图式

5. 求职信的写作禁忌有(　　)。
   A. 写上理想薪酬　　　　　　　　　　　　B. 内容真实
   C. 不卑不亢　　　　　　　　　　　　　　D. 用涂改液修改

6. 下面关于简历的说法，错误的是(　　)。
   A. 根据事实强调适合用人单位的方面，不能无中生有
   B. 到公司应聘，一定要写上相关的学习课程和实践经历
   C. 页数越多越好，内容越详细越好

二、判断题

1. 面试从面试者接到面试通知的那一刻就已经开始了。(　　)
2. 面试前应收集招聘公司的相关材料。(　　)
3. 求职信的称呼要正式，必须用尊称，且不能直呼其名。(　　)
4. 求职信、自荐信应该遵循简洁明了、实事求是的原则。(　　)
5. 网上应聘，准备求职信时还要注意控制篇幅，要让人事经理无需使用屏幕的流动条就能读完。(　　)
6. 求职材料中，毕业生最好能用自己的特殊经历来弥补自己工作经验的不足。(　　)
7. 面试前，你准备一份资料簿，里面有简历、推荐信、户口本、毕业证、获奖证书等。(　　)
8. 面试前，一定要注重修饰，越时髦越好。(　　)
9. 女士在面试时处理超长头发应盘起来、束起来或编起来。(　　)
10. 求职信的核心部分要从专业知识、社会实践能力、专业技能、性格特长等

方面使用人单位确信，他们所需要的正是你所能胜任的。（　　）
11. 求职信不宜过长，300字左右较为合适。（　　）
12. 简历的设计原则是详细。（　　）

第二节　面试过程礼仪

一位老师带领学生前往某一大集团公司面试。因为老总是该老师的大学同学，所以公司的接待非常热情，工作人员为每位同学倒水时，席间有位女同学说："我不要，我只喝红茶。"学生们在有空调的大会议室，大多坦然地坐着接受工作人员的服务，没有半分客气。当老总办完事情赶回来后，不断地向学生表示歉意，同学中竟然没有人应声。接着工作人员送来登记表，老总亲自双手递送发给学生时，学生们大都伸出一只手随意接过，没有起身也没有致谢。从头到尾，只有一个同学在工作人员递水、老总递送登记表时，站起身、用双手接过、并客气地说声："谢谢，辛苦了！"最后，只有这位同学收到了这家公司的录用通知。有的同学很疑惑甚至不服："他的成绩并没有我好，凭什么录用他而不录用我？"老师叹气地说："我给你们创造了机会，是你们自己没有把握住啊！"

一、面试技巧

1. 面试中的形体语言

有研究表明：个人给他人留下的印象，7%取决于用词、38%取决于音质、55%取决于非语言交流。非语言交流的重要性可想而知。在面试中，恰当使用非语言交流的技巧，将为你带来事半功倍的效果。

（1）握手。通常，求职者要等主考官先伸手然后再伸出手。握手应该坚定有力，但也不要太使劲，而且手应当是干燥、温暖的。这是你与考官的初次见面，如果他伸出手，却握到一只软弱无力、湿乎乎的手，这肯定不是好的开端。

（2）坐姿。在主考官没有请你坐下来时，切忌急于坐下，否则，将会被视为傲慢无礼，此时，你可询问主考官："我可以坐下吗？"得到许可后方可入座。当主考官让你坐下时，应表示谢意。如果有指定的座位，坐在指定的座位上即可。如果没有指定的座位，可以选择在主考官对面的座位坐下，这样方便与主考官面对面地交谈。坐时要精神抖擞，松懈的姿势会让人感到你疲惫不堪或漫不经心。

（3）表情。面试时表情应该端庄中有微笑，严肃中有柔和。微笑能使对方产生亲切友好的感觉，也为双方的交谈创造良好的氛围。

（4）目光。目光接触是非语言沟通的主渠道，是获取信息的主要来源。面试交谈时求职者应正视主考官，目光真诚、友善、信任、尊重，但不能一直盯着对方的眼睛，这样会让人觉得你太咄咄逼人。也不要躲躲闪闪、左顾右盼，这样会显得你缺乏自信或对所谈话题缺乏兴趣。

(5) 手势。手是会说话的工具。手势要恰当、简练、自然、协调。不宜过多，也不宜手舞足蹈，动作幅度不宜过大。

小贴士　面试中的仪态礼仪

★站立时身形应当正、直，两肩相平，双臂自然下垂于身体两侧，双腿立直，脚跟相靠，两脚尖张开约60°，叉得太开是不雅观的。

★坐在主考人员指定的位置上，不要挪动已经安排好的椅子位置。入座时要轻、稳、缓，一般要左进左出。不要随意把头仰靠在椅背上，双腿要自然并拢，不宜分得太开，女性尤应注意。

★切勿做小动作：玩弄衣带、发辫、香烟盒、笔、纸片、手帕等分散注意力的物品，也不要玩手指、抠指甲、抓头发、挠头皮、抠鼻孔，更不能用脚敲打地面、双手托住下巴、说话时用手掩着口等。

2. 面试中的有声语言

求职者在进行面试的过程中，必须对自己的谈吐加以认真地把握。求职者对于自己的语言、语音、语速、语调都要倍加重视。

(1) 礼貌。面试时，求职者的谈吐务必文明，绝对不能粗俗无礼。在面试之前，应当向主考官问好。不论是自我介绍，还是答复询问，均须使用必要的谦词、敬语。在称呼主考官时不应直呼其名，而应称其职务，或以"您"和其他尊称相称。在回答完对方的提问之后，一定要加上一声"谢谢"。

(2) 标准。求职者在进行自我介绍以及回答主考官的提问时，要求谈吐标准，首先是回答问题要完整准确，绝对不允许东拉西扯、张冠李戴。除此之外，还要求求职者语言要标准，要多用术语；口音要标准，尽量要在面试时讲普通话。

(3) 连贯。求职者在面试时，谈吐的连贯与否至关重要。求职者谈吐的连贯，一是要求前后连贯，即面试时的谈吐应与求职者自己向用人单位提供的其他资料完全相符，二是要求谈吐自身应当一气呵成，切忌吞吞吐吐，首尾不能相顾。

(4) 简洁。在进行自我介绍或回答问题时，求职者的谈话应当化繁为简、简明扼要，能不说的话就不要说，能少说的话就不要多说，不该重复的话就一定不要重复。倘若考官限定了自我介绍或回答问题的时间，务必要严格遵守，宁肯用不了，也不要超过。在用人单位看来，谈吐简洁与否，是求职者的重要能力之一。

小贴士　面试常见问题的回答思路和技巧

◆问题一：请你自我介绍一下。

思路：1. 这是面试的必考题目；2. 介绍内容要与简历相一致；3. 表述方式上尽量口语化；4. 要切中要害，不谈无关、无用的内容；5. 条理要清晰，层次要分明；6. 事先最好以文字的形式写好背熟。

◆问题二：谈谈你的家庭情况。

思路：1. 这对于了解应聘者的性格、观念、心态等有一定的作用，这是招聘单位问该问题的主要原因；2. 简单地罗列家庭人口；3. 宜强调温馨和睦的家庭氛围；4. 宜强调父母对自己教育的重视；5. 宜强调各位家庭成员的良好状况；6. 宜强调家庭成员对自己工作的支持；7. 宜强调自己对家庭的责任感。

◆问题三：你有何爱好？

思路：1. 业余爱好能在一定程度上反映应聘者的性格、观念、心态，这是招聘单位问该问题的主要原因；2. 最好不要说自己没有业余爱好；3. 不要说自己有庸俗的、令人感觉不好的爱好；4. 最好不要说自己仅限于读书、听音乐、上网等爱好，否则可能令主考官怀疑应聘者性格孤僻；5. 最好能有一些户外的业余爱好来点缀自己的形象。

◆问题四：你为什么选择我们公司？

思路：1. 主考官试图从中了解你求职的动机、愿望以及对此项工作的态度；2. 建议从行业、企业和岗位这三个角度来回答；3. 参考答案："我十分看好贵公司所在的行业，我认为贵公司十分重视人才，而且这项工作很适合我，我相信自己一定能做好。"

◆问题五：如果我录用你，你将怎样开展工作？

思路：1. 如果应聘者对应聘的职位缺乏足够的了解，最好不要直接说出自己开展工作的具体办法；2. 可以尝试采用"迂回战术"来回答，如："首先听取领导的指示和要求，然后就有关情况进行了解和熟悉，接下来制订一份近期的工作计划并报领导批准，最后根据计划开展工作。"

◆问题六：你是应届毕业生，缺乏经验，如何能胜任这项工作？

思路：1. 如果招聘单位对应届毕业生的应聘者提出这个问题，说明招聘单位并不是真正在乎经验，关键是要看应聘者怎样回答；2. 对这个问题的回答最好要体现出应聘者的诚恳、机智、果敢及敬业；3. 参考答案："作为应届毕业生，在工作经验方面的确会有所欠缺，因此在读书期间我就一直利用各种机会在这个行业里做兼职，我也发现：实际工作远比书本知识丰富、复杂。但我有较强的责任心、适应能力和学习能力，而且比较勤奋，所以在兼职中均能圆满地完成各项工作，从中获取的经验也令我受益匪浅。请贵公司放心，学校所学及兼职的工作经验使我一定能胜任这个职位。"

项目五　求职礼仪

二、面试禁忌

1. 不迟到。求职者应提前10~15分钟到达面试地点,以便能够从容地进行登记、填写表格等,也可以整理仪表着装,调整一下情绪心态,以最佳的精神面貌步入面试现场。

2. 独自前往。面试时求职者不要带父母、同学等陪伴者,否则面试方会认为你缺乏信心。

3. 不做过多的小动作。如不停地摸头发、揉眼睛、掏耳朵、抠鼻子、舔嘴唇、把玩钢笔等,都会让主考官对你的印象大打折扣,因为这些行为反映了你的紧张情绪。

4. 不嚼口香糖、抽烟等。在面试交谈过程中,嘴里吃东西、叼着烟会给人不庄重的感觉,也表现出你对主考官的不尊重。

5. 随身物品摆放合适。面试时求职者不要把自己随身带的公文包或手提包放在主考官的办公桌上,也不要挂在椅子背上,可以把它放在自己坐的椅子旁边或自己背后。

知识卡片 稀奇古怪的面试方式

★日产公司:请你吃饭。日产公司认为,那些吃饭迅速快捷的人,一方面说明其肠胃功能好,身强力壮,另一方面他们往往干事风风火火,有魄力,而这正是公司所需要的。因此对每位来应聘的员工,日产公司都要进行一项专门的用餐速度考试——招待应聘者一顿难以下咽的饭菜。一般主考官会好心叮嘱你慢慢吃,吃好后再到办公室接受面试,那些慢腾腾吃完饭者得到的都是离开通知单。

★壳牌石油:开鸡尾酒会。壳牌公司组织应聘者参加一个鸡尾酒会,公司高级员工都来参加,酒会上让这些应聘者与公司员工自由交谈。酒会后,由公司高级员工根据自己的观察和判断,推荐合适的应聘者参加下一轮面试。一般那些现场表现突出、气度不凡、有组织能力者会得到下一轮面试机会。

★统一公司:先去扫厕所。统一公司要求员工有吃苦精神以及脚踏实地的作风,凡来公司应聘者公司都会先给其一个拖把叫你去扫厕所,不接受此项工作或只把表面洗干净者均不予录用。他们认为一切利润都是从艰苦劳动中得来的,不敬业的人,就是隐藏在公司内部的敌人。

学习活动

活动一 礼仪训练：将学生分成若干组，练习训练进出面试办公室的礼仪。内容包括：敲门、关门、问候、递送材料、回答问询、告辞关门。

活动二 将课堂布置成面试现场，营造面试现场氛围。老师根据学生所学专业确定一个应聘岗位，学生分成小组，分别扮演主考官和应聘者，进行模拟面试。期间可由主考官发问，应聘者回答，并做好模拟面试评价表。模拟结束，由学生讨论，对小组每位应聘同学的表现进行点评，老师进行指导分析。

学习评价

一、选择题

1. 求职面试过程中下列做法正确的是(　　)。

   A. 应多谈自己的优点，不要说缺点

   B. 女孩子应表现得矜持一点，不应该多说话

   C. 应实事求是、诚信为准

2. 女士面试穿浅色西服套裙时，应注意(　　)。

   A. 穿短袜　　　　　　　　B. 穿彩色丝袜

   C. 穿肉色长筒丝袜

3. 求职面试时，在形象方面应该避免(　　)。

   A. 身着正装，切忌穿着随意

   B. 注意面部清洁，头发要梳理整齐

   C. 饰品要新奇另类，佩戴越多越好

4. 求职面试时不恰当的礼仪有(　　)。

   A. 仪表得体，举止优雅　　　B. 面带微笑，态度从容

   C. 滔滔不绝，说个不停

5. 求职面试过程中，恰当的举止有(　　)。

   A. 架起二郎腿　　B. 微笑致意　　C. 食指点指对方

6. 参加面试时，最好(　　)到达面试地点。

   A. 提前半小时以上　　　　　B. 提前10~15分钟

项目五　求职礼仪

C. 在面试开始时匆匆赶到

7. 求职面试时,合适的做法是(　　)。

A. 有问必答,条理清晰　　　　B. 打断考官问话,急于回答问题

C. 吞吞吐吐,言不达意

二、判断题

1. 求职面试时佩戴的首饰要与季节相符合,金色、深色首饰适于暖季佩戴,银色、浅色首饰则适于冷季佩戴。(　　)

2. 求职面试过程中,应聘者和主考官虽是初次见面,但可以谈论有争议的话题。(　　)

3. 应聘时应聘者提前到达面试地点的时间越早越好。(　　)

4. 面试开始时,应聘者可以自己找座位坐下,不用等主考官示意。(　　)

5. 女主考官向应聘者伸手握手,应聘者以"从不跟女士握手"为由拒绝握手。(　　)

6. 面试时应避免的习惯性动作有挠头、玩弄手指、双手交叉在胸前和揉眼睛等小动作。(　　)

7. 求职面试过程中,应聘者不时用手理理头发,可以确保仪容整齐。(　　)

8. 面试时应聘者应尽量表现自己的博学多才,否则主考官会认为自己不学无术。(　　)

9. 在面试时应聘者对自己的看法说得越多越好。(　　)

10. 面试交谈时可以使用方言。(　　)

11. 政治和宗教话题,在求职面试时是可以涉及的。(　　)

12. 就座面试时,男士可以微分双脚,这样给人以自信、豁达的感觉,双手可以随意放置;女士一般要并拢双膝,或者小腿交叉端坐,这样给人端庄、矜持的感觉,双手一般要放在膝盖上。(　　)

第三节　面试后续礼仪

某个公司组织招聘面试,最后挑选出五名彼此不分上下的应聘者,可公司只能录取其中一人,怎么办?当天下午该公司召开人事会议进行决策,会议出现异常冷场:因为这五个人条件相当,难以取舍,与会者面面相觑。突然,会议室的门被推开,秘书小姐转告各位:"今天上午参加面试的杨先生,打电话来向各位道谢:'面试的时候,承蒙各位的照顾和指点,特以致谢。'"话才说完,会议室中原来沉闷的气氛,忽然间活跃起来,"哎,就是他!"几乎每个人都异口同声地说。与会者中一位感慨地说道:"如今,真难得有人会主动打来电话致谢。"又一位附言道:"这位杨先生办事真是细心周到。"

最后,这位主动打电话致谢的杨先生被录取了。

许多人认为求职面试后就可一心等待结果了，其实面试后还有许多必要的工作要做，只有这样才能抓住时机，趁热打铁，真正把握住成功的机会。面试之后，求职者可以在两三天内向有关部门打个电话，或者向面试单位发出感谢函，旨在加深招聘人员的印象，增加求职成功的可能性。

一、电话致谢

感谢电话要简短，最好不要超过 3 分钟。电话里不要询问面试结果，因为这个电话仅仅是为了表现你的礼貌和让对方加深对你的印象而已。打电话要选择时间，最得体的时间应该是"对方方便的时间"，应尽量避开对方工作繁忙的时间、休息时间、用餐时间和生理疲倦时间。

小贴士　哪些时间段不宜打工作电话？

◆工作繁忙时间。一般是周一上午和周五下午，因为这两个时间段很多单位都有开例会的习惯。即使不开例会，因为周一早上是新的一周的开始，往往还处于适应期，而且还有工作上的事宜需要安排，周五下午又要面临着周末，所以从心理上自然会排斥给他添麻烦的事情。还有就是每天刚上班的第一个小时和下班前的一个小时，这两个时间段内不是要忙着安排一天的工作，就是没法再集中精力处理公事。

◆休息时间。一般是指工作日中午的一小时左右的午休时间，以及其他私人休息时间，尤其要避免节假日。

◆用餐时间。在用餐的时间，给人打电话是不礼貌的，而且往往在这个时间打办公室电话会找不到人。

◆生理疲倦时间。这个时间段一般都是每天下班前的一小时左右，中午下班前的半小时左右。

二、信函致谢

答谢信要简洁，最好不要超过一页。

1. 开头。应提及自己的姓名、简单情况以及面试时间，并对招聘人员表示感谢。

2. 主体。要重申你对该公司、该职位的兴趣，增加一些对求职成功有用的新内容，尽量修正你可能留给招聘人员的不良印象。

3. 结尾。可以表示你对自己的能力符合公司要求的信心以及为公司的发展壮大做贡献的决心。

如：

致谢函

尊敬的王经理：

您好！

承蒙贵公司3月4日约见，与我谈及贵公司招聘行政秘书事宜。"听君一席话，胜读十年书"，与您谈话使我学到不少新东西，得到了许多启示。

您或许记得，我在面试中曾向您谈到自己为《公共关系》杂志所写的一篇文章，刚好今天收到了样本，现把复印件附上，请斧正。

正如我在面试中告诉您的，我认为自己完全有能力胜任这份工作，我是行政秘书的最佳人选。如果方便的话，我将乐意进一步与您讨论此事。盼望您的鼓励！

此致

敬礼

诚挚的×××
2017年3月5日

三、面试后的其他礼仪

1. 不过早打听面试结果

在一般情况下，主考官们每天面试结束后，都要进行讨论和投票，然后送人事部门汇总，最后确定录用人选，可能要等3~5天。求职者在这段时间内一定要耐心等候消息，不要过早打听面试结果。切不可到处打听，更不要托人"刺探"，急于求成反而会适得其反。

2. 收拾心情

面试回来后，你已经完成一次面试，但这只是完成一个阶段。如果你向几家公司求职，则必须收拾心情，全身心地投入准备下一家的面试。没有收到聘书之前，仍未算成功，不应该放弃其他机会。

3. 查询结果

一般来说，如果在面试两周后或在主考官许诺的通知时间到了，还没有收到对方的答复时，就应该写信或打电话给招聘单位或主考官询问是否已做出了决定。

打电话询问面试结果，电话声音是唯一的使者，所以音量要适中，表达要清晰、生动、中肯。接通电话后，首先说一声："您好！"接下来要自报家门，让对方知道自己是谁。自报家门的内容应该包括：自己的全名、何时去面试的何职位，以便对方能及时知道你是谁。在电话中要表明自己对公司的向往和愿意为公司的发展做贡献。如果碰上要找的人不在，需要接听电话的人代找，态度同样要文明而有礼貌，并且还要用上"请""麻烦""劳驾""谢谢"之类的词。留言或转告，都不是询问面试结果的首选方式，可以打听要找的人什么时间在，然后到时候再打。打电话询问的时间长度要有所控制，基本的要求是宁短勿长，两三分钟的时间足能解决。如果知道自己没被录用，此时情绪要保持稳定，应冷静而仍然热情地请教未被录用的原因，可以说："对不起，我想请教一下我没有被录用的原因，我好再努力。"谦虚有可能赢得对方的同情，同时给你下一次面试机会。

打电话询问面试结果，最多打三次电话。因为即使再研究，经过前后三个电话询问的周期，再复杂的研究程序也早该最后确定了，而且三次的电话询问，也会对你有足够的印象了。如果想聘用你就会直接告诉你或及时和你联系。再多的电话，反而会适得其反，甚至会给人骚扰、无聊的感觉，感谢信也是如此。

4. 做好再次冲刺的思想准备

应聘中不可能个个都是成功者，万一在竞争中失败了，也不要气馁。这一次失败了，还有下一次，就业单位不止一个，关键是必须总结经验教训，找出失败的原因并针对这些不足重新做准备。

知识卡片　感谢信形式的选择

用人单位如果是通过电子邮件与你约见，面试回来后要立即用电子邮件发送感谢信。电子邮件感谢信较传统的邮寄方式有鲜明的优势：你可以在面试的当天，甚至是在几小时之内，把你的名字再次呈现于主考官面前。如果你面试的是一家正规的、传统的公司，那就用传统寄信方式邮寄出感谢信。

学习活动

活动一　请同学根据自己所学专业或自己喜欢的职业，谈谈对未来工作的设想。

活动二　假设你已面试成功，请虚拟职业、职位写一份致谢函。

学习评价

一、选择题

1. 下列关于面试后续礼仪不合规范的有（　　）。
A. 只要有时间就不停地追问面试结果
B. 面试结束后要记得向主考官表示感谢，这样会给对方留下一个好印象
C. 给被拒绝的公司也要写封感谢信来表达对公司给自己锻炼机会的谢意

2. 当你被应聘的公司拒绝后，你所应该做的是（　　）。
A. 什么意见都不发表，就当作是一切事情都没有发生过
B. 到处说该公司的不是，觉得公司不聘用自己是不对的
C. 回去写信表示感谢，感谢对方能够给予自己一个认识自己不足的机会

二、判断题

1. 面试结束就意味着求职过程完了，求职者可以安心等待聘用通知书。（　　）
2. 求职面试后的感谢电话什么时候打都可以。（　　）
3. 当你被应聘的公司拒绝后，也应该出于礼貌写一封感谢信。（　　）
4. 当主考官宣布面试结束后，求职者可以再补充几句，再提一些问题。（　　）
5. 面试后等待的心情太焦急了，应想尽一切办法尽早地打听到结果。（　　）
6. 面试后的一段时间里最好不要到外地旅游或出差，当必须外出时最好向招聘单位事先说明，以表示你的诚意。（　　）
7. 感谢信如果用电子邮件一定不要用附件，因为面试官可能会当垃圾邮件删除。（　　）
8. 打答谢电话时，应多说两句，以加深用人单位对自己的印象。（　　）

项目六　交际礼仪

交际礼仪是人们在社会交往活动中共同遵循的律己敬人的行为规范，也是处理人际关系和社会交往事务时约定俗成的习惯做法。

在日常交际中要充分运用行之有效的沟通技巧，善于从人际交往中获得有益信息，用礼仪规范指导自己的交际活动，更好地向交往对象表达自己的尊重、友善之意，以增进彼此之间的了解与信任，掌握交际礼仪，讲究交际艺术，拥有良好的人际关系，有助于事业走向成功。

第一节　家庭礼仪

同学们，应该尽自己的能力做一些家务，这可以使自己受到锻炼，养成良好的生活习惯，提高生活自理能力，同时也是培养自己的良好思想品德、培养文明的交际行为，增强以礼待人、以礼接物观念的必要手段和有效途径。

一、勤俭节约做家务

勤俭节约是中华民族的传统美德，同学们应热爱劳动、勤奋学习、珍惜劳动成果，不铺张浪费。

同学们正处于成长时期，因此具有很大的可塑性。也就是说，同学们既容易学好，也容易学坏；既容易进步，也容易后退；既容易形成良好的习惯，也容易养成不良习气。因此，青少年时期，在人的一生中是非常重要的时期。对于这一点，古人有过很多精辟的见解，如："一年之计在于春，一日之计在于晨，一家之计在于和，一生之计在于勤。"这是劝导同学们要珍惜时光、热爱家庭、勤俭节约，要有远大的理想和志向。

同学们作为家庭的一个成员，应该主动做些家务。自己居住的房间应该由自己打扫；书桌、书架、床椅要经常擦拭；用过的作业本、纸、笔以及其他物品都要按原来的位置摆放好；长辈坐过的地方、用过的东西、写字的纸笔、撰写的文稿，如果散乱的话，应该帮助整理；动用长辈的东西千万不要弄得乱七八糟。

1. 从自己的事做起

目前同学们在家中绝大多数是独生子女，从小就享受着"特保儿"的待遇，使得同学们形成了强烈的依赖心理，应该自己做的事不去做，养成严重的依赖习惯，这种依赖心理和依赖习惯对青少年的健康成长十分不利。

同学们从小就应该养成勤劳自强的习惯，要从自己身边的事情做起，自己能做到的事应尽量自己做，学会"自理"。自己的衣物、用品要摆放整齐，学会收拾打扫房间、洗晒衣服、洗涮餐具等。

要从小培养自立自强的奋斗精神，克服依赖性，不要事事依赖父母和他人。

如果有同学以前做得不太好，那就应该从现在做起，改变自己的不良习惯。习惯是可以改变的。人应该支配习惯，而绝不是习惯支配人。

2. 分担家务，美化环境

环境的好坏对一个人的成长和发展具有重要的影响，而家庭是每个人生存、成长的重要环境。作为家庭成员，每个人都有责任、有义务为营造一个良好的环境做出努力。良好的家庭环境既有利于自己，也有利于其他成员，同时又有利于社会的文明发展。家庭中的事繁杂琐碎，人人有份，不应该全部依靠父母。如果同学们都能积极主动地关心家庭，自觉自愿地分担一份家务，就容易将家庭环境建设得更美好。

俗话说：劳动是幸福的左手，节俭是幸福的右手。

当前，多数家庭中的父母亲都要上班工作，家务事只好上班前和下班后来完成。如果作为家庭成员的同学们，不但能够做到自理，而且还能分担一份力所能及的家务，就可以减轻父母的一些负担。家务事如果由一个人承担，负担就很重；如果每个人都能主动分担一部分，就变成举手之劳。

任何人都不能脱离家庭而生活，同学们应该成为家庭环境美的塑造者，应该自己动手、动脑来美化家庭环境。只有积极创造美的人，才能更深刻地感受美、理解美，并且逐步使美化环境与美化心灵统一起来；只有从小就养成热爱劳动的良好习惯，将来走上社会参加工作后，才能适应群体规范，才能受到大家的欢迎。

二、搞好邻里关系

邻里之间的交往主要体现在日常生活领域，这种交往可以起到互帮互助的作用，同时，也容易导致摩擦。产生摩擦的原因可能是多方面的，其中不以礼相待则是重要原因之一。我国自古就倡导邻里和睦，以礼相待则是处理好邻里关系、实现邻里和睦的一条重要原则。

同学们作为家庭成员，为了处理好邻里关系，应注意一些基本礼节。

尊重邻里最起码应该做的就是不打扰左邻右舍。同学们应注意做到以下几点：

第一，串门闲谈要选择时间。不同的人有不同的生活习惯，如有的人喜欢早睡早起，有的人中午需要休息。不应该在邻居休息的时间或吃饭的时间去串门。当别人准备休息时也不要长时间闲谈。

第二，早出晚归要保持安静。在一个居民院或一栋楼房里，由于各家各户以及个人的休息时间并不一致，所以，出出进进时务必注意不要大声喧哗和说笑，以免影响他人休息。

第三，同学之间相聚要避免吵闹。同学们上学之前、放学之后、节庆假日，在同学家中相聚是常有的事，见面时有说有笑、大少大闹也习以为常。但是目前城市里的住房一般比较集中，如果不分时间、不分场合随时说笑打闹就有可能打扰左邻右舍。

第四，使用音响音量要适中。有的青年人，听音乐、看电视时，喜欢追求高音效果的强烈刺激，甚至还时而跟着节拍跳现代舞，这样虽然自己得到了愉悦和刺激，但是左邻右舍如果有人正在休息就遭了央，特别是老年人，心脏不好的，他们最怕强烈刺激，所以，在使用音响时，一定要想到是否会影响邻舍。

三、尊敬长辈无代沟

现实生活中，父子关系不协调，母女互相看不惯，爷爷抱怨孙子、孙女是家中的"小皇帝、小公主"，孙子、孙女则指责奶奶是"真理太婆"，议论爷爷像太上皇，等等，这种现象非常普遍，这些现象都表明不同年龄阶段的人之间是存在着差异的，即代沟之间的差异是客观存在的。这些差异既有生理条件、心理特征等方面的先天差异，也有环境影响、文化教育等后天形成的差异。代沟之间的差异，如果处理不好，则可能影响家庭和睦，如果能正确认识并妥善处理，则可以成为促进家庭和睦的一种积极力量。

同学们必须尊重老人、了解老人，还要掌握一些与老年人相处时应遵循的礼仪规范，因为对老年人讲究礼节、礼貌可以帮助我们在代沟差异造成的沟壑上架起桥梁；也可以指导我们正确地处理代沟差异，从而避免形成"代沟"。

1. 尊重长辈的内心感受

长辈经验多、见识广，为了取得长辈的热情指导，同学们应该虚心地向长辈学习，主动向长辈请教；尽量避免出现狂妄、骄傲、吹牛、卖弄等容易引起长辈反感的行为。一般来说，令长辈讨厌的不良行为有以下几种：

(1)狂妄自大。少年存壮志，敢想、敢说、敢干，这正是同学们性格闪光的一面，但是在少数同学身上，却把这些"光"闪得过于耀眼，以至给人狂妄的感觉。

(2)自以为是。满足于一知半解，局限于一孔之见，遇到不懂的问题不是虚心请教，而是自以为是，凭想当然去判断是非曲直，这是一部分青年人常犯的毛病。

青年人由于涉世不深、缺乏经验，遇有不懂的事应该谦虚地向长辈请教，克服自以为是的坏习惯，这才是正确态度，才能不断地增长知识，健康成长。

（3）显示年龄优势。人的一生总是充满着矛盾心理，不同年龄阶段的人都有着特殊的欢乐和忧愁。人进入老年阶段后，吃穿不愁、无忧无虑，表面上看起来已经与世无争，但内心仍然潜存着"进取"的力量和希望。这种不甘沉沦的心境，形成了长辈所特有的"恋世"之情。这种心情可能不易被人察觉，但确确实实存在着。大多数长辈经过长期的努力，已经有了显著的成就和优越的社会地位。这些都是值得同学们羡慕的，但长辈们也有忧愁，那就是在时间的占有上，他们感到日益贫穷。

知错而不改，或者知错而不认，都是不明智、错误的，因为，在长辈看来，晚辈做错了什么事，既偏执任性，又不肯承认，是对自己的不尊重，是不把自己放在眼里的一种表现，在他们的内心深处会出现感情的创伤。

容易引起长辈们烦感的常见"毛病"还有哗众取宠、言过其实、目中无人等。总之，尊重长辈是同学们必须具有的礼貌行为，而在长辈面前谦虚谨慎、恭恭敬敬则是协调代沟关系的最好方法。

2. 曲径通幽，真诚沟通

以谦虚为美德，在与长辈交往的过程中时刻保持谦虚态度，这是同学们应该具备的良好修养，也是必须遵守的礼仪规范。

直来直去、火爆急躁，是青年人讲话时的特点，但在与长辈打交道时最好要避免出现急躁情绪，长辈欣赏直率，但更欣赏礼貌；他们喜欢"有啥说啥"，但更喜欢谦虚谨慎，这就要求我们在与长辈商讨问题时，尽量表现得彬彬有礼、谦虚谨慎。

已经退休、闲居在家的长辈，他们的社会活动明显减少，自然也减少了与他人交流思想的机会，但他们有着丰富的感情世界，他们更需要得到精神上、感情上的满足。

在日常生活中，我们常常可以看到这样的现象，长辈并不喜欢那些十分慷慨的晚辈，而更喜欢那些经常来往并能推心置腹交谈的后代。这说明长辈是轻财重情的，他们所渴望的是思想感情的交流。由此我们应该得到启发，那就是为了与长者搞好关系，必须先尊重他们的感情，努力走进老人的感情世界。

第二节　见面礼仪

在日内瓦会议期间，有一个美国记者主动和周恩来总理握手，周总理出于礼节没有拒绝。但是没有想到的是，这个记者刚握完手，忽然说："我怎么和中国的好战者握手呢？真不该！真不该！"然后拿出手帕不停地去擦自己刚和周总理握过的那只手，最后把手帕塞进裤兜。这时很多人都在围观，看周总理到底如何处理。周总理略略皱了一下眉头，只见他也从口袋里，拿出手帕，随意地在手上擦了几下，然后快速走到拐角处，把这个手帕扔进了痰盂，并且说："这个手帕再也洗不干净了！"

一、称呼

称呼，是指人们在日常交往应酬中采用的彼此之间的称谓语。在日常社交场合中，与人见面、给他人写信及其他社交活动，碰到的第一个问题就是怎样得体地称呼别人。选择正确、适当的称呼，既是对他人的尊重，又体现了自身的修养。

1. 称呼的作用

称呼在人际交往中有两大重要作用：一是表示尊重，现代社会讲究以人为本、尊重为本，当你向别人表示尊重和友好的时候，基本的要求就是要对对方使用尊称。二是表示距离，在不同情况下使用不同的称呼，往往表示着人际关系的亲疏，夫妻之间、恋人之间、朋友之间、同事之间，称呼都是不同的，称呼表示一种距离，它反映着人与人之间关系密切的程度。

2. 称呼的要求

（1）记住对方的姓名。在交际中准确地呼叫对方的姓名，会使对方感到亲切自然、一见如故，并能很快得到对方的好感。否则如果叫不出对方的名字，即使有过交往的朋友也会生疏起来。怎样称呼姓名呢？一般情况下，辈分相等时，可以直呼其名，如"张悦""王凯"；如果对方年龄偏长，有些可以在姓名前加"老"字，如"老刘""老李"；同性别的朋友、熟人，可以不称其姓而直呼其名，如"丽娜""中华"。

（2）称呼要符合交往的场合。在不同的场合，应该采用不同的称呼。在正式场合，对前来参加会议的领导或进行业务洽谈的熟人或本组织、单位的管理层领导，都应以职务相称，以示场合有别、身份有别，以此来体现执行公务的严肃性。在党和政府内部，为体现平等原则，大家可互称同志，不必称职务。

（3）称呼要入乡随俗。我们在使用称呼的时候，还要考虑当地的风俗习惯，入乡随俗。常言道："十里不同风，百里不同俗。"不同的地方风俗习惯也不一样，称呼也会有所区别。在我国南方某些省份可以称农民为"老表"，而在北方则称"老乡"，称对方"老表"会被认为是侮辱他。在北方一些地区，不管结不结婚都把你的伴侣叫做"对象"。对年纪大的妇女，不同的地区也有不同的叫法，如"老奶奶""阿妈妮""老婆婆"。

（4）称呼的规则。一般来说，当与多人见面打招呼时，应遵循先上后下、先长后幼、先女后男、先疏后亲的规则。比如，1972年在为欢迎尼克松总统举行的大型招待会上，周恩来总理是这样称呼的："总统先生，尼克松夫人，女士们，先生们，同志们，朋友们……"这样称呼的先后次序，既突出了招待会的宗旨，又体现了礼貌和周到。

（5）要尊重个人习惯。人和人是不一样的，称呼上的习惯有时候也不一样。譬如说，像老一辈革命家，都有他们约定俗成的称呼：毛泽东同志，我们习惯叫他"毛主席"；周恩来总理，我们习惯叫他"周总理"；而刘少奇主席，我们则习惯叫他"少奇同志"。

3. 称呼的类别

（1）行政职务。在工作中以及较为正式的官方活动中，人们常以交往对象的职务相称，以示身份有别、敬意有加。如"董事长""总经理"，也可以加上姓氏，如"何总经理""王董事长""张主任""李市长"等。

（2）技术职称。可以仅称职务，如"教授""律师""工程师""会计师"等。也可以加上姓氏，如"罗律师""叶工程师"，或者简称为"叶工"。还可以加上姓名，适用于比较正式的场合，如"杨振宁教授"。

（3）学术头衔。是技术含量较高的头衔，大学里的老师按学术头衔区分为"教授""副教授""讲师""助教"。医生有"主任医师""副主任医师""主治医师"等。这类称呼表示的是他们在专业技术方面的造诣。

（4）行业称呼。在和特种职业的人打交道时，要注意警察有警衔、军人有军衔、医生有级别。当我们看不出或者不知道他们什么级别的时候，可以用行业称呼，如"警察先生""医生""护士""会计"等。在此类称呼前，均可以加上姓氏或姓名，如"梁会计""许老师""刘欣大夫"等。行业称呼是我们平常使用比较多的一种称呼。

（5）泛尊称。是社会各界人士都可以使用的表示尊重的称呼。称未婚女子为"小姐"，称已婚妇女为"夫人"或者"太太"，称呼男士可以叫"先生"，如果不分男女可以叫"同志"。如果人们彼此关系亲切，可以使用类似血缘关系的称呼，比如"阿姨""叔叔""爷爷""奶奶"等。

4. 称呼的忌讳

（1）无称呼。就是根本不使用任何称呼，如"喂，到哪去呀？""喂，到××公司怎么走？"无称呼时，交往对象会觉得很不舒服。

（2）替代性称呼。我国某些行业叫人的时候不用尊称而是叫号。如"三号""五号""十号""下一个"。医院里，护士爱喊床号，如"十一床"。我们构建和谐社会，推崇尊重为本，以人为本，至少要使用尊称。乱用替代性称呼，失敬于人。

（3）误读姓名。就是念错别人的姓名。要避免此类错误的发生，就一定要提前做好准备，必要时还要虚心请教。

（4）不恰当的简称。简称就是全称的简洁式。有些时候可以使用简称，但如果使用不当的话，就会让人误解，甚至闹出笑话。如把"马校长"简称成"马校"，别人还以为他名字就叫"马校"呢，还有把"范局长"简称成"范局"，往往会说者无心，听者有意，令人尴尬。

二、介绍

介绍就是向两个不相识的人彼此说明对方的情况。它是人际沟通的桥梁。通过介绍，可以缩短人与人之间的距离，为进一步了解、沟通、交谈打下基础。日常交往中的介绍主要有三种方式：自我介绍、他人介绍、集体介绍。

1. 自我介绍

顾名思义，就是把自己介绍给别人。根据礼仪规范的要求，进行自我介绍，应注意介绍的时机、内容、分寸等。

（1）自我介绍的时机。把握好自我介绍的时机，掌握好分寸，有助于迈向成功。自我介绍一般有三种情况：一是别人需要了解自己时；二是主动推销自己时；三是必要时机，比如介绍保险。

（2）自我介绍的内容。介绍的内容是表达的主体部分，也是自我介绍时表述的具体形式。自我介绍的内容一般分为六种形式：

①应酬式。在公共场合和一般性的社交场合，面对泛泛之交的时候可用这种介绍方式。内容最简洁，往往只包括姓名一项。如："您好！我叫王琳。"

②公务式。有时也叫工作式或商务式，适用于工作之中，内容包括：姓名、供职的单位及部门、担负的任务或从事的具体工作等。如："我叫王凯，是东方职业学校招生办副主任。"

③社交式。也叫交流式或沟通式，是一种刻意寻求与交往对象进一步沟通交流，特别希望对方认识自己、与自己建立联系的自我介绍。这种介绍方式适用于社交活动中。内容包括：姓名、工作、籍贯、学历、兴趣爱好以及与交往对象的某些熟人的关系等。如："我叫王伟，是黄淮学院教声乐的教师，我和你姐姐是大学同学。"

④礼仪式。这是一种对交往对象表示友好、敬意的自我介绍，适用于演出、报告、讲座、庆典、仪式等正规的场合。内容包括：姓名、工作单位、职务等项。如："各位来宾，大家好！我叫王明星，是××学校的德育课教学部主任。欢迎大家光临今天的现场，为我捧场，希望大家和我一起步入社交礼仪的海洋，共同寻觅礼仪知识的贝壳。"

⑤问答式。适用于应试、应聘和公务交往，应该做到有问必答。如："先生，您好！请问您怎么称呼？""先生，您好！我叫张云。"

⑥寒暄式。见面时所谈的无关紧要的诸如天气冷暖之类的应酬话。如："你好，今天天气真好。请介绍一下你的基本情况。"应聘者说："主考官，您好！愿我们的心情和今天的天气一样好。我叫王敬业，今年毕业于南阳理工学院机电工程系。"

（3）自我介绍的分寸。自我介绍时不可喋喋不休、长篇大论，要掌握好分寸：

①时间。介绍的时间一般以半分钟左右为佳，而且还要注意抓住适当的时机进行介绍。

②态度。介绍的态度要自然、友善、亲切、随和。不要妄自菲薄，也不要妄自尊大；不要态度冷漠，也不要过分热情。介绍时应显得平易近人、落落大方、适可而止。

③内容。介绍内容要真实，要实事求是，既不要过分谦虚，也不要自吹自擂，夸大其辞。

2. 他人介绍

他人介绍就是由第三者把一方介绍给另一方。为他人做介绍时不仅要熟悉双方情况，还要尊重当事人的意愿，同时还要懂得介绍的礼仪规范。

（1）介绍人。根据交际场合的不同，介绍人的角色也不尽相同。家庭聚会时介绍人应为女主人；公务交往中应为专职人员，如秘书、公关人员、礼宾人员、办公室人员、具体接待人员；正式活动中应为身份、地位较高者或主要负责人员；社交场合应为长者、东道主或熟悉双方情况的人员。

（2）介绍的时机。在办公地点接待彼此不相识的来访者；陪同亲友前去拜会友人，其中有自己不认识的人；陪同长者、上司、来宾时遇见了他们不相识的人，而他跟自己主动打招呼；在家中接待彼此不相识的客人；打算推介某人加入某一交际圈。

（3）介绍的顺序。介绍的顺序大致有以下几种情况：先将职位低的介绍给地位高的，先将年轻者介绍给年长者，先将男士介绍给女士，先将未婚女子介绍给已婚女子，先将家庭成员介绍给对方。

（4）介绍的内容。实际需要不同，介绍的内容也会有所不同，通常有六种形式：

①标准式。适用于正式场合，内容往往以双方的姓名、单位、职务为主。如："我来给两位介绍一下。这位是南方公司销售部经理周莹小姐，这位是北方公司总经理李慧小姐。"

②简介式。适用于一般的社交场合，内容往往只有双方姓名一项，有时甚至只提到双方姓氏为止。如："我来介绍一下，这位是小刘，这位是老宋，你们两位彼此认识一下吧。"

③强调式。适用于各种交际场合，介绍时除了介绍双方的姓名，往往还要刻意强调一下其中某一位被介绍者与介绍者之间的特殊关系，以便引起另一位被介绍者的重视。如："这位是环球公司的总经理杨校先生，这位是小女张倩，请杨经理多多关照。"

④引见式。适用于普通的社交场合，介绍者所要做的主要是将被介绍者双方引到一起。如："两位认识一下吧。大家其实都是校友，只是以前彼此不认识。现在，请两位自我介绍一下吧。"

⑤推荐式。适用于比较正规的场合，介绍者大多是有备而来，有意将某人举荐给另一人，所以通常会对被举荐人的优点加以重点介绍。如："这位是夏阳先生，这位是我们学校的校长陈冬先生，夏先生是东方学报的主编，又是国内有名的画家，陈校长，我想您一定乐于结识他吧。"

⑥礼仪式。适用于正式场合，这是一种最为正式的介绍他人的方式。略同于标准式，只是在语气、表达、称呼上更为礼貌、谦恭。如："李教授，您好！请允许我把我们学校有名的农业专家王学农先生介绍给您。王先生，这位就是黄淮学院的李风教授。"

3. 集体介绍

（1）大型报告会或演讲会等，往往是由主持人向大家介绍报告人或演讲人的情况。

（2）由很多单位参加的会议，主持人要向大家介绍主席台上所有就座的人员，以及参加会议的主要来宾和参加会议的单位。

（3）在宴会或晚会上，一般是由主人介绍主要的来宾，然后再逐一介绍其他来宾。也可以按座位顺序来介绍。

（4）当加入集体的新成员初次与其他成员见面时，负责人要先将其介绍给集体，再向他介绍集体的主要领导人。

（5）邀请多人聚会时，邀请人可以把大家召集在一起，说几句热情洋溢的话，然后说"让我们互相认识一下吧"，接下来，再按身份、年龄或顺序介绍。被介绍人一般要起身或欠身向大家致意。

三、握手

握手是交际场合最常用的一种见面致意礼节，是目前世界上很多国家通行的礼节，也是人们日常交际的基本礼节。行握手礼并不复杂却十分微妙。它通常取决于交往双方的关系、现场的气氛以及当事人的心情等多种因素，所以不可一概而论。一个人要想在人际交往中显示自己的修养和对对方的尊重，就必须灵活地掌握与运用握手礼。

1. 握手的时机

（1）遇到久未谋面的熟人时要握手，以示久别重逢而万分欣喜。

（2）在比较正式的场合与相识之人道别时应握手，以示自己的惜别之意和希望对方珍重之心。

（3）自己作为东道主迎送客人时要握手，以示欢迎或欢送。

（4）拜访他人后，辞行时要握手，以示感谢或道别。

（5）被介绍给不相识者认识时要握手，以示乐于结识对方，并深感荣幸。

（6）在社交场合，偶遇同事、同学、朋友、客户或上司要握手，以示高兴与问候。

（7）感谢他人的理解、支持、鼓励或帮助时要握手，以示衷心感谢。

（8）他人向自己表示恭喜、祝贺时要握手，以示谢意。

（9）向他人表示恭喜、祝贺时要握手，以示贺喜之诚意。

（10）应邀参与社交活动见到东道主时要握手，以示谢意。

（11）对他人表示理解、支持和肯定时要握手，以示真心实意。

（12）在他人遭遇挫折或不幸时要握手，以示慰问、支持。

（13）他人向自己赠送礼品或颁发奖品时要握手，以示感谢。

（14）向他人赠送礼品或颁发奖品时要握手，以示郑重其事。

2. 握手的规则

握手时由哪方先伸手，一般应当遵守"尊者决定"的原则。在正式场合应根据双方的职位、身份来确定，在社交、休闲场合应根据双方的年龄、性别、婚否来确定。具体情况如下：职位、身份高者与职位、身份低者握手时，应由职位、身份高者先伸手。年长者与年幼者握手时，应由年长者先伸手。长辈与晚辈握手时，应由长辈先伸手。女士与男士握手时，应由女士先伸手。社交场合的先到者与后来者握手，应由先到者先伸手。但主宾相见是例外，客人到来时，主人先伸手以示欢迎；客人离开时，客人先伸手以示谢意。

3. 握手的方式

握手的标准方式是：行礼时行至距对方约1米处，双腿立正，上身略向前倾，伸出右手，四个手指并拢，拇指张开与对方相握（图6-1）。握手时，用力适度，握力在两公斤左右，垂直方向晃动二三秒，上下稍许晃动三四次，随后松手、收手。

与人握手时应面含笑意，注视对方的眼睛。神态要专注、热情、友好、自然。并且要口道问候。不要迟迟不握他人早已伸出的手，或者是一边握手，一边东张西望，或者忙于跟其他人打招呼。向他人握手时，应起身站立，以示对对方的尊重。握手时彼此之间的最佳距离为1米左右，两手伸直相握后形成一个直角（图6-2）。如果距离过大，显得像是一方冷落另一方；如果距离过小，手臂难以伸直，也不雅观。与人握手时用力要适度，用力过轻不仅显得敷衍了事，还会使对方感到缺乏热忱与朝气，用力过度则会有示威、挑衅的意味。握手的时间应控制在3秒钟内，时间过短，好似走过场，又像对对方怀有戒心；时间过久，尤其是和异性握手，会被怀疑居心不良，与初次见面者握手，则显得有些虚情假意。

4. 握手的种类

(1)平等式握手。手掌垂直于地面并合握，意在表示不卑不亢，双方地位平等时采用这种方式。

(2)友善式握手。自己掌心向上与对方握手，意在表示谦恭、谨慎。

(3)控制式握手。自己掌心向下与对方握手，表示自己感觉甚佳、自高自大，这种方式基本不采用。

(4)双手相握又称手套式握手。即用右手握住对方右手，然后再以左手握住对方右手的手背。这种方式适用于亲朋故旧之间，用以表达自己的深厚情谊。

图6-1　　　　　　　　图6-2

5. 握手语

在握手时，常伴有一定的语言，称为握手语。常见的握手语有以下几种：

(1)问候式。这是最常见的一种握手语。一般的接待关系可用这种形式。如"你好！""最近怎么样？""工作还那么忙吗？还在那个单位吧？"等。

(2)祝贺式。当对方有突出成绩，受到表彰或遇到喜事，在接待时可用这种形式。如"恭喜你！""祝贺你！"等。

(3)关心式。这种形式特别适用于长辈对晚辈、上级对下级或主人对客人等。如"辛苦了！""一路很累吧？""天热吧？"等。

(4)欢迎式。对初次来访的客人或公务接待，均可用欢迎语。如"欢迎光临！""欢迎你！"等。

(5)致歉式。自己有地方做得不对或表示客气时可用此类握手语。如"照顾不周，请多包涵。""未能远迎，请原谅。"等。

(6)祝福式。送客时多用此类握手语。如"祝你一路顺风！""祝你好运！"等。

6. 握手的禁忌

(1)握手时不要争先恐后，应当按照顺序依次而行。

(2)女士在社交场合可以戴着薄纱手套与人握手，而男士在握手时不允许戴手套。

(3)除患有眼疾或眼部有缺陷者外，不允许握手时戴着墨镜。

(4)握手时，另外一只手不要插在口袋里，也不要拿着报纸、公文包等东西。

(5)不要拒绝与他人握手，也不要在握手时与第三者说话或目视他人，心不在焉。

(6)握手时不要把对方的手拉过来、推过去，或者上下左右抖个不停。

(7)握手时不要长篇大论、点头哈腰、滥用热情。

(8)不要用脏手或患有传染性疾病的手与他人相握。

(9)握手时不要只递给对方一截冷冰冰的手指尖，也不要仅仅握住对方的手指尖。

(10)握手后，不要立即揩拭自己的手掌。

(11)出手要迅速而沉稳，不可慢慢腾腾，也不可着急慌张，以免出错。

小贴士　握手的起源

握手起源于"刀耕火种"的原始社会。当时，由于生产力水平低下，人们用以防身和狩猎的主要武器就是石块和棍棒。陌生人相遇，双方为了表示没有恶意，便放下手中的武器，伸出一只手，互相摸摸掌心，以示友善。久而久之，这种表示友好的习惯沿袭下来，逐渐成为今天的握手礼。

四、名片

名片是一种最常规的"介绍信"和"联谊卡",是一个人身份、地位、人格的体现,是现代社会中不可缺少的社交工具。在人际交往中,名片的使用非常重要,如果使用不当,则有损自身形象,影响交际。下面从名片的样式、名片的功能、名片的使用、名片的存放等四个方面做简要说明。

1. 名片的样式

名片的规格、样式、用纸、制作等都十分讲究。标准的名片主要包括三个方面的内容:一是工作单位,应印在名片的正上方,在工作单位左上角可印上企业的标志,工作单位的下面还可以有兼职的单位。二是姓名、身份,印在名片的正中间。三是联系方式,比如单位所在的地址、邮编、电话号码等,印在名片的下方。

2. 名片的功能

(1)自我介绍。在会客交友时递给对方一张名片,自己的基本情况使对方一目了然,便于沟通了解。

(2)保持联系。名片犹如"袖珍通讯录",便于储存对方的基本信息,方便联系。

(3)可以显示个性。名片在设计、制作时突出个性特征,使人见名片如见其人,接名片如沐春风,可以给对方留下深刻的印象,既便于沟通,又便于寻觅知己。比如:棋圣聂卫平的名片"棋"高一着,上部是自己的自画像,中间用钢笔签名,下部是一幅围棋棋谱。图文并茂,一目了然。

(4)替代信件。现代社会公务繁忙,不堪重负,可以把名片放在信封里,然后再加上一个特殊的标志就可以当一封信寄出去。

(5)替代留言。去拜访某人,恰好某人不在,可以留张名片,代替留言。

(6)替代礼单。当你给别人送礼物、送鲜花时,可以把名片放在礼品里面,对方一看就知道这礼品是谁送的,起到替代礼单的作用。

(7)通知变更。可以及时地向老朋友通报本人的最新情况。比如变换单位、乔迁新居、电话改号、晋升职务之后,可以把变更过的名片送给对方,以便彼此联系。

3. 名片的使用

(1)递名片

①递名片的方法。递名片时,应郑重其事。最好是起身站立,走上前,双手的拇指和食指分别持握名片的两端,而且还要把名片的正面对着对方,然后恭敬地交给对方。同时还要讲一些友好礼貌的话语,如"请多指教""请多关照""请以后多多联系""我们认识一下吧"等,注意不要将名片举得高于胸部。

②递名片的时机。希望认识对方、表示重视对方、被介绍给对方、对方提议交换名片、对方向自己索要名片、初次登门拜访对方、通知对方自己的变更情况、打算获得对方的名片。

有几种情况则不必把名片递给对方：对方是陌生人，本人不想认识对方，不愿与对方深交，对方对结识自己并无兴趣，经常与对方见面，双方地位、身份、年龄差距悬殊。

③递名片的顺序。与多人交换名片，应讲究先后次序，一般是由近而远，由尊而卑，依次进行。如果是一张圆桌，人们四周围成一圈，可按照顺时针方向递送名片。具体地说，地位低者先给地位高者递送名片、晚辈先给长辈递送名片、男士先给女士递送名片，然后再由后者予以回赠。如果是上级、长辈、女士先递上名片，那么下级、晚辈或男士也不必谦让，礼貌地用双手接过，道声"谢谢"，再予以回赠。

（2）接名片

接名片时要通过动作、表情、语言等来表示对对方的尊重。他人递名片时，要立即放下手中的事情，起身站立，面含微笑，目视对方。接受名片时要双手捧接，或以右手接过，不要只用左手去接。接过名片后，要当着对方的面，用半分钟以上的时间，从头到尾将名片认真地默读一遍，以表示重视。接受名片时，应使用谦词敬语，如"谢谢""请多关照""请多指教"等，还可就名片上的内容做赞赏式评价，或者就名片上的某一问题当面请教。在交往场合接受名片多的时候，千万记住不要搞混，张冠李戴，让人不快。接过名片看过之后，要精心地放入自己的名片包、名片夹或上衣口袋里。接过名片后，应拿自己的名片回赠对方，如果没有或者没带，应说明原因并且向对方致歉并做自我介绍。

4. 索要名片

索要他人名片，应采用以下几种方法：一是向对方提议交换名片；二是主动递上本人名片；三是询问对方："今后如何向您请教？"此法用于向尊长索取名片；四是询问对方："以后怎样与您联系？"此法适用于向平辈、晚辈索取名片。

5. 婉拒他人索要名片

当他人向自己索要名片，本人不想给的时候，不宜直截了当，而应以委婉的方法表达此意。可以说："对不起，我忘了带名片。""抱歉，我的名片用完了。"若本人确实没有名片，又不想明说时，也可以用这种方法。

6. 名片的存放

随身携带的名片最好放在专用的名片包、名片夹里，也可以放在上衣口袋里，不要放在裤兜、提包、钱夹里。在自己的公文包和办公桌抽屉里，也应该经常备有名片，以便随时使用。参加交际应酬收到的名片应加以整理收藏，方便以后使用。不要随意乱扔。

项目六 交际礼仪

知识卡片　奇特的见面礼

马来西亚人的见面礼十分奇特。他们互相摩擦一下对方的手心,然后双掌合十,摸一下心窝互致问候。在马来西亚,对女士不可先伸手要求握手,不可随便用食指指人,这被认为是不礼貌的行为。马来西亚人忌讳摸头,认为摸头是对人的一种侵犯和侮辱。此外,除了教师和宗教人士之外,任何人不可随意触摸马来西亚人的背部。如果背部被人触摸过,意味着厄运将要来临。

学习活动

把全班学生分成七组,每组推荐两人,分别让他们扮演老人和青年人、老师和学生、已婚者和未婚者、同事和家人、来宾和主人、上级和下级、先到者和后到者。然后让他们上讲台表演称呼、介绍、握手、递送名片,评出优秀者,给予表扬或者加分。

学习评价

选择下列正确的一项,看看自己对见面礼仪的了解程度:

1. 称呼的作用是(　　)。
A. 表示尊重或表示距离　　　　B. 表示友好、亲近
C. 表示亲近或表示疏远
2. 一般来说,当你和多人打招呼时,应遵循的原则是(　　)。
A. 先长后幼　　B. 先男后女　　C. 先亲后疏
3. 介绍的方式有(　　)三种。
A. 自我介绍、他人介绍、群众介绍
B. 他人介绍、集体介绍、群众介绍
C. 自我介绍、他人介绍、集体介绍

4. 自我介绍的内容有( )六种。
A. 应酬式、公务式、社交式、礼仪式、问答式、寒暄式
B. 公务式、工作式、交往式、标准式、推荐式、礼仪式
C. 标准式、简介式、强调式、引见式、推荐式、礼仪式
5. 不属于为他人作介绍的方式的是( )。
A. 引见式　　　　B. 推荐式　　　　C. 应酬式
6. 与别人握手时，可以( )。
A. 戴手套　　　　　　　　　　B. 一只手插在兜里
C. 用双手，也可以用右手
7. 下面有关名片的叙述不正确的是( )。
A. 名片是一个人身份的体现
B. 名片上必须有家庭住址和家里的电话号码
C. 标准名片上应该有姓名、工作单位、联系方式
8. 下面有关握手的叙述正确的是( )。
A. 戴着近视镜握手　　　　　　B. 戴着墨镜握手
C. 戴着手套握手
9. 在社交场合，女士与男士见面时应该( )。
A. 主动伸手与男士握手　　　　B. 不与男士握手
C. 等男士主动伸手与自己握手
10. 下列对人不礼貌的称呼是( )。
A. 师傅　　　　B. 叔叔　　　　C. 六号或六床
11. 自我介绍时应该( )。
A. 喋喋不休　　　　　　　　　B. 夸大其词
C. 力求真实
12. 与人握手时应( )。
A. 点头哈腰　　　　　　　　　B. 争先恐后
C. 起身站立、面带微笑
13. 下面姓氏不可以用简称的是( )。
A. 张、何　　　　B. 马、范　　　　C. 刘、李
14. 有关称呼的类别叙述不正确的是( )。
A. "总经理"属于行政称谓　　　B. "教授"属于技术职称
C. "老师"属于泛尊称
15. 下面的情况中，( )是适宜握手的时机。
A. 对方手部有伤　　　　　　　B. 对方与自己距离较远
C. 遇到久未谋面的熟人时
16. 下面的情况中，( )是不适宜握手的时机。
A. 拜访他人时　　　　　　　　B. 感谢对方时
C. 对方手中拿着较重的东西时
17. 婉拒他人索要名片时不应说：( )。

A. 对不起，我忘了带名片　　　B. 抱歉，我的名片用完了
C. 我没有

18. 随身携带的名片不应放在(　　)。
A. 名片包里　　　B. 名片夹里　　　C. 钱夹里

19. 接受名片时不应该说(　　)。
A. 谢谢　　　B. 我不要　　　C. 请多指教

20. 一般来说，递名片的顺序是(　　)。
A. 由远而近　　　B. 由卑而尊　　　C. 由尊而卑

21. 下面有关递名片的方法不正确的是(　　)。
A. 用左手递　　　B. 用双手递　　　C. 郑重其事地递

第三节　往来礼仪

毛泽东同志于1949年12月16日访问苏联。在他抵达莫斯科时，苏方的礼仪规格很高，有意安排专车在正午12点车站大钟敲响时进站，并在车站举行了隆重的欢迎仪式。当天下午，斯大林在克里姆林宫会见毛主席。斯大林和全体苏共政治局委员在办公室门口站成一排，欢迎毛主席和其他中国客人。据说，斯大林一般是不到门口迎接外宾的，对毛主席的破格接待反映了当时中苏两国的友好关系。1993年初，美国总统布什访问莫斯科，俄罗斯总统叶利钦到机场迎接，当时天气寒冷、雪花纷飞，在机场未举行任何欢迎仪式，外电反映"布什受到的礼遇是低调的"。这说明了接待礼仪的重要性，通过接待的礼仪，也可以反映双方的关系。

拜访、接待、迎送、馈赠等都是现代社会中最基本、最经常的人际交往活动。这些交往活动蕴涵着许多礼仪规范。它像一面镜子，能照出一个人的品德和修养；它同时也是一把标尺，能衡量一个人的社交水平和能力。

一、涉外迎送

迎接、送别是涉外活动的一始一终，地位非常重要，它关系到外宾对主方的第一印象。因此迎送礼仪是各个民族都十分重视的礼仪，它可以充分显示出一个民族的修养和好客程度。

1. 确定迎送规格

迎送规格一般由主方决定。对外宾的迎送规格各国做法也不尽相同。通常情况下，迎送外宾的人员身份应与客人相对等，但如果出现特殊情况，比如当事人不在本地或身体不适时，可灵活变通，由职位相当的人士或副职出面。有时为了政治需要，也可适当提高迎送规格。

（1）隆重的迎送。适用于来访的外国国家元首、政府首脑、军方高级领导人或其他重要的官方代表团，以示对他们的欢迎和重视。仪式必须讲究规范性和严肃性，一定要严格遵守相应的国际惯例。因为如果哪一个步骤和细节出了问题都会直接影响两国关系，损害国家声誉。

（2）一般性的迎送。仪式要求相对宽松一些，适用于一般来访者，他们可能是官方人士、专业代表团，也可能是长驻我国的外国使节、专家等离任。仪式同样郑重，但不必过分渲染，要充分表示出尊重和友谊。

2. 注意迎送礼节

（1）准备。迎送外宾必须准确掌握来宾乘坐车船的抵离时间，迎送人员及车辆要事先安排好，不可迟到、早退，如有变化，应及时通知。对贵宾应布置好两国国旗，在行进路上铺设红地毯，有时还要安排供检阅的仪仗队。

（2）献花。一定要选用鲜花扎成的花束或花环，在主宾握手后，由儿童或少女献上。有的国家由女主人向女宾献花。另外还要注意选择鲜花时忌用菊花、杜鹃花、石竹花和黄色花朵。

（3）介绍。客人与迎接人员见面时应互相介绍。通常是由礼宾工作人员或其他接待人员充当介绍人，也可以由欢迎人员中职位最高者做介绍。将前来欢迎的人员先介绍给来宾。客人初到，一般比较拘谨，主人应主动与之寒暄。

（4）陪车。应请客人从右侧门上车，坐到司机对角线的位置，主人从左车门上车。如果客人先上车，坐到了主人的位置上，则不必请客人挪动位置。

（5）其他注意事项。

①迎接重要客人时，应事先在机场（车站、码头）安排贵宾休息室，准备饮料。

②安排汽车，预定住房。客人到达时，应及时通知客人住房号码和乘车路线，或通过对方的联络秘书转达。这样既可以避免混乱，又可以使客人做到心中有数，主动配合。

③指派专人协助办理出入境手续及机票（车票、船票）、行李或托运手续等事宜。

④客人抵达住处后，一般不要马上安排活动，应让客人稍做休息，以便更衣等。

二、拜访

拜访是重要的社交活动，它可以联络感情、增进友谊和交流工作。拜访也就是做客，若不谙做客之道，难免使拜访达不到预期的效果，因此一定要遵守为客之道：客随主便，礼待主人。

1. 家庭拜访礼仪

走亲访友，是最常见的交际方式。到亲朋好友家拜访，或是到有关人家家里去请教问题，我们都要讲究礼节。

（1）有约在先。拜访别人时，一定要提前预约，不提倡随意、即兴的顺访，尤其是对一般交往对象更不应当不邀而至,做不速之客,打乱对方的计划。

①约定时间。就是双方协商确定到访的具体时间和停留的时间。这有利于对方提早安排。

②约定地点。即见面的详细地址。

③约定人数。要告诉主人届时到场的具体人数及各自的身份。不要邀请主人不愿见的人。

④约定主题。一定要告诉对方拜访对方所为何事,让对方做好准备。

⑤如约而至。拜访对方时最好准时到达,不要早到,让对方措手不及,也不要迟到,令对方等待。如有特殊原因需要推迟或者取消拜访,应尽快打电话通知对方。

(2)上门有礼。

①先行通报。抵达主人办公室或私人居所门外后,应先敲门,该按门铃就按门铃。绝对不能不打招呼就推门而入,否则极有可能遭遇尴尬的局面,令人进退两难。

②备好礼品。初次到他人家里拜访,最好适当带些礼品。礼物应在进门互道安好后向主人奉上。

③轻装上阵。做客之前,对着装要认真选择。着装应干净、整洁、高雅、庄重。穿戴整齐、仪容整洁是对亲友的尊重和礼貌。需要特别注意着装的某些重要细节,如袜子一定要无洞、无味,否则进门后一旦需要换拖鞋就会当众出丑。进门之后,要将自己的外套脱下,并摘下帽子、墨镜、手套,然后按主人的安排,将其暂放于适当之处。

④问候施礼。与主人相见,应当主动向对方问好,并且对在场的其他人均应一一加以问候。问候时可以先老后幼,先女后男。也可以按对方介绍的顺序施礼,不可旁若无人。

(3)为客有方。

①听从主人的安排就座。就是要在指定之处就座。如果拜访的是长辈,或是第一次到别人家做客,要特别注意主人未坐下时,自己不能先坐。如果大家的年龄差不多,最好一起就座。入座时,动作要轻稳,坐姿要适当。

②感谢主人的接待。当主人端茶时,一定要起身道谢并双手迎接;当主人递水果、点心时,要等年长者先取之后自己再取。

③要文明做客。在拜访过程中,主人如果没有邀请你参观他们的房间或设施,不应主动提出,更不能未经主人许可,到处乱走。未经主人同意,不能拿走主人的任何东西,更不能随意乱扔东西。带孩子时一定要管好孩子,教育孩子文明做客。

④注意交谈的礼节。到别人家做客,不要喧宾夺主,不要抢话题,事事表现自己。要认真倾听主人的言论,不要随意插话。朋友之间有话直说,不要矫揉造作。交谈时要注意避开主人忌讳的话题。

(4)适可而止。拜访必须讲究善始善终,告退有方。

①要适时告退。适时告退有四层意思:一是按原来约好的时间按时走。二是如

果没有约定时间，可以以一个小时为极限，半小时为极佳，适时告退。三是万一别人临时有急事或其他情况，也应及时告辞。四是双方谈话不投机，或是谈话时主人反应冷淡，这时也应及时告辞。

②要向在场的所有人道别。不仅见面时要问候对方，在临走的时候也要向对方致意问候，主人送出门时应劝主人留步，并主动伸手握别。要适时回头看看，若主人还在目送，并未返回，这时应和主人挥手致意，并请主人快回去。

③要说走就走。客人一旦提出告辞，就要"言必信，行必果"。任凭主人百般挽留，也要坚决离去。

④要回报平安。远道而来或晚上离去的客人回家之后要主动向主人报个平安，特别是孩子对长辈更应当如此。

2. 探视拜访礼仪

当亲朋好友患病时，前去探望、慰问也要注意礼节。

(1)选择适当时机。由于病人的饮食和睡眠比常人更重要，因此探望病人要选择适当时机，应尽量避开病人休息和医疗的时间。如果是探望住院的病人，就应该在医院规定的时间内前往。

(2)注意言行举止。患病期间，人一般都会比较敏感。与病人谈话时，一般是询问病人身体状况及治疗情况。在病人讲述时要认真倾听，不要心不在焉。在交谈时，要多说一些轻松、宽慰的话安慰病人，使其恢复平静的心情。还要多说一些关心、鼓励的话，以增强病人战胜疾病的勇气。要避免谈论有可能刺激对方的话题或者对方忌讳的问题。

(3)适时告退。为不打扰病人休息，探望病人的时间应较短。一般为半小时左右。

3. 公务拜访礼仪

(1)约好时间。公务拜访要选择适当的时间，选择一个对方方便的时间，要避免在吃饭和休息的时间登门造访。

(2)提前做好准备。首先要明确拜访目的，其次要准备有关资料，最后是设计拜访流程，同时还要注意拜访的礼仪细节。

(3)上门有礼。到达拜访地点后，如果对方不能马上接待，可以在对方的接待人员安排的地点安静地等候。有抽烟习惯的人要看看周围是否有禁止吸烟的警示。

(4)为客有方。参照家庭拜访礼仪的"为客有方"。

(5)礼貌告辞。若是重要拜访，除了参照家庭拜访礼仪外，还要注意拜访之后给对方寄一封致谢函，这样会加深对方的好感。

三、接待

接待就是待客，热情待客是中华民族的传统美德，待客时要使客人有宾至如归的感觉。

按照接待地点的不同,接待可分为家庭接待和办公室接待。

1. 家庭接待礼仪

(1)要提前做好准备。平时要养成习惯,把家里收拾干净,以免"不速之客"突然光临,做到有备无患,不至于手忙脚乱。

①搞好环境卫生。一是要搞好个人卫生,男女主人要修饰好自己的仪容仪表去接待客人。二是要搞好室内卫生,比如客厅、餐厅、阳台、卫生间等客人有可能去的地方,要提前"清扫门庭,以迎嘉宾"。三是要搞好周边卫生,以体现我们拥有良好的修养。

②准备必要的交通工具。对远道而来的客人或者非常重要的客人,必要时要为对方安排交通工具,把他们接过来。如果对方驾车而来,要为对方安排停车地点,必要时要派人照看。

③备齐待客的基本物品。一是饮料,如茶、矿泉水、咖啡等。二是香烟。三是糖果,如水果、干果、鲜果等。四是点心,包括女主人自己烹制的小小点心。

④要注意膳食的安排。在家里吃饭,要提前买好菜,做好准备。若是到外边就餐,需要提前订餐。不要到了吃饭时,饭庄都被预订满了,找不到吃饭的地方。

⑤要酌情安排娱乐活动。宾主聚会时,可以安排一些娱乐活动,大家放松一下,便于交流信息,增进情感。安排活动时,要讲究主随客便,讲究格调高雅,形式上简单易行。

(2)注意迎来送往的细节。

①笑脸相迎。笑是好客的标志,也是文明的表现。

②迎接问候。如果是贵客来访,应到门口迎接,并热情招呼,寒暄问候。还应说一些问候语,如"欢迎,欢迎""一路辛苦啦""稀客,稀客"等。这样对方会觉得受到了礼遇,获得了尊重。如果客人随身携带有物品,应帮其接下,并放到适当的地方。

③谦和有礼。如果主人和气,处处有礼节,客人就会感到主人好客,就乐意与主人接近。

④感谢礼物。对客人送来的礼物,不论贵贱,主人都要高高兴兴双手相接,并说一些客套话,如:"不好意思,让您破费了。""您的这件礼物我真喜欢!"还可以夸奖客人的欣赏水平和审美能力。

(3)要热情接待来宾。与客人交谈时,要选择对方感兴趣的话题。陪伴客人时,不能频频看表,不能连打哈欠,不能陪客人时再去干别的事,以免客人误会你在下逐客令。

(4)要礼送客人。客人告辞时,应婉言相留。假使客人执意要走,应等客人起身后,主人再站起来,起身相送,家里在场的所有人都应与客人亲切道别。当客人告别时,主人应在客人身后相送。不论对任何客人,都绝对不能客人刚走就重重地把门关上,这是极为失礼的行为。如果客人是晚辈,可站在门口相送;如果是同辈客人,可送至楼道口或电梯口;如果客人是老年客人或者是贵客,应相送一程,如果客人乘车、乘机或轮船离开，应微笑着与客人挥手致意，待客人走远后再返回，最好是客人消失在视线之外后再离开。

2. 公务接待礼仪

公务接待是社交中必不可少的重要环节，是公务活动中一项经常性的工作。掌握必备的接待礼仪，对塑造良好的个人形象和单位形象，意义重大。

（1）做好准备。

①掌握基本情况。应尽可能多地了解来宾的情况，包括单位、姓名、性别、职务、婚姻、专长、偏好、健康状况、政治倾向与宗教信仰等。还要了解到达的日期、地点和一行人数。此外还要了解来宾以前是否有过来访的记录，以便在接待规格上前后一致。另外应注意兼顾其特殊要求。

②制订接待计划。首先，根据来宾情况拟出接待计划和日程安排的初步意见，向有关领导请示，并报请领导批示。其次，制订详尽的接待方案。方案中应详细落实日程安排、迎送方式、膳食安排、交通工具、经费开支、礼品准备、娱乐游览活动以及陪同人员等各项基本内容。这样有助于使接待工作减少纰漏，顺利进行。

（2）迎宾有礼。提前到达迎宾地点，要与对方负责人保持联络，以便及时对接待工作做出调整。安排与来宾身份、地位相当的人员提前到达迎宾地点，恭候客人的到来。绝对不允许迟到，否则会给客人留下不守信誉的印象。

见到来宾，要热情施礼，主动问候，主动与来宾寒暄，并向对方做自我介绍，还要热情主动地为来宾拿行李并及时通报日程安排，同时注意规范引导来宾。

①道路和走廊的引导方法。单行行进时，接待人员应在来宾两三步之前，让来宾走内侧；并排行进时，接待人员也应走在外侧；三人并行时，以中间的位次最高，外侧最低，内侧居中。

②楼梯的引导方法。上楼时客人走前面，下楼时客人走后面。上下楼梯时，引导者要注意来宾的安全。

③电梯的引导方法。进入无人值守的电梯时，接待人员先进入，以便操纵电梯，等客人进来后再关闭电梯门；出电梯时，接待人员按住"开"的按钮，让来宾先出。

④客厅的引导方法。进入客厅，接待人员用手指示，请客人上座坐下，并奉上茶水，接待人员方可行点头礼离开。

⑤出入房门的引导方法。接待人员要先行一步，主动替来宾开门，让客人首先通过。

⑥出入轿车的引导方法。若宾主同行同车时，接待人员后登车、先下车，若宾主同行不同车时，一般是接待人员的座车在前，客人的座车在后。

（3）待客有方。要做好接待工作，重要的是以礼相待。

①选择好招待时间。接待方要事先了解客人到达的时间和停留的时间，根据实际情况安排招待活动。

②选择好招待地点。办公室、会客室、接待室、贵宾室等待客地点都可以根

据来宾的不同身份来选择。对待客地点要做必要的布置，如灯光、色彩、桌椅、音响设备、陈设、卫生及安静度等方面。负责接待的有关人员必须提前抵达待客地点。

③安排好招待座次。一般要把握的原则是以右为上、居中为上、面门为上、离房门较远的位置为上。也可根据不同的情况酌情安排。

（4）送客有礼。

①热情挽留。当客人提出告辞时，主人应热情挽留。如果来宾执意要走，主人应在对方起身后方可起身相送。

②提供方便。不要耽误和干扰来宾的行程计划。

③热情相送。送别之际，帮助客人代提重物，与客人亲切交谈。告别时，目送客人离开，待客人离开视线之后，方可结束告别仪式。必要时还要为来宾安排饯别宴会，这样会使来宾感觉更受尊重，有助于加深宾主之间的相互了解和感情。

四、馈赠

馈赠指在社会交往中为了向对方表达某种意愿而向对方赠送礼品的行为。礼品是人际交往传递情感、表达友谊不可或缺的媒介。得体的馈赠会使交际活动"锦上添花"，进一步加深人们之间的感情和友谊。

小贴士　最好的礼物

◆最好的礼物是意外的惊喜。
◆最好的礼物更具有私人性、独特性。
◆最好的礼物是忠实友谊的表示。
◆最好的礼物表示一种人与人之间的幽默感与亲切感。
◆最好的礼物可以显露出高贵的考究风格和思想意境。
◆最好的礼物就是一种不会超出你预算的东西。

1. 馈赠的目的

任何馈赠都是有目的性的，常见有以下四种：以交际为目的的馈赠、以巩固和维系人际关系为目的的馈赠、以酬谢为目的的馈赠、以公关为目的的馈赠。

2. 馈赠的原则

（1）注重情意。这是赠送礼品应遵循的首要原则。我国古代思想家庄子曾说"君子之交淡如水"，提倡礼轻情意重，李白有诗云："人生贵相知，何必金与钱。"我们在送礼时要使礼物真正成为交往中传情的载体，就不能以贵贱厚薄作为衡量礼物价值的尺度，而应以对方能愉快接受为尺度。

（2）因人而异。送礼之前，要了解受礼者的爱好、文化层次、经济状况、风俗习惯等，只有这样才能够投其所好。

（3）随俗避忌。由于民族、生活习惯、宗教信仰的不同，人们都有一定的民俗禁忌，因此送礼要把握随俗避忌的原则。如老人忌讳送钟，谐音是"送终"；恋人之间忌讳送梨、友人忌讳送伞，以免"离散"。

3. 馈赠的艺术和礼仪

馈赠要讲究技巧，得体的馈赠，即使礼轻也会收到良好的效果。不得体的馈赠，即使礼重也会使受礼者不快，影响交际效果。因此，要注意馈赠的艺术。

（1）选择礼品。每个人都有自己的兴趣、爱好，选择礼品时一定要有的放矢，注意以下几个特点：

①纪念性特点。交往中赠送礼品不必是真金白银，礼品的选择不以价格取胜，以友情、纪念为准。

②独特性特点。千人一面，有敷衍了事之感，选择礼品应该是把特别的礼品送给特别的人。

③对象性特点。俗话说，"宝刀赠壮士，鲜花送美人"，同样的礼物送给不同的人，会有不同的效果。

④便携性特点。对远道而来的客人不能送易碎的、沉重的等不容易携带的礼品。

⑤时尚性特点。时过境迁的礼品不能送。礼品不能太老土，但出土文物除外。

（2）注意礼品的包装。礼品的包装犹如人的外套，不加包装的礼品会降低观赏性，精美的包装能使"萝卜变人参"。包装不良会使人轻视礼品的内在价值。

（3）送礼要把握时机。礼品应在婚丧喜庆、节假良辰、看望老人等喜日、生日、节日前夕送达，赠礼贵在及时、准确。具体时间是在进门之初赠送礼品，体现重视的好处，有互动的效果。告别宴会上赠送礼品时应当着大家的面，这样显得很慎重，客人临行前，到客人下榻的宾馆、酒店去送，话别之时拿出来，既是一个恰当的时机，也便于客人处理礼品。

（4）注意赠礼的场合。场合也就是地点，因公交往所送礼品应在办公地点，因私交往所送礼品应在私人居住地。给关系密切的人送礼不宜在公开场合，只有那些礼轻情重的特殊礼物才比较适合在大庭广众面前赠送，如一本书、一支钢笔。

（5）赠送礼品要注意的事项。

①要郑重其事。赠送礼品时，要大大方方，目视对方，并辅以一些客套话。如："祝二老身体健康！""祝你们夫妻婚姻美满！""区区薄礼，不成敬意，敬请笑纳！""谢谢您帮了我的大忙！"等。

②适合出面赠送的人员。在家里，一家之主出面赠送，在单位，在场的地位最高者出面赠送，这样做表示对客人的重视。

③对礼品要做具体适当的说明。有些礼品比较独特，有些是赠送人精心挑选、别具匠心的，所以要加以说明。如："这是我精心为你选择的，我斟酌再三，觉得这个比较有纪念意义，这个东西应该这样用……"

（6）接受礼品要注意的事项。

①落落大方。受礼人要大大方方走向对方，双手接过礼物，并说些感谢的话："您客气了！""让您破费了！"等。然后把东西放在适当之处，以示对对方的重视。

②表现欣赏。收到礼品后，要表现出欣赏之意。对外国友人送的礼品要当面打开包装，表示很喜欢、很欣赏。

③感谢对方。要当场表示感谢，贵重的礼物事后还要再表示感谢。

④学会拒绝。拒收礼品有三种方法：一是婉言相告。如当对方给自己送项链时，可以说："谢谢，我男朋友已经送给我了。"或者说："这样的项链，我已经有一条了。"二是直言缘由。公务交往中，有人送现金给你时，可以说："非常感谢你的好意，但是接受现金就是受贿，我想你也不愿意我违纪吧！"当他人送贵重物品时，可以说："按照有关规定，你送的这件东西，必须登记上缴。"三是事后退还。有时在大庭广众之前拒收礼品，会使赠送者尴尬，或者其他原因不方便当场拒绝。遇到这种情况，不要拆开包装，应该在24小时之内尽快退还。

（7）回赠礼仪。俗话说："来而不往非礼也。"收到别人的礼品后，一般要回赠，以便加强联系，增进友谊。赠送有学问，回礼同样有学问，体现出一个人的修养和品味。

为表示邻居间的友善，小红用小碗给邻居大张送了一碗饺子。为了还礼，大张用大碗给小红家送了一碗饺子。小红一看，急了，不能失礼，于是用盆子给大张家送了一盆饺子。大张一看，赶紧做了一锅饺子……礼尚往来，是人之常情，但不能为之所累，成了双方的一种负担。还礼不是"等价交换"，也不是"还债"，要讲究"后会有期"，讲究时间和形式。

①还礼的时间。一是适逢与当初对方赠送自己时情况相同的时候，二是在对方及其家人的某一喜庆活动中，三是送礼者下次登门时。

②还礼的形式。一是可以以对方相赠之物的同类物品还礼，二是可以以对方相赠之物价格类似的物品还礼，三是可以以向对方致谢的方式还礼。

五、送花

在交际活动中赠送鲜花，以花传情，已经成为现代社交活动中时尚的馈赠形式。日常生活中，鲜花象征着友谊，象征着爱情，象征着一切美好的事物。以花为礼时，也要遵守一般的馈赠礼仪。

1. 送花的形式

（1）以人区分，分为三种。它们分别适用于不同的情况和场合。

①本人亲送。可以亲自解说送花的缘由及具体含义，还可以与对方一同分享当时的喜悦。

②亲友转送。亲友通常与受赠者并不陌生，所以他可以细致地向受赠者传递信息，甚至能言受赠者难言之事。

③雇人代送。为了刻意制造一种气氛，有时可以委托"花仙子"代替自己上门送花。目前，这种送花形式越来越受欢迎。

（2）以花区分，分为七种：束花、篮花、盆花、插花、饰花、花环、花圈。

2. 送花的时机

（1）例行的时机

①道喜道贺。亲朋好友结婚、生子、做寿、乔迁、孩子金榜得中等喜事，可赠送鲜花作为喜礼，恭喜对方；企业开张、大厦奠基、周年庆典、演出成功等活动也可赠送鲜花作为贺礼。

②节庆祝贺。逢年过节时可向亲友赠送鲜花。如春节、中秋节、教师节、情人节、母亲节等。

③获得荣誉嘉奖，载誉而归时可赠送鲜花。

④亲朋好友卧病在床，可赠送鲜花，表示慰问。

⑤当亲朋好友或其家人去世时，可送鲜花寄托哀思。

⑥祭祀、扫墓、追思、缅怀故人时，可以花为礼，表示自己的一番敬意。

（2）巧用的时机

以鲜花为礼，不仅别出心裁，令人耳目一新，而且有助于送花者和受赠者之间关系的发展或者改善。巧用的时机有：做客、迎送、纪念、示爱、拒绝、致歉等。

3. 鲜花的寓意

（1）常规寓意

①不同的鲜花品种有不同的意思，如：玫瑰表示爱情、百合表示纯洁、橄榄表示和平、石竹表示拒绝、康乃馨表示母爱，等等。

②不同的颜色有不同的寓意，如：红色表示爱情、黄色表示绝交，等等。

③不同的数目有不同的含义，如：1支鲜花表示一见钟情，11支鲜花表示一心一意。数字"13"表示晦气，故送花时一般不选该数字。

④不同的包装和搭配也有不同的说法。如：一般的关系，单送玫瑰显得不伦不类，若玫瑰作为配花和其他花组装搭配则可以送。

但是"十里不同风，百里不同俗"，不同的地区寓意也不一样。

（2）象征意义

①表示国家。国花通常代表国家形象，所以我们要尊敬、爱护各国的国花，对国花的尊重就是对该国国家和人民的尊重。在国际交往中，这一点尤其重要。

②表示城市。世界上的很多城市也拥有自己的市花。所谓市花，它是城市的象征，它在本市易于生长，并且兼具城市特色，为本市人民所喜爱，它是城市的标志，在美化城市中被广泛使用。我们对市花也要更加尊重。

现代礼仪

小贴士　常用花语

梅花——高洁、坚强
菊花——高洁、清廉、长寿
康乃馨——母爱、亲情
郁金香——幸福、博爱
红玫瑰——爱情
百合——纯洁、百年好合
马蹄莲——清纯、气质高雅、清秀挺拔
红掌——热情、开朗
鹤望兰——幸福、快乐、自由
水仙花——清纯、自尊、幽雅
勿忘我——不凋的友谊、永恒的爱
满天星——思恋、纯情
牡丹——华贵、繁荣
向日葵——憧憬、自由
荷花——坚贞、高雅、纯洁
紫罗兰——青春永驻、诚实
杜鹃——生意兴隆、爱的快乐、思乡、忠诚
桂花——富贵、友好、吉祥
茉莉花——优美、幸福、亲切、友情
君子兰——高贵、有君子之风度
桃花——爱的幸福、生意兴隆
石榴花——多福多寿
海棠花——温和、美丽

知识卡片　什么是生日报？

生日报是近两年在上海、北京、成都、深圳等地逐步流行起来的一种具有文化品位的生日礼物。商家将珍藏几十年的原版老报纸，加上精美包

142

装，配上详细的介绍，与当天的生日巧妙融为一体，赋予它一个温馨的名称——"生日珍藏报"，成为一种时尚的生日礼物。

学习活动

活动一　让学生到学校附近的花店去了解花言花语，然后每人写一条，下一次上课时，轮流在班上读，最后评比，看谁做得最好，发小奖品。

活动二　让学生回忆一下自己做客的经过，然后让同学们评价哪些方面符合礼仪，哪些方面不符合礼仪。

活动三　为了表达师生之间的情谊，让同学们自己动手做礼物，在教师节、母亲节、圣诞节等节日来临时，送给同学、朋友、师长一份礼物，要能体现礼轻情意重。

学习评价

你做到了吗？　选择下列正确的一项，检查自己的礼仪行为：

1. 不适宜隆重迎送的人员有(　　)。
   A. 来访的外国国家元首　　　B. 来访的外国政府首脑
   C. 专业代表团
2. (　　)不在拜访时约定的谈话内容之列。
   A. 时间　　　　B. 地点　　　　C. 谈话方式
3. 下面有关上门礼节错误的叙述是(　　)。
   A. 先行通报　　B. 仪表无所谓　　C. 备好礼品
4. 下面有关做客礼节叙述错误的是(　　)。
   A. 客随主便　　B. 感谢主人　　C. 回家之后不要再打电话骚扰对方
5. 下面有关馈赠的目的叙述错误的是(　　)。
   A. 以损人利己为目的的馈赠　　B. 以酬谢为目的的馈赠
   C. 以公关为目的的馈赠

项目六　交际礼仪

6. 选择礼品最需要注意的五个特点是(　　)。
A. 纪念性、独特性、实用性、观赏性、趣味性
B. 独特性、对象性、便携性、观赏性、趣味性
C. 纪念性、独特性、对象性、便携性、时尚性
7. 下面有关送礼的问题叙述正确的是(　　)。
A. 只送钱　　　　　B. 礼轻情重　　　C. 越贵越好
8. 下面有关接受礼品时的礼节叙述错误的是(　　)。
A. 接受礼品时要落落大方　　　　　B. 接受礼品时感谢对方
C. 不管别人送什么礼品都不能拒绝
9. 下面有关送花应注意的礼节叙述错误的是(　　)。
A. 送花应了解花言花语　　　　　B. 送花应考虑时机
C. 送什么花都可以
10. 引导客人走电梯时，应该是(　　)。
A. 客人先进，客人先出　　　　　B. 主人先进，主人先出
C. 主人先进，客人先出
11. 引导客人走楼梯时，应该是(　　)。
A. 上楼时客人走前面，下楼时客人走后面
B. 上下楼时客人都走前面
C. 主人客人并排走
12. 送客时，客人刚走，主人应该(　　)。
A. 使劲把门关上　　　　　B. 轻轻把门关上
C. 目送客人离开，待客人离开视线之后，方可结束告别仪式
13. 送礼时，应该(　　)。
A. 不要送不值钱的礼品　　　　　B. 要讲实惠，不要光看包装
C. 因人而异
14. 还礼不宜选在(　　)。
A. 在对方及其家人的某一喜庆活动中
B. 送礼者下次登门时
C. 适逢对方送礼时
15. 关于迎送礼节叙述错误的是(　　)。
A. 客人到后要献花　　　　　B. 客人到后要安排陪车
C. 客人到后要马上安排活动
16. 关于为客有方叙述正确的有(　　)。
A. 可以拿走主人的东西　　　　　B. 做客时可以到处参观
C. 听从主人的安排就座
17. 适时告退有四层意思，其中叙述错误的有(　　)。
A. 双方谈话不投机时再想办法磨蹭半小时
B. 别人临时有急事或其他情况也应及时告辞

C. 主人反应冷淡时应及时告辞

18. 离别时,不应该(　　)。

A. 劝主人留步　　　　　　　B. 主动伸手握别

C. 一去不回头

19. 关于公务拜访礼仪叙述正确的有(　　)。

A. 时间自由　　　　　　　　B. 要设计拜访流程

C. 不用准备,随机应变

20. 接待客人时,不当的做法是(　　)。

A. 准备必要的交通工具　　　B. 备齐待客的基本物品

C. 搞好个人卫生,不用管环境卫生

21. 下列哪一句不可以做迎接问候语?(　　)

A. 呀,你咋来了?　B. 欢迎,欢迎!　C. 一路辛苦啦!

22. 陪伴客人时应该(　　)。

A. 频频看表　　　　　　　　B. 连打哈欠

C. 选择客人感兴趣的话题聊

23. 送客人时不应该(　　)。

A. 站在门口相送　　　　　　B. 站在楼道口相送

C. 客人刚走就把门重重地关上

24. 在道路上三人并行时应该(　　)。

A. 让来宾走内侧　　　　　　B. 让来宾走外侧

C. 让来宾走中间

25. 馈赠讲究随俗避忌的原则,请选择可送礼品。(　　)

A. 钟、伞　　　　B. 梨、书　　　　C. 丝巾、钢笔

26. 关于赠礼场合叙述正确的是(　　)。

A. 因公交往送礼应在办公地点

B. 给关系密切的人送礼宜在公开场合

C. 什么地方都可以

27. 赠送礼品时不应(　　)。

A. 大大方方　　　B. 目视对方　　　C. 沉默

28. 婉拒他人送的项链时应说(　　)。

A. 谢谢,我男朋友已经送我了

B. 这样的项链,我已经有一条了

C. 不,我不要

29. 送礼物时,礼物的价签应该(　　)。

A. 保留　　　　　B. 撕掉　　　　　C. 保留和撕掉皆可

30. 最适宜送给孩子的礼物是(　　)。

A. 学习用品、书籍　B. 珠宝首饰　　　C. 现金

项目六　交际礼仪

31. 根据我国传统礼俗，（　　）不适宜送给老人。
A. 钟表　　　　B. 营养品　　　　C. 文房四宝
32. 参加各种社交宴请，应从座椅的（　　）入座，动作应轻而缓，轻松自然。
A. 右侧　　　　B. 左侧　　　　C. 右侧、左侧均可
33. 宴会上，为表示尊重，主宾的座位应（　　）。
A. 在主人的右侧　　　　　　　　B. 在主人的左侧
C. 随其所好

第四节　交谈礼仪

古时候，有位举人赴任山东某县县令。在拜见上司时，第一句话就问："大人尊姓？"上司勉强说了姓某。县令低头想了想说："大人的姓是百家姓中所没有的。"上司很惊异，说到："我是旗人，难道贵县不知道？"县令又问："大人在哪一旗？"上司有些不高兴，说："正红旗。"县令还说："正黄旗最好，大人怎么不在正黄旗呢？"上司顿时勃然大怒，拜见不欢而散。

在人际交往中，交谈是重要的沟通手段，它关系到交际行为的成败。中华民族是最善于运用语言的民族。交谈也是人的知识、阅历、教养、才智和应变能力的综合体现。大到"一言兴邦，一言安邦"，小到"听君一席话，胜读十年书""好言一句三冬暖，恶语伤人六月寒"，都说明了交谈的意义和功能。

一、交谈的语言

在语言方面，交谈的总的要求是：文明、礼貌、准确。

1. 语言文明

作为有知识、有文化、有修养的现代人，在交谈中，一定要使用文明优雅的语言。常用文明语言，绝对不能采用以下语言：

（1）粗话。在交谈中，出现"喂""老头""老太太""小妞""赤佬"等话，有失身份。

（2）脏话。讲起话来，口带脏字、骂骂咧咧、低级无聊。

（3）黑话。一说话就显得匪气十足，令人反感厌恶。

（4）荤话。说话时把绯闻、色情、荤段子挂在嘴边，不仅显得趣味低级，而且也是对交谈对象的不尊重。

（5）怪话。说起话来怪里怪气，或黑白颠倒，或耸人听闻，让人难生好感。

（6）气话。说话时意气用事，或滥发牢骚，或指桑骂槐，很容易伤害人、得罪他人。

2. 语言礼貌

在交谈过程中，语言使用要尽量做到谦虚、文雅，多用敬语、谦语和雅语，这样能体现一个人的文化素养以及尊重他人的良好品德。在交际场合，尤其注重经常运用以下礼貌用语：

（1）"您好"。"您好"是表示问候的简洁通行的礼貌语。不管是遇到相识者还是不相识者，也不论深入交谈还是打个招呼，都应该主动地向对方问候一声"您好"。如果对方先问候了自己，也要以此来回应。

（2）"请"。"请"是表示请托的礼貌语，也是最常用的随口语言，无论在何种情况下只要用上一个"请"字，往往能赢得对方的好感，赢得主动，得到照应。

（3）"谢谢"。"谢谢"是表示致谢的礼貌语。每当得到帮助、承蒙关照、接受服务、获得理解、受到礼遇之时，都应该向对方说声"谢谢"，这既是真诚地感谢对方，同时也是对对方做法的一种积极肯定。

（4）"对不起"。"对不起"是表示致歉的礼貌语。在日常生活中或交往活动中，当我们打扰、妨碍、影响了别人，或是给别人造成不便，甚至造成损失、伤害时，都要及时地向对方说一声"对不起"。这不仅有助于化解矛盾，解决问题，而且还有助于修复双方的关系。

（5）"再见"。"再见"是表示道别的礼貌语。交谈结束与对方道别之际，说上一句"再见"，既可以表达惜别之意，又可以表达恭敬之心。

3. 语言准确

在交谈中，语言必须准确，否则不利于彼此之间的沟通。交谈应注意以下问题：

（1）发音标准。不念错音、念错字，让人见笑。

（2）发音清晰。让人听得一清二楚。

（3）音量适中。过大过小都不合适，让人听起来费劲，而且有失身份。

（4）语速适度。语速，就是讲话的速度。讲话时语速要快慢适中。语速过快过慢或忽快忽慢，都会影响交谈效果。

二、交谈的主题

1. 宜谈的主题

（1）既定的主题。指的是交谈双方业已约定，或者其中一方前期准备好的主题。它多适用于正式交谈，如公务洽谈、工作探讨、求人帮助、征求意见、传递信息等。

（2）高雅的主题。指的是内容文明、优雅，格调高尚、脱俗。它适用于各类交谈，如文学、艺术、历史、哲学、考古、地理、建筑等领域。

（3）轻松的主题。指的是谈论起来轻松愉快、饶有情趣、不觉劳累和厌烦的话题。它适用于非正式交谈，交谈时允许各抒己见、任意发挥。如休闲娱乐、旅游观光、名胜古迹、风土人情、文艺演出、流行时尚、电影电视等。

（4）时尚的主题。内容包括当下正在流行的事物。此类话题适用于各类交谈，如网络、股市动荡、汽车价位、房产信息等。

(5)擅长的主题。是指交谈双方尤其是交谈对象有研究、有兴趣、有可谈之处的话题。交谈时忌讳以己之长对人之短，否则就会"话不投机半句多"。因为交谈意在双向交流，不可只有一家之言，否则难以形成共鸣。

2. 忌谈的主题

(1)个人隐私。在交谈中，有关对方年龄、收入、婚恋、家庭、健康、经历等涉及个人隐私的问题，不要谈论。

(2)捉弄对方。在交谈中，不要用尖酸刻薄、油腔滑调的语言挖苦、取笑、调侃对方，令对方出丑。

(3)非议他人。在交谈中，不要传播闲言碎语、搬弄是非、无中生有。我们都知道"静坐多思己过，闲谈莫论人非"这句名言。非议他人是缺乏教养的表现。

(4)倾向错误。在交谈中，不要谈违背伦理道德、违法乱纪和有关政治的错误言论。

(5)令人反感的话题。在交谈中，切记不要谈论令对方伤感、不快或不感兴趣的话题，如果不慎出现这种情况，应立即转移话题，必要时还要向对方道歉。

三、交谈的方式

1. 神态专注

在交谈中，人人都希望自己的见解被别人所接受，从这个角度来讲，"说话"的一方并不难，难就难在"听话"的一方。自古以来就有"愚者善说，智者善听"之说。常言说："倾听是知识的源泉。"多倾听就能多汲取知识，身边所有的人都是不收学费的老师。因此，倾听时一定要神态专注，这是对对方极大的尊重。

(1)表情认真。在倾听时，要目视对方、全神贯注，不要心不在焉，否则使对方感到很不舒服。

(2)动作配合。倾听时应面带微笑，不时用点头等动作来表示对对方观点的认可和支持。

(3)语言配合。在倾听过程中，还要时常用"嗯""是""对""没错"等加以回应，以示理解、支持，同时也表示自己在认真倾听。

2. 言辞委婉

交谈中不应直接陈述对方反感之事，必要时应当力求含蓄、婉转、动听，留有余地。在交谈中，旁敲侧击、比喻暗示、间接提示、先肯定再否定、多用设问句、不用祈使句、说话留有余地等可以委婉地表达意思。

3. 礼让对方

交谈中，务必以对方为中心，处处礼让对方，尊重对方，尤其要注意以下几点：

(1)不独白。交谈讲究的是双向沟通，因此在交谈中要礼让他人，多给对方发言的机会，不要一个人侃侃而谈，不给他人表述的机会。

(2)不冷场。在交谈时，不论交谈的主题是否与自己有关，自己是否感兴趣，都要热情投入，积极合作。万一交谈时出现冷场，应努力"救场"。常用的方法是转移旧话题，引出新话题。

（3）不插嘴。对方讲话时，不要插嘴打断。即使要发表个人意见，也要等对方把话讲完，尤其不允许打断陌生人的谈话。

（4）不抬杠。在交谈中，与人争辩、固执己见、自以为是、强词夺理的做法都是不可取的。

（5）不否定。在交谈中，如果对方所述无伤大雅，也没有大是大非，那么一般不要当面否定，让人下不了台，一定要做到"求大同，存小异"。

（6）适可而止。与其他交际应酬一样，适宜的交谈也有时间限制，需要见好就收，适可而止。普通场合的交谈最好在半小时以内结束，最长也不要超过一个小时。而且每人的每次发言，应该控制在3~5分钟。

4. 诙谐幽默

幽默是一个人的修养、学识、智慧、灵感等方面的集中体现。在表达的目的上是友好、善意的，在表达的内容上有深刻的寓意，在表达的方式上能使人轻松愉快。幽默能驱散疲惫、增添情趣、化解矛盾、带来活力、提高办事效率。所以备受人们的欢迎和喜爱。

小贴士　幽默的作用

某人房屋漏雨，每次申请修缮都没有结果。有一天，恰逢上级领导来体察民情，问及此事，人们以为他会大诉其苦，没想到他微微一笑说："还好，不是经常漏雨，只是下雨的时候才漏。"一番话引得领导哈哈大笑。没过多久，他的房子就得到了修缮。

知识卡片　礼貌用语

礼貌用语，简称礼貌语，是指约定俗成的表示谦虚恭敬的专门用语。常见的基本礼貌用语有：

1. 问候语：早上好、您好、您早、晚安等。
2. 致谢语：谢谢、承蒙夸奖等。
3. 致歉语：对不起、请多包涵、打扰您了、非常抱歉等。

现代礼仪

　　4. 其他敬语：初次见面要说"久仰"，等待客人要说"恭候"，中途离开要说"失陪"，请人勿送要说"留步"，陪伴朋友要说"奉陪"，赞赏见解要说"高见"，请人帮忙要说"劳驾"，托人办事要说"拜托"，请人批评要说"指教"，请人指点要说"赐教"。

　　5. 真诚赞美。赞美是人的本性，具有不可替代的力量。恰当的赞美能给人带来愉悦，甚至能锦上添花、雪中送炭，使人备受鼓舞，精神大振。牵强的赞美只会使人陷入尴尬的境地，有时还会给人留下"溜须拍马"的嫌疑。

学习活动

　　将同学们分成六组，围绕学校的热点问题(伙食、卫生、旷课、尊敬老师等)，进行交谈，讨论出一个结果，然后由各组推选一人汇报交谈，最后让同学们谈谈哪些不符合交谈礼仪。

学习评价

　　你做到了吗？　选择下列正确的一项，检查自己的礼仪行为：

1. 交谈在语言方面的要求不正确的是(　　)。
A. 文明　　　　　B. 礼貌　　　　　C. 快速
2. 不常用的礼貌用语是(　　)。
A. 您好　　　　　B. 谢谢　　　　　C. 没关系
3. 交谈时不应选的主题是(　　)。
A. 高雅的主题　　　　　　　　B. 个人隐私
C. 时尚的主题
4. 交谈时应该(　　)。
A. 独自　　　　　B. 抬杠　　　　　C. 适可而止
5. 交谈时解决冷场的办法主要有(　　)。
A. 转移话题　　　　　　　　　B. 引出对方隐私

C. 及时谈论别人的绯闻
6. 交谈时讲粗话(　　)。
　　A. 显得为人粗犷、豪放　　　B. 很有趣味
　　C. 不文明，有失身份
7. 交谈时可以谈的话题有(　　)。
　　A. 电影电视　　B. 收入　　C. 婚姻家庭
8. 交谈时应(　　)。
　　A. 多说话　　　　　　　　B. 多表达自己的观点
　　C. 善于倾听
9. 交谈时不文明的语言是(　　)。
　　A. 您好　　　　B. 您早　　C. 喂
10. 称呼老年人可用(　　)。
　　A. 老头、老太太　B. 赤佬　　C. 大爷、大娘

第五节　通讯礼仪

　　有一位著名的演讲家到某中专学校去演讲。正当演讲家在台上慷慨激昂地演讲，台下的听众身临其境之际，一阵和现场气氛极不协调的电话铃声忽然响起。这时演讲家停止了演讲，静静地注视着听众席，大家也都向电话未静音者投去了轻蔑的眼光。在这无声的抗议之后，礼堂里再也没有响起这不和谐的声音了。

　　在人际交往中，信息交流除了交谈之外，还有电话、书信、网络等通讯方式。由于这些通讯工具的特殊性，在礼仪上有着特殊的要求。正确地使用通讯工具，体现了一个人的人格、学识和教养。所以我们对通讯礼仪要高度重视。

一、电话

　　在现代社会中，电话已成为人们不可缺少的通讯工具，在日常生活中扮演着重要的角色。打电话是交谈的一种方式，也是语言的传递和交流。在一些重要的场合，人们往往比较关注电话形象，即人们在使用电话的整个过程中所使用的语言、表情、神态、语气、态度等的结合给别人的印象和感受。所以在电话交往日益频繁的现代社会，掌握电话礼仪十分重要。正所谓"闻其声可知其德，闻其辞可知其人"。

1. 拨打电话

（1）事先准备

①不打无准备之电话。打电话应该是有目的的，不能随便拨号。这不仅是浪费电话费的问题，而且也是对他人是否尊重的问题，打无目的的电话是对对方的打扰。

②要有良好的精神状态。不要躺着、趴着、仰着打电话，也不要边吃东西边打电话，这样显得不尊重对方。

③有备而谈。最好的方法是通话前列一张关于受话人姓名、电话号码、通话要点的清单，以确保交谈思路清晰、要点明确。

（2）时间适宜

①通话时间适宜。除非有要事，不要在休息时间打电话，如上午7点以前、晚上10点以后、午休时间等。通话的最佳时间是双方预约的时间或对方方便的时间。此外，给海外人士打电话时，要先了解时差，免得在不合适的时间打扰他人。

②通话长度适宜。打电话时要尽量长话短说，废话不说，遵循"三分钟原则"。

（3）内容规范

①问候对方。接通电话需向对方问好。

②自报家门。来系何人，所为何事。

③道别语。结束通话前，在预备放下话筒时，应先说"再见"，否则终止通话会显得很突然，好像有始无终。

（4）态度诚恳

①语气要友善平和，在通话时，对对方要谦恭友好，不要强加于人，不要居高临下，不要咄咄逼人。

②要聚精会神，不允许三心二意、心不在焉，语速要适当，声音不宜过高。

③拨错电话号码要道歉，不要一言不发，挂断了事。电话需要接转时要有礼貌，要用"请""麻烦""劳驾""谢谢"等礼貌用语。

④电话掉线时，主拨方应立即再拨，不可不了了之。

2. 接听电话

（1）接听及时

接听电话是否及时，反映着一个人待人接物的真实态度。一般应由本人亲自接电话，轻易不要找人代接，尤其不要让孩子代接。接电话太早不合适，显得操之过急，令对方措手不及；太晚也不合适，显得妄自尊大。在电话礼仪中，有"铃响不过三声的原则"，即以铃响三次左右拿起听筒最为合适。

（2）应对谦和

①自报家门。在单位一般要自报家门，如："您好！××学校办公室。"自报家门，一是出于礼貌，二是说明有人正在接听。私人电话，为自我保护，不必自报家门。

②聚精会神。通话时，不要三心二意、心不在焉，也不要拿腔捏调、戏弄嘲讽，更不要一言不发、有意冷场。

③做好记录。接听公务电话时，一定边谈边记录。电话记录应包括：何时、何人、何事、何地，如何处理。

④与人道别。电话终止前，一定要向对方说"再见"。

⑤善待错拨。若接到错拨电话，要耐心地向对方仔细说明，如果能够提供帮助，

则应尽力帮助。

(3)代接电话

①礼尚往来。接电话时，如果对方所找的人不是自己，也要认真接听。

②尊重隐私。代接电话时，不要充当"包打听"。要求转达某事给某人时，切记不要广而告之、随意扩散，辜负了他人的信任，一定要守口如瓶。

③记忆准确。对方要求转达的内容，应认真做好笔录，对方讲完后，需重复一遍来验证记录，以免误事。记录内容主要包括：对方姓名、单位、通话要点、是否要求回电话、什么时间回电话等。

④传达及时。不要置之脑后，要尽快落实。

(4)结束通话

当结束电话前，可询问对方"还有什么事"，此外，放下话筒的动作要轻，一般在对方放下话筒后再放下。

3. 移动电话礼仪

(1)不影响他人。不允许在公共场合，尤其是路口、电梯、人行道等人来人往之处，旁若无人地使用手机；不允许在会场、课堂、音乐厅、影剧院、餐厅等要求保持安静的地方使用手机；不允许在上班期间因私使用手机；不允许在聚会期间使用手机。

(2)注意安全。不要在开车的时候使用手机，以免发生车祸；不要在医院、油库使用手机，以免信号扰乱仪器治疗，或引发火灾、爆炸；不要在飞机上使用手机，以免干扰飞机正常飞行。

(3)方便他人为先。手机的一大优点就是通讯便捷，所以手机要随身带，以便及时接听，方便他人联络自己。

(4)手机要置放到位。在正式场合，尤其是公务交往中，手机应放在随身携带的公文包内。有时也可放在上衣口袋内。在非正式场合，可以挂在腰带之上，也可放在手袋内。

4. 手机短信

(1)双向使用。每个人都要用，都能用。不要乱发，有收必复。

(2)合法使用。不文明、不道德的、有碍国家安全和格调不高的内容不发。

(3)文明使用。开会、上课时尽量不发短信；短信内容要实用，不发垃圾短信骚扰对方。

二、网络

网路礼仪是指在网上交流信息时被规范的各种行为。

1. 上网的基本要求

(1)遵守法律。

①自觉抵制不良内容。中职学校的学生由于年龄小，辨识能力差，应尽量不上

网或少上网。实在需要上网时要请教老师或家长，远离色情、暴力、反动等违法及其他不良内容，不做不良内容的宣传者。

②自觉保护知识产权。转载、复制、应用有版权的文字或图片时，一定要重视版权问题，以免引发纠纷。

③不侵害他人利益。网络是全世界网民的共同财富，每一位网民都有义务维护它。传播电脑病毒，以网络为媒介伤害他人、诈骗钱财等行为都是违法行为。

(2) 公私分明。公款公用、公事公办，严守国家机密和商业机密。

(3) 自尊敬人。要与人文明交流，言语有度。

(4) 把握分寸。

①限时上网。不分昼夜、不限时间地上网，不仅会损害身心健康，还会使人因沉迷于虚幻的世界而荒废学业，影响生活。

②慎选内容。要随时保持冷静和理智的头脑，慎选内容，自觉抵制不良内容，以免害人害己。

③虚实相生。在现实生活与虚拟世界中寻找一种平衡与和谐，使网络真正地为人们服务。

(5) 合理利用。合理利用网络资源，可给学习、工作、生活带来方便。网络资源无所不包，信息良莠不齐、真假难辨，要学会辨别、选择。

(6) 休闲娱乐。

①网络聊天。网络聊天也是交流沟通的一种形式。可以通过网络聊天结识朋友、减缓压力、改善心情。在网络聊天中，应尊敬他人，文明用语，不可满口脏话，讽刺挖苦。网络聊天时，最好不用真名实姓，注意保护隐私。网上交友更要慎重。

②博客与播客。使用博客、播客时，不应当传播色情、暴力、反动等不良内容，也不应侵害他人的知识产权。开通博客、播客后，应定时进行管理，及时更新内容，并利用这一渠道积极沟通。

③网络游戏。网络游戏可以放松身心，但有些竞技类游戏需要投入大量时间和金钱，对于学生来说，要根据自身情况做出理性的选择。网络毕竟不同于现实，不要把网络上有害的东西带到现实中来，否则害人害己。合作过程中，玩家要相互理解、相互帮助，共同完成游戏，不要互相埋怨、恶语相向，尤其不要合伙欺骗别人。

(7) 自我保护。

①保护人身安全。抵制虚假资讯，谨慎选择网友。

②保护财产安全。防范黑客入侵，不轻信网上资讯，否则容易贪小便宜吃大亏。树立隐私意识，重视个人信息保护，保护个人密码。慎选网吧，不要去非法网吧上网。

③把握上网时间。一个人的精力毕竟有限，上网时间要合理安排，以不影响学习和身心健康为准。

2. 电子邮件

(1) 撰写邮件。电子邮件的内容愈精简愈好，尽量利用最少的文字传递最重要的讯息，并且要容易阅读，以便节省对方的时间。

（2）慎用邮件。无事不用，要有感而发、有事而发。不发垃圾邮件骚扰别人，耽误别人的时间。

（3）信息真实。不制造、传递虚假信息，以免妨碍社会和公共安全。

三、书信

在社交活动中，书信也是我们常用的一种联络方式。它通过文字来传递信息、交流思想、表达情感。尽管人们现代可选择的交际方式和沟通方式很多，但书信是不可替代的。巧用书信，有助于细致地表达人们的思想，更有利于沟通。

1. 书信的构成

书信通常由称谓、问候语、正文、祝颂语、署名、日期六部分构成。

（1）称谓。称谓包括：修饰语、姓名和称呼。顶格书写于信笺的第一行，后加冒号，独占一行。

称谓部分因对象不同而写法各异。写给长辈的，一般照辈分称呼；写给平辈的，可以直呼其名，也可以只写辈分称呼，或在名字后加辈分；同事、朋友间通信，一般称"同志""先生"或在姓前加上"老"或"小"字，以表示亲切；对德高望重的长者，常在姓后面加上"老"字，以表示尊重。有时在称呼之前加"敬爱的""亲爱的"等修饰语，以表示对特定对象的尊敬和亲密之情。

（2）问候语。问候语写在称谓下面一行空两格处，单独成行。通常用"你好""您好"，若遇节日可以致以节日的问候，还可以对收信人的工作、学习、生活、身体等方面的情况进行问候。问候语后面一般用感叹号或问号。

（3）正文。另起一行空两格写正文，转行时顶格，根据内容可分段来写。正文部分一般先谈对方的事情，如询问对方情况、答复对方问题等，然后谈自己想说的事。要求条理清楚，一目了然。

（4）祝颂语。祝颂语是在正文结束后表示祝愿或者敬意的话。正文后另起一行空两格写"此致"或"祝"，再另起一行顶格写"敬礼"或其他祝福的话。

（5）署名。在正文右下方署名。根据双方的关系写姓名全称或只写名不写姓，姓名之前可加上自称或修饰语来表明身份、关系。如"儿：××上""好友：××""学生：××"。

（6）日期。日期写在署名下方。可写年、月、日，也可将年省去。

2. 书信写作的注意事项

（1）内容要写得清楚明白，不能让对方费解、误解，不要有歧义。

（2）严格按照书信的格式来写，信封的书写尤其要规范、准确、详细，以免投递困难，延误正事。

（3）正确使用礼貌用语，用词造句要注意自己与对方的身份、关系。

（4）字迹要工整、清楚。如：

尊敬的王校长：

　　您好！

　　您9月6日的来信已经收到，内言尽知。能够收到您的来信，我非常高兴。多谢您的帮助。

　　您在信中谈的招生问题，我也有同感，中专学校招生还是比较困难的，学生尤其是学生家长认识不到学习技术的好处，逼着学生去上高中，耽误了学习技术的大好时机。国家现在缺乏技术人才，不缺管理人才，上中专既是改变自己命运的好机会，也是国家发展的需要。

　　我们学校招生情况比较好，这与您的帮助是分不开的，您在百忙之中还为我们做宣传，宣传国家政策，宣传我们学校的优势，承蒙关照，在此深表感谢。另外，您要的宣传碟及资料，我会尽快寄给您。

　　您的学生在这儿都很好，请您不要挂念。

　　知道您工作很忙，不多写了。请多保重。

　　陈校长及其他几位校长附问您安好。

　　敬颂

秋安！

招生办刘云上
2017年9月26日

又及：您所要的资料已挂号寄出。

3. 信封的写法

　　寄信应该使用标准信封。信封上的内容由四部分组成：收信人的地址，收信人的姓名，寄信人的地址，收、寄信人双方所在地的邮政编码。

　　（1）收信人的地址。收信人地址应详细、准确。

　　（2）收信人的姓名。写在信封中间，字迹稍大，姓名后空两格处可写上"同志""先生"等字样，也可不写，再写"收""启"等字样。

　　（3）寄信人的地址。写清楚寄信人的详细地址，以便收信人知道信的来处，以及在信件无法投递时可将信件退回原地。

　　（4）收、寄信人双方所在地的邮政编码。信封的左上角填写收信人所在地的邮政编码，右下角填写寄信人所在地的邮政编码。如：

```
┌─────────────────────────────────────┐
│ □□□□□□                              │
│      ××省××市××区××街××号          │
│            ×××  收                  │
│              ××省××市××区××街××号  │
│                          □□□□□□    │
└─────────────────────────────────────┘
```

　　书信有时可以请人带交，托人带交的封文应包括托带语、收信人称谓、写信人自署。如：

```
敬烦带文


                    ×××（收）

                              ××拜托 11 月 26 日
```

4. 通信的技巧

（1）写信

①用语礼貌。要尽量多使用谦词与敬语，行文语气谦逊。

②字迹清楚。不要用铅笔、圆珠笔写信，要用钢笔写信，也不要用红色、绿色墨水写信，要用纯黑色的墨水写信。行文要层次明确、条理清楚、有头有尾，不可天马行空、云山雾罩、不知所云。

③书写正确。避免出现错别字，称呼、叙事及遣词、造句都必须正确。

④文字简洁。写信应言简意赅、适可而止，有事说事。

（2）发信

①折叠。折叠不宜太复杂，更不要乱折。

②装信。信纸应与信封的封口保持大约 1 厘米的距离，以方便收信人拆阅书信。

③封口。通过邮局寄达的信件，信封必须封口，托人携带的信件可封可不封。有时为了保护个人隐私，则可封口，有时为了表示对托带者的信任与尊重，则可不封口。

（3）收信

①遵守法律。宪法规定，国家保护公民通信自由，所以不能无故扣压别人信件。过去经常有老师或家长扣压或私拆学生信件，还有人想了解好朋友恋爱内幕，把信件拿走，这样做是违法的。

②收到即复。有来有往，礼仪之道。不能以工作太忙为由推迟回信时间。

③认真阅读。信中提到的事情能办就办，不能办应尽快给对方回复。

④妥善保管。有些信件可以保留起来作为资料。此外，出于对发信人的尊重，信件中的内容不应向公众散布。未经对方允许，对方信件不宜当众传阅，尤其不允许公开发表。

知识卡片

★手机短信是指在移动网络上传递的简短消息，一般不超过 70 个字，故称为短信。短信惠而不贵，可以用来交流信息，也可以用来消遣娱乐，受到公众的喜爱。短信要短小精悍、言之有物、有幽默感、内容健康。

★电子邮件又称 E–mail，是计算机网络上的一种通信形式。电子邮件和一般书信一样，通常由称谓、问候语、正文、祝颂语、署名、日期等六部分构成。由于电子邮件不属于正式信件，通常简短而精练，因此有的部分会省略，文字排列也不像书信那么规范，能够传情达意即可。

学习活动

活动一　就某件事给师长、亲人、同学打电话，设计不同的场景，打到家里或打到单位，对方在或不在。让学生模拟接打电话，然后让同学们发表意见，最后由老师点评。评出优胜者。

活动二　让学生分成两组，在课堂上辩论中职生上网的利与弊，最后由老师做总结学生该不该上网，该怎样上网。

活动三　让学生写一个信封，比较一下谁写得好。

学习评价

选择下列正确的一项，看看自己对礼仪的了解程度：

1. 在电话礼仪中，铃响(　　)拿起电话最合适。
   A. 一次　　　　　B. 二次　　　　　C. 三次
2. 自己不在，有人打电话来，给对方回电话时，最合适的说法是(　　)。
   A. "特意打来电话，非常抱歉"，以此来表示歉意
   B. "会议延长了"，以此来陈述自己不在的理由
   C. "刚刚回来"，以此来向对方表示回来的第一件事就是回电话
3. 告知对方电话号码时，要考虑全面，处理不当的做法是(　　)。
   A. 数字说得清楚明了　　　　　　B. 把数字说得很快
   C. 为确保无误，可以再重复一次
4. 在与人通话，听不清对方声音时，恰当的说法是(　　)。
   A. "听不见！"　　　　　　　　B. "对不起，电话有点听不清楚。"
   C. "请你再大声点儿讲话！"

现代礼仪

5. 下面都是打电话的礼仪,正确的叙述是(　　)。
A. 调整好精神状态　　　　　　B. 拿起电话就说
C. 随便拨号
6. 下面是使用手机应注意的问题,错误的叙述是(　　)。
A. 不能影响别人　　B. 注意安全　　C. 为了方便,一边开车,一边接打电话
7. 关于发电子邮件的问题,叙述错误的是(　　)。
A. 内容愈多愈好　　　　　　　B. 内容愈精简愈好
C. 有事而发
8. 使用手机发短信时,正确的做法是(　　)。
A. 有收必复　　　　　　　　　B. 想回就回,不想回就不回
C. 想发就发
9. 有关书信错误的叙述是(　　)。
A. 容易保存　　　B. 可供欣赏　　　C. 书信过时,没用
10. 下面有关网络的作用叙述错误的是(　　)。
A. 骗人,寻开心　　B. 教学　　　　C. 购物
11. 可以开手机的时间是(　　)。
A. 开会　　　　　B. 上课　　　　　C. 逛街
12. 接电话时第一句话应说(　　)。
A. "喂,你好!你找谁?"
B. "您好!请问您找哪一位?"
C. "谁呀?干吗?"
13. 电话打通后,发现自己拨错了号码,应该(　　)。
A. 说:"对不起,拨错了号码,打扰您了!"
B. 说:"你是谁呀?"
C. 立即挂断电话
14. 办公室的电话响了,应该(　　)。
A. 若无其事　　　　　　　　　B. 等着别人去接
C. 自己赶快去接
15. 电话铃声响过六次之后,拿起话筒应说(　　)。
A. "让您久等了!"　　　　　　B. "您好!请问您找哪一位?"
C. "谁呀?干吗?"
16. 表示道歉的用语,用得最多的是(　　)。
A. 对不起　　　　　B. 请原谅　　　C. 不好意思,非常抱歉
17. 不宜给人打电话的时间是(　　)。
A. 上午7点以前或晚上10点以后
B. 上午7点以后
C. 晚上10点以前

18. 假如是与上级、长辈、客户等通话，应该（　　）先挂断。
A. 通话人　　　　B. 发话人　　　　C. 最好让对方

第六节　餐饮礼仪

2006年4月18日，中国时任国家主席胡锦涛抵达美国西雅图市后，世界首富比尔·盖茨抢先邀请胡主席去他家做客并盛情款待。比尔·盖茨精选了三道菜设晚宴盛情款待胡主席。首先是几内亚熏鸡肉沙拉，接着是洋葱牛排，然后是大对虾，随后上的是一道甜点——棕黄油杏蛋糕。晚宴组织者感慨地说，比尔·盖茨接待过不少其他国家元首，但从来没有像这次这样重视。

一、宴请

宴请是政府机关、社会团体、企事业单位或个人出于表示欢迎、答谢、祝贺等社交目的的需要以及庆贺重大节日而举办的一种隆重、正式的餐饮活动，也是人们结交朋友、联络感情、增进友谊的重要手段。

1. 常见的宴请类型

通常有四种形式：宴会、招待会、茶会、工作进餐。每种形式都有特定的规格和要求。

（1）宴会。指比较正式、隆重地设宴招待宾主在一起吃饭、饮酒的聚会。出席者要按主人安排的席位入座就餐，上菜时由服务员按专门设计的菜单依次上菜。宴会按其规格可分为国宴、正式宴会、便宴、家宴。

①国宴。国宴是国家元首或政府首脑为欢迎外国元首、政府首脑或举办大型庆典活动等而举办的正式宴请，这种宴会规格最高，不仅由国家元首或政府首脑主持，还有国家其他领导人和有关部门负责人以及各界名流出席，有时还邀请各国使团的负责人以及各方面的人士参加。按规定，宴会厅内应悬挂两国国旗，安排乐队演奏两国国歌以及席间乐，席间主宾双方进行致辞或祝酒。国宴的礼仪特别隆重，因而要求也特别严格，安排也要求十分周到细致。

②正式宴会。通常是政府和团体等有关部门为欢迎应邀来访的宾客或来访宾客为答谢主人而举行的宴请。正式宴会除不悬挂国旗、不奏国歌以及出席规格与国宴不同外，其余安排与国宴大体相同。它对于到场人数、穿着打扮、席位排列、菜肴数目、上菜程序、音乐演奏、宾主致辞等，都有十分严格的要求。

③便宴。是非正式宴请，通常是招待小批客人、个别采访者、合作者等而举行的宴请。其最大特点是简便、灵活，可不排席位、不做正式讲话致辞，菜肴也可丰可俭。气氛比较宽松、和谐。适用于婚礼、酬谢、饯行、团聚及日常

友好交往。

④家宴。即是在家中设便宴招待客人。家宴是宴会的一种特殊类型。它不拘于形式、礼仪，客随主便，气氛亲切，比较轻松、自由。西方人喜欢采取这种形式待客，也是我国目前采用最多的一种请客形式。家宴最重要的是制造亲切、友好、温馨、自然的气氛，利于彼此加深了解，促进信任。

(2)招待会。是指不备正餐，只备食品、酒水和饮料的宴请方式。它不排座次，可以自由活动，规格可高可低。较常见的有自助餐宴会和酒会。

①自助餐宴会。又叫冷餐会，始于瑞典，是一种非常灵活、方便的宴请形式，常用于官方的正式活动，用于宴请人数众多的宾客。这种宴请形式的特点是不排席位，以冷食为主，也可冷、热兼备，连同酒水、饮料，还有餐具一起陈放在餐台上，供客人自取，客人可循序取菜，一次少取，多次取用，自由活动，边谈边用，重在交际。举办时间一般安排在中午 12 时至下午 2 时或下午 5 时至 7 时左右。

②酒会。酒会又称鸡尾酒会。招待品以酒水为主，略备小吃，不设桌椅，以便客人随意走动。这种形式比较活泼，便于广泛接触交谈。酒会适用于各种节日、庆典、仪式以及招待性演出。酒会举办的时间比较灵活，中午、下午、晚上均可，持续时间一般为两个小时左右。

(3)茶话会。是一种简便的以茶会友的接待形式，只略备茶点和风味小吃，中国人喜欢选用绿茶，外国人则喜欢选用红茶，重谈不重吃，通常安排在上午 10 时或下午 4 时。

(4)工作餐。又称工作进餐，是一种边吃饭边谈工作的非正式宴请形式。按用餐时间通常可分为工作早餐、工作午餐、工作晚餐。工作餐不事先发请柬，只邀与工作有关的人员参加。

2. 宴请前的准备工作

(1)确定宴请目的、名义、对象、范围。宴请目的多种多样，既可以为某人，也可以为某件事。宴请的目的要明确。宴请对象、范围主要指邀请哪一方面的人士参加、级别以及人数等。同时还要考虑主宾双方的身份要对等。

(2)确定宴请形式、规模和规格。应依据宴请的性质、目的及经费筹备等因素决定。

(3)确定宴请的时间、地点。宴请的时间事先应与客人方面商定，一般不宜选在重大节假日、重要活动及其他禁忌的时间内。宴请地点要按活动的性质、规模、宴请形式、主人意愿以及实际可能而定。官方的正式活动一般安排在政府、议会大厦或宾馆内，民间的宴请可设在宾馆、酒店，也可以是有独特风味的餐馆。

(4)发出邀请要及时、规范。各种宴请活动一般都应该提前 1~2 周向客人发出邀请，以便客人早做安排。邀请的方式通常有电话邀请、信函邀请、当面邀请。正式邀请要发请柬，既表示对客人的尊敬，也表示邀请者对此事的重视，同时也是提请客人备忘之用。

（5）定菜。宴请的酒菜应根据宴请形式、规格以及预算标准而定。选菜主要考虑客人的爱好和禁忌，个别人有特殊要求，也可单独安排。一般来说定菜要荤素、咸甜、凉热、干稀搭配，并准备一两种特色菜、看家菜，让客人感到有新意。

（6）宴请的桌次和席次安排。凡正式宴请和比较讲究的宴请一般都事先安排好桌次和席位，并在入席前引领每一位入席者。

①桌次安排。

a. 一室两桌横排时。以面向正门而定，以右为尊，以左为卑。

b. 一室两桌纵排时。以距正门远近而定，以远为上，以近为下。

c. 一室三桌或三桌以上时，以面向正门为准，面门为上，其他桌以离主桌远近为准，以离主桌近为上、以右为上、以离门远为上。见图6-3至图6-7。

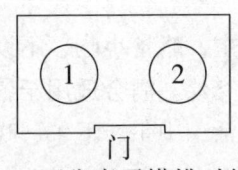

图6-3 两张桌子横排时的桌次

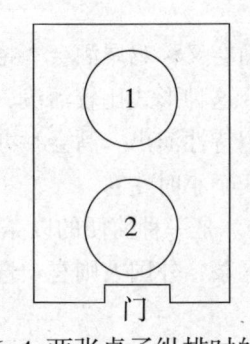

图6-4 两张桌子纵排时的桌次

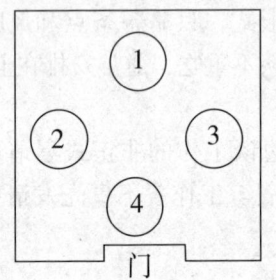

图6-5 四张桌子时的桌次

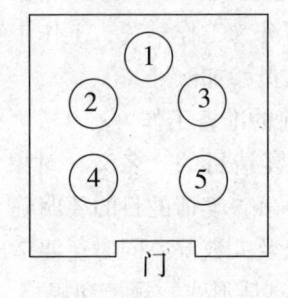

图6-6 五张桌子时的桌次

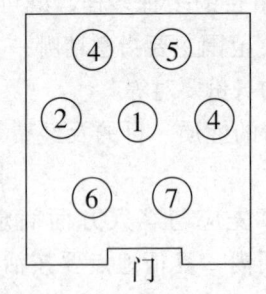

图6-7 七张桌子时的桌次

②席位安排。

a. 主人应当面向正门而坐，并在主桌就坐。

b. 举行多桌宴请时，各桌均应有一位主人的代表在座，称为各桌主人，可与主桌主人同向，也可以面向主桌主人。

c. 各桌之上位次的尊卑,应以主人席位为中心,以靠近主人位置远近来依次排列。以近为上、以远为下。

d. 各桌之上距离该桌主人相同的位次,讲究以右为尊、以左为卑。

e. 主人方面的陪客,应尽量穿插在客人之间就座,以便与客人交谈,照顾客人。

f. 夫妇一般不相邻而坐。西方国家习惯把女主人安排在男主人的对面就座,女主人通常坐在宴会的中心位置。

g. 倘若主宾身份高于主人,为表示尊重,也可把他安排在主人的位置就座,而主人则坐在主宾的位置上。

h. 在涉外交往中,翻译人员可坐在主宾的右侧,但有的国家不习惯给翻译安排席位,翻译在主人与主宾背后就座,另行安排就餐。见图6-8至图6-13。

3. 宴请的程序

(1)迎接宾客。宴会开始前,主人及其陪同人员应站在大门口迎接客人,当客人到达时,主人应迎上前去问好,并引领到休息厅暂时休息,然后主人陪同主宾进入宴会厅,其他陪同人员可安排其他客人就座。

(2)宴会致辞。宴会开始时,主人先致祝酒词,主人致辞时全场人员应洗耳恭听。祝酒词可提前写好,也可即席讲话,但内容一定要简练,用词要生动。

(3)祝酒。在宴请场合,主人都有向客人敬酒的习惯,主人应依次到各桌上敬酒,每一桌也要派一位代表到主人餐桌回敬。敬酒时要热情、大方,宾主要量力而行、适可而止。

(4)让菜。作为主人,为活跃气氛,应劝客人用菜。当客人谦让时,主人可站起来,用公筷为客人分菜。分菜时应先给主宾、长者,而后以就座次序分给客人,分菜时还要注意客人的口味,要适量,不要强人所难。

(5)送客。主客双方餐毕,主人和主宾起立,大家随之,宴会即告结束。主宾告辞,主人将主宾送至门口,陪同人员按顺序排列,与其他客人握别。

二、赴宴

赴宴即参加宴请,赴宴礼仪跟宴请宾客的礼仪一样重要,整个过程都有严格的礼仪规定。

1. 赴宴前的礼仪

(1)应邀。接到宴会的邀请,应尽快明确地表明自己是否参加,接受邀请之后,不要随意改动。万一出现特殊情况无法出席时,尤其是主宾应及早向主人道歉,并说明情况。必要时要亲自登门表示歉意。应邀出席活动前,要核实宴请的主人是否邀请了配偶,活动举办的时间、地点以及主人对服装的要求等,以免失礼。

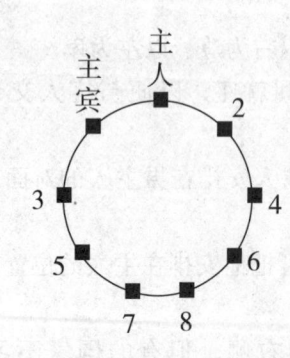

图6-8 没邀请夫人出席宴请的席位

图6-9 主宾带夫人、有译员的宴请席位

图6-10 邀请夫人出席、带译员的宴请席位

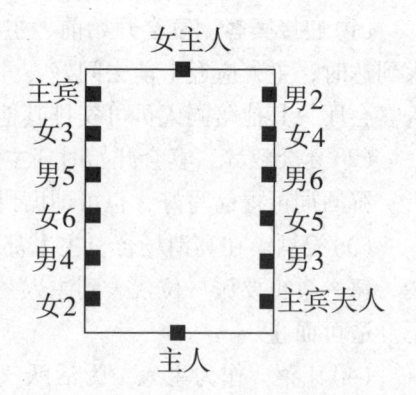

图6-11 长桌、邀请夫人参加宴请席位

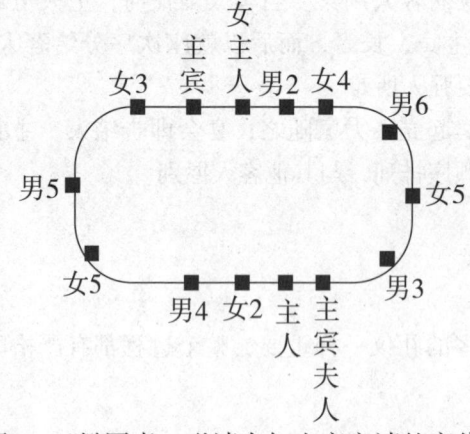

图6-12 椭圆桌、邀请夫妇出席宴请的席位

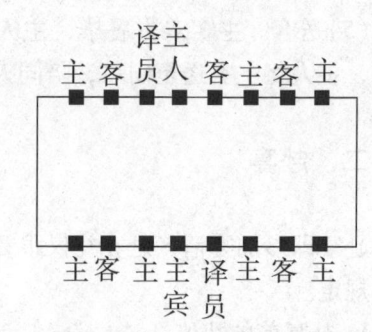

图6-13 没邀请夫人出席宴请的席位

(2) 适度修饰仪表。在出席宴会前要特别注意修饰自己的仪表，有时主人甚至会在请柬上专门注明客人的着装要求。一般认为，穿休闲装赴宴不妥当。

(3) 掌握出席时间。出席宴请活动，客人应略早抵达，通常以正点或提前两三分钟为宜。总而言之，要适时到达。到场太早，会给主人添麻烦，太晚则不仅给主人带来不便，还会使其他宾客感到不悦。

(4)抵达。抵达宴请地点后，可先到主人迎宾处，主动向主人打招呼。

2. 席间礼仪

(1)礼貌入席。应邀出席宴请活动，应听从主人安排，依照次序入席，首先是主人和主宾，接着是长辈、女性、职位高者。落座后椅子和餐桌之间保持20厘米左右的距离最好，不要过近或过远，双腿靠拢，两脚平放在地上，坐姿端正。双手不宜放在餐桌上或邻座的椅背上，更不要用两肘撑在餐桌上。

(2)进餐文雅。古语说："主不请，客不尝。"所以上菜后应当待主人说"请"后，再开始进餐。取菜要适量，不要见到自己喜欢吃的，就"埋头苦干"，不理别人。吃东西、喝汤都要文雅。喝酒要适量，避免酒后失礼，更不要抽烟。

(3)冷餐会与酒会的取菜。招待员上菜时，不要抢着去取，等送到本人面前时再取。取完即离开，以方便别人取用。

(4)适度交谈。宴会开始后，宾主应轻松自由地彼此交谈，宜选择有趣、健康的话题。与人交谈时，应暂停进食，务必用餐巾擦嘴，以免食物残留嘴边，影响形象。

(5)祝酒。宴会上互相敬酒，表示友好，活跃气氛。遇到主人和主宾来桌前敬酒时，应起立举杯。人多时可同时举杯示意，不一定碰杯，如果碰杯，要目视对方致意。

(6)正确使用餐具。筷子是中餐的必备餐具，不要用筷子敲打任何餐具，更不要把筷子插在饭碗中。

(7)意外情况。宴会进行中，若不慎摔落餐具、打翻酒水，要沉着应付，可说"对不起"。若酒水溅落到邻座身上，应表示歉意，并协助擦掉。

3. 中途道别礼仪

客人在宴会中间离席是不礼貌的，一旦赴宴就应尽量避免中途离席。如果确实有事需要提前离席，要特别注意相关礼仪。

(1)说明情况。如果宴席前就已准备中途告别，最好是宴席前就向主人说明情况，并表示歉意，届时向主人打个招呼便可离去。不要让主人难堪或不悦。

(2)选好时机。中途离席的时机忌讳选择在席间有人讲话时或者是讲完话之后。此时容易让人产生误会，以为是告辞者对讲话不耐烦。提前道别的时间最好在宴会告一段落后。

(3)减少影响。中途道别时只需与主人打招呼，或与左右宾客打个招呼，不要大张旗鼓地与宾客一一握手告别，人数较多时更不应该如此，主人也不必离席远送，否则影响他人用餐，甚至影响整个宴请气氛。

4. 宴会结束礼仪

只有主人才有权利结束宴席，当主人从座位上站起后，宾客才能随之起立。只有当主人和主宾离席后,其他宾客才能离席。如果是家宴,吃完饭马上就离开是不礼貌的,饭后至少要停留一刻钟左右才能告辞。

告辞时,应向主人致谢,感谢主人的盛情款待并称赞主人的周到安排和精美菜肴。注意,无论你参加的宴请多么乏味,都不要向主人流露出厌倦或不悦。

主人有时会为客人准备一份小礼品,宴会结束时,主人会招呼客人带上,客人可说一两句赞扬礼品的话。除纪念品外,其他物品包括香烟、糖果、水果等,都不要拿走。

三、用餐

1. 中餐礼仪

中餐是中式餐饮的简称,指具有中国传统风味和特色的饭菜,被誉为世界三大名餐之一,在国际社会中一直享有盛誉。中餐礼仪,是中华饮食文化的重要组成部分。学习中餐礼仪,不仅有助于提高个人素质,更有助于对祖国文化的继承和学习。

(1)中餐形式。中餐形式根据用餐规模分为宴会、家宴、便宴。根据餐具的使用可分为分餐式、公筷式、自助式、混餐式四种形式。

①分餐式。指的是在用餐的整个过程中,为每一位用餐者提供一份菜肴、酒水、主食以及餐具,各人分别使用。这种形式用餐卫生,又体现了公平,适合于正式宴会。

②公筷式。用餐时,取食菜肴、主食不允许直接使用个人的餐具,而必须用带有特殊标记的、公用的餐具取食,并且取拿适量,放入个人专用的餐具享用。这种方式既体现了中餐传统用餐方式的和睦和热烈的气氛,同时又兼顾了现代人注意个人卫生的要求,因此比较适合在家宴时采用。

③自助式。这是近年来借鉴西方的一种现代用餐方式。它的主要特点是不排席位,也不安排统一的菜单,而是将所能提供的全部主食、菜肴、酒水陈列在一起。用餐者完全根据个人喜好自主地选择、加工、享用。这种用餐方式讲究不多,宾主两相方便,同时又节省费用。所以在举行大型活动或招待为数众多的来宾时,是最为明智的选择。

④混餐式。又称和餐式,是指有很多人一道用餐时,主食、菜肴置于公用的餐具之内,而由用餐者根据自己的口味,使用自己的餐具,直接取用。它是中餐传统用餐方式的主要特征之一。这种方式容易体现家庭般的和睦、团结的气氛,但不够卫生。所以,它仅仅适用于个人吃便餐或是家人一道聚餐。需要特别注意的是,用这种方式宴请外国客人是非常不合适的。

(2)中餐菜序。

小贴士　中餐上菜的顺序

中餐上菜有顺序，一般按照先凉后热，先炒后烧，咸鲜清淡的先上，甜的、味道浓重的后上，最后是饭菜。宴席里的大致顺序一般是：

1. 茶：在酒店里，因为要等待，所以先上清口茶。餐前茶不必过多讲究。
2. 凉菜：包括凉果拌菜。
3. 热炒：炒菜，拼合的热菜。
4. 大菜(不是必须的)：指整只、整块、整条的高贵菜肴，比如一头乳猪、一只全羊之类。
5. 甜菜：甜汤类。
6. 点心：一般大宴不供饭，而以面食代替。
7. 水果：爽口，消腻。

①菜单的准备。

a. 点菜。如果主人安排好了菜，客人就不要再点了；如果未点，点菜时要注意既不要点太贵的菜，又不要太便宜，要量入而出，相互体谅。

b. 宜选的菜肴。具有中国特色的菜肴，如狮子头、宫保鸡丁、酸辣汤等家常菜；具有鲜明本地特色的菜肴，如杭州的龙井虾仁、云南的过桥米线、四川的火锅等；本家菜馆的看家菜肴；主人自己拿手的菜肴。

c. 忌选的菜肴。宗教禁忌，如穆斯林不吃猪肉，印度教徒不吃黄牛肉；地方禁忌，如英美人士通常不吃宠物、动物内脏、动物的头部和脚爪、淡水鱼、稀有动物；职业禁忌，如驾驶员在工作期间不得饮酒；个人禁忌，如有人不吃葱、有人不吃芫荽，有人则不吃辣椒。

②上菜的顺序。中餐上菜的顺序一般是：冷素菜肴、热菜、主菜、汤菜、甜点、水果。

③上菜时应注意的问题。摆放菜品应注意位置、方向。如大菜中的头菜、大拼盘，一般要摆在餐桌中间。如用转盘，应把每道菜最优的部位朝向主宾，以示尊敬，而后依次往下轮。

(3)餐具的使用。餐具在使用上有很多讲究，餐具的使用礼仪也是餐饮礼仪的重要组成部分。

①筷子。筷子是中餐的主要餐具，使用筷子要轻拿轻放，要成双使用，不可只使用单只。使用筷子取菜、用餐时，需要注意下列问题：不搅动碗中的菜肴、挑肥

拣瘦；不把筷子当叉子戳食，不把筷子插在食物上；不舔筷子，也不要长时间把筷子含在嘴里；不用筷子敲击餐具，不用筷子指点对方，不用筷子剔牙，也不用自己的筷子传递菜肴。

②匙。匙，俗称勺子。使用勺子可以舀取菜肴、食物，尤其是流质的羹、汤。有时可与筷子并用，用以辅助筷子取食。一般情况下，应注意尽量不要单独用勺子取菜。用勺子取食物时，不宜过满，免得溢出来溅洒在餐桌或自己的衣服上。必要时，舀取食物后，可稍等片刻，待其汤汁不再流时，再移向自己。使用勺子，有四点注意事项：

第一，用勺子取用食物后，无论是否可口，都应立即食用，不要再把它倒回原处。

第二，如果取用的食物过烫，可将勺子平稳地放在餐碟上，不要放在嘴边吹。

第三，用勺子进食，尽量不要把勺子塞入口中或反复吮吸。

第四，勺子暂且不用时，应将其置放在自己的餐碟上，不要让它直立或斜立在食物中，也不要直接把它放在餐桌上。

③碗。碗主要是用来盛放主食、羹汤之用的，在正式场合用碗，应该注意五点：

第一，不端起碗来进食，尤其不要用双手端碗进食。

第二，食用碗内的食物时，不直接用手抓，更不要用嘴吸食。

第三，碗内若有食物剩余时，不可直接将其倒入口中，更不能用舌头舔食。

第四，不宜往暂且不用的碗里乱扔东西。

第五，不要将碗倒扣在餐桌上。

④食碟。用来暂放从公用菜盘里取来食用的菜肴的盘子，叫食碟。使用食碟时，应该注意两点：

第一，不要一次性取用多种菜肴堆放在食碟里，这样既不雅观，又不好吃。

第二，不宜入口的残渣、骨头等，不要随意吐在地上、桌上，应将其放在食碟前端，注意不要与菜相混。必要时，可由服务员更换食碟。

⑤水杯。中餐用的水杯，主要用于盛放开水、果汁、饮料等，不要用于盛酒，也不要倒扣水杯，还要注意已经喝入口中的东西不能再吐回去。

⑥湿巾。正式宴会开始前，服务员会给每位用餐者一块湿巾，注意它只能用来擦手，绝对不能用来擦脸、擦嘴、擦汗。擦手之后，将其放回原处，由服务员取回。有时，在正式宴会结束前，还会再上一块湿毛巾，它只能用来擦嘴，不能擦脸、擦汗。

⑦餐巾。餐巾的主要作用是防止食物掉落在衣服上，可以铺在并拢的大腿上，但不能别在领子上或围在脖子里，也不能用餐巾擦餐具或擦汗。

⑧水盂。在宴席上，上龙虾、水果时，有时会送上一个小水盂，漂有玫瑰花瓣或柠檬片，这是用来洗手的，不能喝。洗时两手轮流蘸湿手指头，轻轻洗净，然后用纸巾擦干。

⑨牙签。牙签主要用来剔牙。就餐时尽量不要当众剔牙。非剔不可时，也要用

手或餐巾纸掩住口部。切勿当众剔出物或将剔出物再次入口,也不要随口乱吐、随手乱弹。剔牙之后,不要长时间用嘴叼住牙签。

(4)进餐礼仪。用餐时每一位用餐者都应使自己的用餐表现合乎礼仪。具体要求是:

①一般情况下,就餐时不能光顾着吃,宴会上吃不是唯一的目的,重要的是交流。

②在正式宴会上,主人或主宾致辞时,不要玩笑打闹、窃窃私语,也不要饥不择食、狼吞虎咽。这时应该正襟危坐、专心致志、洗耳恭听。

③用餐时,不要对菜肴评头论足、挑三拣四,也不要信手玩弄餐具、敲敲打打。

④不违食俗。如过年吃中餐时,少不了有鱼,表示"年年有余"。但渔家、海员吃鱼时,忌讳将鱼翻身,因为有"翻船"之嫌。对此类中餐习俗,轻易不要有意违反。

⑤不坏吃相。餐桌也是社会交际的重要场所。吃中餐时比较讲究吃相,每个人的吃相和谈吐举止都在向人们展示着自己的修养和品格。吃饭时不能摇头晃脑、宽衣解带,也不能满脸油汗、汁汤横流、响声大作,这样不仅有损形象,还会败坏他人食欲。

⑥不乱布菜。用餐讲究"己所不欲,勿施于人"。可以劝人多用一些,但尽量不为他人夹菜、添饭。

⑦不争抢菜。多人一起用餐时,要注意相互礼让,不要只顾自己吃,争来抢去,而不考虑他人。不要只吃好菜,把住好菜不放。

⑧不清嗓子。用餐时千万不要当众表演"废物清理"活动,如清嗓子、吐痰、擤鼻涕等,此类举止不但有碍观瞻,而且倒人胃口。

⑨不做修饰。在用餐时尽量不要当众修饰,如梳理头发、化妆补妆、宽衣解带、脱袜脱鞋等。

⑩不乱走动。在用餐时不宜离开自己的座位,随意走动。

⑪不吸烟。吸烟污染空气,有损他人健康。

⑫吃量适中。是指每次送入口中的食物要适量,不要嘴里填得满满的,两腮胀得鼓鼓的,这样会显得吃相不雅。

⑬速度适宜。用餐的速度不宜过快,狼吞虎咽,也不宜过慢。要兼顾左右,与他人同步。(图6-14)

图6-14

项目六 交际礼仪

2. 西餐礼仪

西餐是对西式饭菜的一种约定俗成的统称。随着改革开放对外交流的日益增加，中国人吃西餐的机会也是越来越多。所以我们对西餐礼仪也要有所了解。

(1) 西餐的上菜顺序。

①头盘。称开胃品或开胃菜，即开餐的第一道菜。

②汤。分为冷汤类和热汤类，也可分为清汤类和浓汤类。

③色拉。为凉拌生菜，具有开胃、助消化的作用。

④主菜。名主盆，是全套菜的主体部分。

⑤奶酪、甜点。一般是蛋糕、饼干、三明治等西式点心。

⑥咖啡或茶。

小贴士　西餐正餐的八道菜肴

1. 开胃菜。也叫头盘、前菜，一般是由蔬菜、水果、海鲜、肉食所组成的拼盘，它用各种调味汁凉拌而成，色彩悦目、口味宜人。

2. 面包。一般都是切片面包。可根据个人喜好，涂上各种果酱、黄油或奶酪。

3. 汤。汤分浓汤和清汤。有很好的开胃作用。汤是西餐的"开路先锋"，正式喝汤时，才算正式开吃西餐。

4. 主菜。有冷有热。以热菜为主角。大体是一个冷菜、两个热菜。两个热菜中，讲究先上一个鱼类菜，由鱼和虾以及蔬菜组成，另一个则是肉类菜，为西餐中的大菜，它是必不可少的，多为烤肉配以蔬菜，往往体现着此次用餐的档次。

5. 点心。主菜后，一般要上些蛋糕、饼干、三明治等西式点心，吃饱的人可以不吃。

6. 甜品。最常见的有布丁、冰淇淋等。

7. 果品。吃完甜品，一般还要摆上干鲜果品。有核桃、腰果、杏仁、开心果、苹果、香蕉、草莓、葡萄等。

8. 热饮。宴会结束前，还要为用餐者提供热饮，一般为红茶或咖啡，主要是帮助消化。西餐的热饮，可以在餐桌上喝，也可以换个地方，到休息室或客厅去喝。

(2) 餐具的作用。宴席上使用的餐具主要有刀叉、餐匙、盘、杯、碟等。餐具一般在就餐前就已经摆好，放在每人面前的有食盘和汤盘，左边放叉，右边放刀，盘子上方放匙，再上方为酒杯，从小到大，从左至右排成一排，分别用以饮各类酒和饮料(图6-15)。匙的左方为面包碟,右方为黄油碟,碟内有专用小刀。吃各种菜的刀叉都有区别,强调刀叉数目与菜的道数相当。一般是左手拿叉,右手拿刀,喝汤时应用右手持汤匙,侧起,顺汤碗靠自己的一侧盛汤。进餐时,刀叉尽量不要发出声音。如临时离座,刀叉在盘内摆成"八"字形,表示尚未用完,用餐后,将刀叉摆成四点钟方向即可。

(3)用餐方法。吃肉类时,欧洲的古老习惯是边切边吃,切一块吃一块(图6-16);美式吃法是先把肉块切好,然后再吃。吃鱼时,应把鱼从中间切开,把肉拨到两边,剔掉鱼刺鱼骨,然后慢慢食用。吃肉饼、沙拉,不用刀,只用叉。吃面包时,可以一小块一小块撕着吃。喝汤时,用匙进食。不能端起汤来直接喝,不能吸着喝。吃水果时,应该用刀切开,一块一块吃。喝完咖啡或茶,宴会就该结束了,客人可以起身告辞。

图6-15　　　　　　　　图6-16

(4)西餐其他礼仪。

①衣着考究。在隆重的宴会上,往往要求穿礼服。在普通的宴会上,通常要求穿正装。参加一般性的宴会时,可以穿便装。但是,绝对不能随心所欲乱穿一通。

②举止高雅。吃西餐要求用餐者严格约束个人举止,力求使自己的举止高雅动人。进食时不要发出声音,防止异响,正襟危坐,吃相干净。

③尊重女士。尊重女士是西餐礼仪的一大特点。主要体现在三个方面:礼待女主宾、照顾女宾客、忌用女侍者。

④正确使用餐巾。主人铺开餐巾,暗示开餐。餐巾在使用时应平铺于用餐者并拢的大腿上。在用餐过程中,如果想暂时离开座位,可将餐巾放在椅背上,表示还会回来,如果将餐巾放在餐桌上,则表示已经用餐完毕。

⑤吃西餐时要特别注意水盂的使用。和中餐的用法大同小异。

⑥当招待员依次为客人上菜时,如果他在你的右边,不要急着去取,一定要等他走到你左边时,才能取菜。

⑦正式西餐会，酒水是主角，酒菜搭配很有讲究，吃红肉喝红酒，吃白肉喝白酒。不同的菜肴搭配不同的酒水，不同的酒水要用不同的酒杯。

⑧喝咖啡的礼仪要求。如果加的是砂糖，可用汤匙舀取，加入杯内；如果是方糖，应用糖夹子把方糖夹在咖啡碟的近身一侧，再用汤匙把方糖加入杯内。用汤匙把咖啡搅匀以后，应把汤匙拿出来，放在碟子外边或左边。不可用汤匙来喝咖啡。汤匙只是用来加糖和搅拌咖啡的。一般来说，喝咖啡时，只需端起杯子。但参加鸡尾酒会，如果没有餐桌可以依托，这种情况则可以用左手端碟子，右手持咖啡杯耳慢慢品尝。

3. 自助餐礼仪

自助餐是现在很流行的一种用餐形式，形式活泼、自由、随意，便于彼此交流。而且又比较卫生，是非常值得提倡和推广的。吃自助餐时要注意如下礼仪礼节：

（1）进入餐厅后，先扫视一圈，这样在取菜时就能做到心中有数。

（2）取菜时要有秩序，排队取用。如果人多，可以等一会儿，不要挤在一起取菜。

（3）在取菜时，不论贵贱，即使是大家都爱吃的菜，也不要贪多，吃不完让人笑话，可以等吃完后再取。

（4）取菜时不要挑三拣四，也不要翻来翻去。

（5）各种菜肴要分开放在自己的盘中，不要堆放在一起。

（6）凡是取到自己盘中的菜，即使不合口味，也绝不能倒回去。最好吃掉，实在吃不下，可剩在盘中，放在桌边，待服务员取走。

（7）尽量做到吃什么取什么，吃多少取多少，不够可以再取，不要浪费。

（8）取完食物不要迫不及待地就近站着就开始食用，应回到座位上用餐。

四、酒水

人们常说：以茶待客，以酒会友。酒水在人际交往中一直都扮演着非常重要的角色，是在日常交往中、在正式场合所饮用的饮料的统称。它包括含有酒精的饮料，还包括不含酒精的饮料。在日常待客中，我们经常遇到的饮料主要有茶、咖啡和酒三种。

1. 茶

中国是茶的故乡。中国人的饮料自然以茶为主。茶是中国人待客的首选，喝茶很有讲究，要闻、要捧、要嗅、要敬、要续。后来发展成了茶文化，茶文化传到日本又得到了进一步的发展。

（1）茶的品种

①绿茶。饮用绿茶，讲究要选用当年的新茶，尤其是"明前茶"，也就是清明之前所采的茶叶。如果是精心沏出来的绿茶，茶叶碧绿、茶水清澈，入口则清香宜人，沁人心脾。夏日饮用，还可消暑降温。我国生产的绿茶主要有：浙江杭州的龙井茶、江苏太湖洞庭山的碧螺春、安徽的黄山毛峰、湖南洞庭湖青螺岛的君山银针、河南

信阳毛尖、贵州都匀毛尖等。

②红茶。红茶性温热，适宜在冬天饮用。我国生产的红茶主要有：安徽的祁门红茶、云南西双版纳的滇红、广东英德的英红等。

③乌龙茶。别名叫青茶。沏水冲泡过的乌龙茶，色泽凝重鲜亮，芳香宜人。乌龙茶不仅可以化解油腻，还可以健胃提神，令人心旷神怡。我国的乌龙茶主要有：安溪铁观音、武夷岩茶等。

④花茶。又叫香片。是以绿茶经过各种香花熏制而成的茶叶。冲泡之后芳香浓郁，味道鲜嫩，一年四季都可以饮用。花茶可以分为：茉莉花茶、桂花花茶、玫瑰花茶、白兰花茶、米兰花茶等。

⑤砖茶。又叫茶砖。它是特意将茶叶压紧制作而成的类似砖块的茶叶。和牛奶一起煮饮，就是我们说的奶茶。

⑥袋茶。是茶的一种方便饮品。它是为了方便，将绿茶、红茶、乌龙茶或花茶分别装入纸袋之内，饮用时，只需将纸袋置于杯内，冲泡即可。

生活在不同地区的人对茶叶的偏好大相径庭。一般来说，南方人爱喝绿茶，北方人爱喝花茶，东南沿海一带的人爱喝乌龙茶，欧美人则爱喝红茶，尤喜袋装红茶。因此，在以茶待客时应当因人而异，投其所好。

（2）茶具的选择

①储茶用具。最好选用特制的茶叶罐，基本要求是防潮、避光、隔热、无味。如铝罐、锡罐、竹罐，尽量不要选用不符合要求的玻璃罐、塑料罐。

②泡茶用具。正规的泡茶用具，最常见的是茶壶。茶壶多以有助于茶水味道纯正的紫砂、陶瓷制成，大小各异，外观不同。泡茶用具必须干净，不能有茶垢，要完整，不能有伤残。

③饮茶用具。茶杯要和茶壶配套，使二者和谐美观、相得益彰，不要东拼西凑。招待客人的茶具一定要干净、整洁、完整无损。

（3）敬茶的程序

给客人敬茶时，要注意客人的嗜好、上茶的规则、敬茶的方法以及续水的时机。

①客人的嗜好。在上茶前，应征询一下客人的意见，了解客人好喝哪一种茶。

②上茶的规则。先为客人上茶，后为主人上茶；先为主宾上茶，后为次宾上茶；先为女士上茶，后为男士上茶；先为长辈上茶，后为晚辈上茶。

③敬茶的方法。以茶待客时，应事先将茶沏好，装入茶杯，放在茶盘之上。上茶时，应双手奉上，并轻声说："请您用茶。"此外，沏茶时不要当着客人的面用手去抓茶叶，这样显得不卫生。

④续水的时机。为客人端上的第一杯茶，不要斟得过满，应当斟到杯深的2/3处。然后再为客人续水，续水也不应太满，更不应再三再四，中国人待客有"上茶不过三杯"的说法。续水过多有逐客之嫌。

（4）品茶的方法

①态度谦恭。对上茶之人应说"谢谢"，有些地方讲究回之以"扣指礼"，就是用手指在桌子上敲一下。总之，要答之以礼，这是一种基本的教养。

②姿态优雅。喝茶时,不要发出响声,茶叶一旦喝进嘴里,不要再吐回杯里去。为避免茶叶喝进嘴里,可以用茶具上的盖子撇一下茶叶再喝。

③认真品味。饮茶时,应当先把杯子捧到鼻子边嗅一嗅,然后抿上一小口,让其在口中稍作停留,然后再慢慢咽下。一小口一小口地细心品尝,这样才能品出茶的美妙之处。饮茶时切记不要大口吞咽,一饮而尽。如果主人告知所饮用的是名茶,则在饮用前应仔细观赏茶汤,并在饮用后加以赞赏。

2. 咖啡

长期以来,咖啡一直是欧美国家饮料中的主角,经常出现于各种各样的交际聚会场所。咖啡具有提神、解渴、化解油腻的功效,有时它还是身份的一种标志。所以,饮用咖啡也颇有讲究。

(1)饮用的时机。包括饮用的时间和场合。

①饮用的时间。个人饮用时,可以不受时间的限制,但不要因为饮用咖啡过量而影响休息;家中待客时,不应超过下午四点,很多人不习惯在此时间之后再饮咖啡;外出会客时,一般应避开上午,最佳时间应该是午后或周末,有时可根据情况协商安排;在正式的西餐宴会上,咖啡往往作为"压轴戏",而宴会大都在晚间举行,故这种情况饮用咖啡通常是在晚间。

②饮用的场合。饮用咖啡的场合主要有客厅、花园、写字间、餐厅、咖啡厅、咖啡座等。在客厅饮用咖啡,主要适用于招待客人。在写字间里饮用咖啡,主要是为了提神解乏。在花园里饮用咖啡,重在交际与沟通。在餐厅里,人们往往选择咖啡佐餐助兴。咖啡厅又叫咖啡屋、咖啡室,在此饮用咖啡往往与鲜花、乐曲、红烛相伴,人们往往选择在此会友。咖啡座是一种露天的咖啡厅,仅为客人提供桌椅和遮阳伞,它大多设于街道两侧,适合于自我休息或与友人聊天。

(2)咖啡的种类。在正式场合,选择何种咖啡,不仅仅是个人习惯的问题,往往反映出一个人的身份、教养和见识。

①咖啡根据饮用时添加的配料不同,可分为六种。

a. 黑咖啡。指的是既不加糖也不加牛奶的纯咖啡,适宜于化解油腻,是正统西餐的"压轴戏"。时至今日,饮用黑咖啡仍被西方人认为是身份高贵或出身于上流社会的一个标志。

b. 白咖啡。也称为法式咖啡。就是在饮用之前加入牛奶、奶油或特制的植物粉末。加糖与否完全根据个人喜好而定。

c. 浓黑咖啡。全名叫意大利浓黑咖啡。在饮用时,可加入糖或少量的茴香油,不宜加入牛奶或奶油。这种咖啡极黑极浓,不宜多饮。

d. 浓白咖啡。全名叫意大利浓白咖啡。在饮用时,不宜添加牛奶,至于是否加糖,则由个人喜好决定。

e. 爱尔兰式咖啡。饮用时不加牛奶,而是加入一定量的威士忌酒,加糖与否可根据个人喜好而定。它的味道浓烈,刺激提神。

f. 土耳其式咖啡。在饮用时,可适量加入牛奶与糖。与其他咖啡不同的是,它的咖啡渣并未除去,而是装入杯子和咖啡一起饮用。这种咖啡稍显浑浊,杯大量大。

②咖啡根据制作的方法不同，可分为三种。

a. 现煮咖啡。就是将一定量的咖啡豆放入特制的咖啡具，现磨现煮的咖啡。煮咖啡费时费力，不容易把握火候，技术水平要求较高。

b. 速溶咖啡。饮用时冲入适量的开水即可，由于它非常方便省事，所以深受快节奏的现代人的欢迎。但它仍属于一种快餐食品，档次上难以与现煮的咖啡相提并论。

c. 罐装的咖啡。就是将煮好的咖啡装入罐内，可随时饮用。但口味较差，不适宜以之待客。

（3）饮用咖啡的礼仪。

①饮用的数量。正式场合，咖啡与其说是一种饮料，不如说是一种交际的工具。所以一般情况下，饮用咖啡一杯为宜，至多不应超过三杯，而且要慢慢地品味。

②配料的添加。往咖啡里添加配料，可以根据个人喜好自主添加，操作时要自然大方，温文尔雅，文明添加，尽量避免不卫生、不得体的做法。不要自作主张为别人添加，弄不好就会强人所难，令对方反感或不快。若他人为自己添加时，不要责怪对方多事，要真诚地向其道谢。

③饮用咖啡的方法。

a. 杯的持握。饮用咖啡时，不要双手握杯，不要用手托着杯底，不要俯下身子去喝，也不要用手端着碟子去吸食杯中的咖啡。饮用咖啡时，如果坐在桌子附近，通常只需要端起杯子，不必端碟子。如果距桌子较远，或站立、走动时饮用，则应用左手将碟端起到齐胸高度，随后再以右手持杯饮用。

b. 匙的使用。匙的作用不大，加入配料后，用匙搅拌，使其加速融化，若嫌咖啡太烫，可用匙稍作搅动，促其变凉。不使用匙的时候，可将其平放在咖啡碟里。

c. 甜点取食。饮用咖啡时，往往会备一些小甜点。需要取食甜点时，首先要放下咖啡杯，饮用咖啡时，手中也不宜同时拿着甜点品尝。不能双手左右开弓，一边大吃，一边猛喝。此外，也不能只吃不喝，本末倒置。

d. 文明交谈。饮用咖啡时，应适时地与交往对象交谈。交谈时，要柔声细语，不可大声喧哗，更不能动手动脚，追追打打，以免破坏现场气氛。

3. 酒

酒，即用粮食、水果等含淀粉或糖的物质发酵制成的含乙醇的饮料，可以用来佐餐、助兴。自古以来，在世界各国，酒在社交场合的聚会、聚餐中都发挥着重要作用。

（1）酒的种类。目前，国内常见的酒主要有白酒、啤酒、葡萄酒、香槟酒、白兰地酒、威士忌酒以及鸡尾酒等。其中，除白酒是地地道道的中国货外，其他都是从西方国家陆续传入的舶来品。

①白酒。白酒也称烧酒、白干，因生产的工艺不同分成各种香型。最著名的白酒有：茅台、五粮液、剑南春、水井坊等。白酒可净饮干喝，也可以帮助吃菜下饭，有时还可以泡药作引。喝白酒讲究"酒满敬人"与"一饮而尽"。通常不必加温、加冰、兑水。喝白酒时，不宜与其他酒类或可乐、汽水等软饮料混合同饮，否则极易

醉酒。

②啤酒。是由外国人发明的一种历史悠久的酒，酒精含量较低，一般在4%左右。人们主要把啤酒当作一种饮料。在国外，啤酒是上不了宴席的。然而，在中国它却在各类聚餐中出现。啤酒的最佳饮用温度为7℃左右。

③葡萄酒。酒精含量不高，在12%左右，味道纯美，富含营养。根据色彩的不同，葡萄酒可分为白葡萄酒、红葡萄酒、桃红葡萄酒。根据糖分含量的不同，可分为干、半干、微干、甜、半甜、微甜。红葡萄酒的最佳饮用温度在18℃左右，白葡萄酒则在13℃左右。喝葡萄酒时，要用专门的高脚玻璃杯，不宜加话梅、可乐、雪碧等。

④香槟酒。因为香槟酒以法国香槟所产最为有名，故有此称呼。酒精含量在10%左右，口味清凉、酸涩、有水果香味。在6℃饮用为佳。香槟酒可单独饮用，也可用来佐餐、祝酒，或者是在庆典、仪式上以此为人助兴。

⑤白兰地酒。白兰地酒是葡萄酒家族里的特殊成员，酒精含量约为40%，色泽金黄，香甜纯美。在所有洋酒中是最为名贵的。品牌主要有马爹利、人头马、轩尼诗等。饮用的最佳温度为18℃以上，选用专用的大肚、收口、矮脚杯盛放。用时先以右手托住杯身观其色彩，并以手掌为其加温，随后闻其香味，之后再小口品味。

⑥威士忌酒。如果说白兰地酒是洋酒之中的"贵族"，那么相对而言物美价廉的威士忌酒则可雅俗共赏。它酒精含量在40%左右，口味浓烈、刺激。其知名品牌有尊尼获加、芝华士等。威士忌酒可以干喝，不过加入冰块、苏打水或姜汁后，味道更好。最好采用平底小玻璃杯，耐心细致地慢慢品尝。

⑦鸡尾酒。鸡尾酒并非某一种类的酒，而是一种混合型的酒。它是用各种不同的酒，以及果汁、汽水、蛋清、糖浆等其他饮料，按照一定的比例，采用专门的技法调配而成的。口味有浓有淡，酒精含量有多有少，但共同特点都是异彩纷呈、层次分明、闪烁不定，好似雄鸡之尾，故称作鸡尾酒。知名品牌有马提尼、曼哈顿、红粉佳人、血腥玛丽、亚历山大、天使之吻等。为便于观赏，最好用高脚广口的玻璃杯盛放鸡尾酒。

（2）菜肴的搭配。

①中餐中酒菜的搭配。中餐通常都要上白酒和葡萄酒。正规的中餐宴会一般不上啤酒，只有在便餐或大排档中才有。吃海鲜时饮用啤酒不利于健康。一般情况下，饮不同的酒要用不同的酒杯，通常在每位用餐者的正前方，排列着大小不等的三只杯子，自左而右分别是白酒杯、葡萄酒杯、水杯。

②西餐中酒菜的搭配。

a. 餐前酒。可以开胃，吃开胃菜时喝。人们喜欢餐前饮用的酒有鸡尾酒、昧美思和香槟酒。

b. 佐餐酒。西餐的佐餐酒均为葡萄酒，而且大多是干和半干葡萄酒。在菜肴搭配上，讲究"吃白肉配白酒，吃红肉配红酒"。所谓的白肉指的是鸡肉、鱼肉、海鲜和禽肉。红肉有牛肉、羊肉、猪肉。

c. 餐后酒。指的是用餐之后，用来助消化的酒。最有名的餐后酒就是享有"洋酒之王"的白兰地酒。

（3）斟酒礼仪。

①面面俱到。应一视同仁，不要有挑有拣。

②注意顺序。可以从自己所坐之处开始，以顺时针方向斟酒，也可以先为尊长、嘉宾斟酒。

③斟酒适量。白酒和啤酒可以斟满，而其他洋酒则不能斟得太满。

（4）敬酒礼仪。

①敬酒，亦称祝酒。在敬酒时要讲祝酒词，祝酒词要简洁，应在宾主人席后、用餐前开始进行，也可以在主菜之后、甜品上桌之前进行。在正式宴会上，由男主人提议为了某事而饮酒。当他人敬酒或致辞时，应停止进餐或饮酒，认真倾听。

②干杯。提议干杯者，可以是致祝酒词的主人、主宾，也可以是其他任何在场饮酒之人。当有人提议干杯时，应手持酒杯起身站立。举至双眼高度，口道"干杯"之后，将酒一饮而尽或适量酌用，然后手持酒杯与提议干杯者对视一下。即使滴酒不沾，也要拿起水杯表示一下。有时，干杯前要和对方碰杯，可使自己的杯口低于对方杯口以示敬重，与对方相距较远时，可以以酒杯底轻碰桌面。主人敬酒后，会饮酒的人应当回敬主人。

（5）饮酒礼仪。一是注意饮酒适量。二是注意拒酒有礼。拒绝他人劝酒的方法主要有四种：申明不能饮酒的客观原因、主动以其他饮料代酒、委托他人代饮、执意不饮杯中之酒。注意不要在他人倒酒时躲躲藏藏、偷偷倒掉。三是劝酒要适度。"酒能成礼，过则伤德"，喝酒本是令人愉快的事情，但如果不注意度，就会酒醉失态，既有损身体，又有损形象。

知识卡片　喝酒为什么要碰杯？

★一种说法是古希腊人创造了喝酒碰杯。传说古希腊人注意到在举杯饮酒时，人的五官都可以享受到酒的乐趣：鼻子能嗅到酒的香味，眼睛能看到酒的颜色，舌头能享受酒的美味，而只有耳朵被排除在外。希腊人想出了一个办法，在喝酒之前，互相碰一下杯子，杯子发出清脆的响声，耳朵就和其他器官一样，也能享受到喝酒的乐趣了。

★另一种说法是喝酒碰杯起源于古罗马。古代的罗马崇尚武功，常常开展"角力"竞技。竞技前选手们习惯于饮酒，以相互勉励。由于酒是事先准备的，为了防止心术不正的人在给对方喝的酒中放毒药，人们想出一种防范的方法，即在"角力"前，双方各将自己的酒向对方的酒杯中倾注一些。以后，这样碰杯逐渐发展成为一种礼仪。

学习活动

活动一 就你参加过的会餐，谈谈你所见到的行为哪些符合餐饮礼仪，哪些不符合餐饮礼仪。

活动二 列举出十种以上不文明的餐饮行为。

学习评价

一、选出符合餐饮礼仪的行为

1. 常见的宴请类型有四种，正确的是(　　)。
   A. 宴会、国宴、正式宴会、酒会　　B. 宴会、招待会、茶话会、工作餐
   C. 招待会、宴会、国宴、正式宴会
2. 宴请需要做的准备工作通常有很多方面，不正确的是(　　)。
   A. 确定宴请的名义、对象、范围　　B. 确定宴请的形式、规格
   C. 发出邀请函应提前一天
3. 宴请的席位安排，通常应遵循的原则是(　　)。
   A. 面门为上　　　　　　　　　　　B. 以近为上，以远为下
   C. 以左为上，以近为下
4. 请选择赴宴需要注意的礼仪规范。(　　)
   A. 适度修饰仪表　　　　　　　　　B. 接到邀请后，有事可以找人代替
   C. 参加宴请以晚到20分钟为宜
5. 请选择就餐时比较合适的礼仪规范。(　　)
   A. 不要说话，只埋头吃饭　　　　　B. 喝酒对身体不好，就餐时不要饮酒
   C. 就餐时要文雅
6. 现代社会招待为数众多的客人时，最适宜的形式是(　　)。
   A. 分餐式　　　　B. 自助式　　　　C. 混餐式
7. 进餐时不正确的礼仪规范是(　　)。
   A. 不坏吃相　　　B. 不乱布菜　　　C. 吃饭要特别迅速
8. 茶话会是一种简便的接待形式，举办茶话会合适的时间应该是(　　)。
   A. 上午11点　　　B. 下午3点　　　C. 上午10点或下午4点

9. 下列储茶用具不合适的是（　　）。
 A. 铅罐　　　　　　B. 锡罐　　　　　　C. 塑料罐
10. 敬茶时需要续水，续（　　）最为合适。
 A. 1 杯　　　　　　B. 2 杯　　　　　　C. 3 杯
11. 依据咖啡制作的方法，可以其分为三种，正确的是（　　）。
 A. 白咖啡、黑咖啡、爱尔兰式咖啡
 B. 现煮咖啡、速溶咖啡、罐装咖啡
 C. 罐装咖啡、白咖啡、现煮咖啡
12. 下面不是从西方国家传入的酒是（　　）。
 A. 白酒　　　　　　B. 葡萄酒　　　　　C. 白兰地酒
13. 斟酒时正确的礼仪是（　　）。
 A. 要给地位高的倒酒　　　　　B. 酒一定要倒满
 C. 白酒可倒满
14. 下面有关拒绝饮酒的方法，错误的是（　　）。
 A. 申明原因　　　　　　　　　B. 请人代饮
 C. 教训他人不要劝酒
15. 红葡萄酒的最佳饮用温度是（　　）。
 A. 18℃　　　　　　B. 15℃　　　　　　C. 14℃

二、判断以下餐饮礼仪的正误
1. 茶的品种有六种，分别是：绿茶、红茶、乌龙茶、花茶、砖茶、袋茶。（　　）
2. 酒会举办时间较为灵活，中午、下午、晚上均可。（　　）
3. 定菜时，可按主人意愿来定，只要方便就行。（　　）
4. 给别人夹菜时，可用自己的筷子。（　　）
5. 进餐时，只要记住吃就行。（　　）
6. 就餐时，为了礼貌，可以在餐桌上补补妆。（　　）
7. 就餐时，为了结交更多的朋友，可以离开自己的座位，随意走动。（　　）
8. 喝咖啡时，如果咖啡太热，可用匙使劲搅拌。（　　）
9. 存放茶叶时，可以用茶叶盒子长期存放。（　　）
10. 喝茶、咖啡时，为了解渴，可以多喝几杯。（　　）
11. 饮酒时，不管什么酒，都不能加冰，也不能加热。（　　）
12. 吃西餐很讲究，吃红肉喝红酒，吃白肉喝白酒。（　　）
13. 敬酒时，只要在座的都敬到，按什么规则都行。（　　）
14. 在宴席上，水盂里的水是不能喝的。（　　）
15. 喝红葡萄酒时，加话梅、可乐、雪碧、柠檬、冰块都是不正确的。（　　）
16. 喝白葡萄酒时，可以加冰块。（　　）

项目六　交际礼仪

项目七　职场礼仪

中等职业学生将从学校踏入社会，要学会适应社会，适应工作，适应环境。职场礼仪，是指人们在职业场所中应当遵循的一系列礼仪规范。本章介绍了公关活动（庆典仪式、剪彩仪式、签字仪式）和服务员、文秘员、售货员、酒店服务员、推销员的礼仪规范，让同学们了解服务行业的礼仪规范，为将来能够恰当地运用职场礼仪打下基础。

第一节　公关礼仪

某美容中心开业两周年，经理吩咐助理林芳组织一次庆典活动。林芳想，正好可以借此机会扩大美容中心的影响。她设计了一个活动方案，邀请中心所在社区的部分新老顾客参加。活动形式以宴会为主，配以小型的表演和美容知识问答等活动，增强宾主之间的互动。并在礼仪公司聘请了一位专业庆典司仪，为嘉宾们选准备了一些工艺礼品，还邀请自己在晚报当记者的一位同学参加。

庆典活动如期举行，圆满结束。一个月后，这个美容中心的客户增加了20%。

一、庆典礼仪

庆典，是各种庆祝仪式的总称，是公关活动中常用的形式。每逢重大节日、纪念日及有重要事件发生，都可以举行隆重的仪式，如开业典礼、剪彩仪式、周年庆典等。隆重的仪式能够激发人们的社会情感，能给人留下强烈的印象。能够增加参与者的团队精神，增强凝聚力。所以，庆典既可以鼓舞士气，促进企业文化建设，又可以增进关系、扩大宣传、提高企业知名度。

1. 庆典的种类

（1）政治性典礼。用于政治生活中重大的事项，如开国大典、国庆典礼、揭幕典礼等。

（2）经济性典礼。用于企业单位经济活动中重大事项，如开业典礼、落成典礼等。

（3）日常工作性典礼。用于机关、企事业单位和社会团体日常工作的重大事项，如开学典礼、奠基典礼、表彰典礼等。

（4）日常生活性典礼。用于人们日常生活中的重大事项，如结婚典礼、庆寿典礼和丧葬典礼等。

2. 庆典的礼仪

无论是哪种类型的典礼，都应热烈、有序、得体，以利于树立良好的组织形象，并借此机会扩大本单位在社会中的影响，吸引社会各界的重视与关注，使典礼成为公关活动的有力环节。一般典礼工作包括如下内容：

（1）庆典准备工作。

①确立原则。现代商务活动中，无论哪种形式的典礼，基本原则应该是热烈、隆重、节俭。

②确定日期。典礼的日期一般宜选择节假日或有纪念意义的日子。日期不宜无故取消、更改。

③选择地点。应根据典礼的规模、影响力以及本单位的实际情况，将地点设在显著的地方，如本单位的礼堂、会议厅、门前的广场，也可以租用一个条件较好的地方。

④确定来宾。典礼是进行公关、扩大影响的好机会，应当精心确定好庆典的出席人员名单。一般说，庆典的出席者包括：上级领导、社会名流、新闻记者、协作单位代表、社区关系、单位员工等。人员名单确定后，提前一周左右发出请柬、邀请函或通知，以便使受邀请者及早做好准备。

⑤布置现场。现场的大小应与出席者多少成正比。为了烘托出热烈、隆重、喜庆的气氛，可在现场悬挂标明庆典具体内容的横幅，悬挂彩带、彩灯，张贴一些宣传标语，如"××公司开业典礼""欢迎各位来宾光临"等。现场的布置在节俭的同时，应当量力而行，尽量美化庆典现场环境。

⑥来宾接待。在仪式的现场一定要有专人负责来宾接待工作。接待贵宾时需由本单位主要负责人亲自出面，其他来宾可由礼仪小组接待。庆典接待小组，最好由年轻、干练、形象好、口才好的年轻人组成。

⑦后勤工作。包括检查设备，试验音响，准备签到簿、茶水、纪念品和安全保卫等工作。

（2）庆典程序。拟订庆典的程序时，必须坚持两条原则：第一，时间宜短不宜长。大体上应该以一个小时为限。这样既是为了确保庆典的效果良好，也是为了尊重全体出席者。第二，程序宜少不宜多。程序太多，不仅会延长时间，而且会分散出席者的注意力，让人觉得庆典的内容过于杂乱。依照常规，一次庆典大致包括以下程序：

①请来宾就座，出席者安静。

②主持人宣布庆典正式开始，播放音乐，宣读典礼程序。

③介绍来宾，向来宾致谢。

④本单位主要负责人致辞。内容主要为对来宾表示感谢、介绍此次庆典的缘由等，发言重点在于报捷以及"庆"字上。语言要简短，措辞生动热烈。

⑤嘉宾讲话。出席此次庆典的上级领导或来宾致祝贺词。

⑥剪彩仪式。

⑦安排文艺演出。这项程序也可不安排，如果准备安排，应当慎选内容，注意要与庆典主题相符。

⑧邀请来宾参观。可以邀请来宾参观有关的展览或本公司的内外环境。

⑨庆典招待会。典礼仪式结束，可安排招待宴会。人数与规格视情况而定。一般来说，各界领导、社会名流、新闻界人士、商业客户等都应参加招待宴会。

二、剪彩仪式

剪彩仪式是有关企业、单位为了庆贺企业的开工、公司的成立、宾馆落成、店铺开张、大型建筑物的启用、大型展销会或博览会的开幕等而举行的一种庆祝活动。其主要内容是邀请专人用剪刀剪断被称为"彩"的红色缎带（图7-1），所以这一仪式被人们称为剪彩。剪彩作为一种庆典仪式，既可以在开业典礼中进行，也可以举行专门的仪式。热烈而隆重的符合有关礼仪的剪彩仪式能够在社会中树立企业的良好形象，引起社会各界的重视。

剪彩仪式往往作为开业典礼的一个组成部分，所以它的组织程序与开业典礼基本相同。如果单独举行剪彩仪式，还需注意以下问题：

（1）确定日期。剪彩仪式一般在户外进行，应选择阳光灿烂的日子，尽量避开风、雪、雷、雨等恶劣天气，以利于仪式的顺利进行。

图7-1

（2）准备工作。剪彩仪式的组织程序与典礼基本相同，除需要舆论宣传、发放请柬、布置场地、人员接待外，还要准备剪彩仪式上需要的红色缎带、新剪刀、白色薄纱手套、托盘、红地毯等。

（3）确定剪彩者。剪彩仪式档次的高低跟剪彩者身份密切相关，通常由上级领导、社会名流、合作代表、员工代表、客户代表担任。剪彩者可以是一人，也可以是多人，但一般不能超过五人。

(4)场地的选择布置。剪彩仪式的会场一般在室外举行。如公司或店堂剪彩仪式一般会在大门口举行，而开工剪彩会在工地现场举行。为了增加喜庆感，使场面热烈隆重，现场应适当装饰，在剪彩之处悬挂写有剪彩仪式的具体名称的横幅和祝贺条幅。会场布置花篮，准备鞭炮、彩带、气球、标语等以烘托气氛。

(5)剪彩程序。独立出来的剪彩程序通常包括以下内容：

①来宾就座。一般情况下，剪彩者就座于前排，如果由数人剪彩时，按剪彩时次序入座。当他们到达会场时，应由工作人员引领入座。

②仪式开始。由主持人宣布仪式开始，全场起立，请乐队奏乐或燃放鞭炮，来烘托现场热烈的气氛，并向全场介绍到场的重要来宾。

③讲话与发言。仪式上应安排一个简短的发言式讲话，一般有主办方单位代表、上级主管部门代表、合作单位代表等。这种场合发言应言简意赅，重点分别为介绍、道谢与致贺。

④剪彩。一般由主持人宣布剪彩人员名单，由礼仪小姐或工作人员引导他们到指定位置，其他人员一般应尾随至剪彩者身后1~2米处。礼仪小姐以托盘端上剪彩工具。剪彩者右手持剪刀，把红色缎带一刀剪断。剪彩成功后，剪彩者应面向四周举手鼓掌祝贺。接下来可依次与主人握手道喜，随后在引导员引导下退场。

如果由多名剪彩者同时剪彩时，其他剪彩者应用眼睛的余光注视主剪彩者的动作，力争同时将红色缎带剪断。

在剪彩结束之后，主持人要再次向与会者表示谢意。并组织与会者参观被剪彩的项目。

(6)招待宴会。通常情况下，剪彩仪式在上午举行，如果仪式结束时已是上午11点钟，一般情况下应安排招待会宴请来宾，如果在10点以前结束，可以不安排。可以赠送纪念性的小礼品。

三、签字仪式

签字仪式是商界活动中的合作伙伴经过洽商或谈判，就彼此之间的商务合作、商品交易或某种争端达成协议或订立合同后，由各方代表正式在有关的合同或协议上签字的一种庄重的仪式。签字仪式的举行，表明会谈各方对文件约束力的正式认可，体现各方对会谈结果的重视。同时也可以扩大双方在社会上的影响。

1. 签字仪式的程序

(1)文本的准备工作。签字的文本是签字仪式的主要对象，必须精心制作。首先要通过讨论确定正式文件的文字内容并定稿；如果涉外谈判，签字文本还要用中文和外文同时印制。翻译后的文本必须经过双方的确认。文本排版后，必须严格校对，确认无误后，才能交付印刷装订。一般在举行签字仪式前先在文本上盖上双方的公章，以便使文本在签字后立即生效。

（2）商定双方参与人员。

①签字人员是签字仪式上的主要角色，确定签字人员要考虑：第一，必须具有代表一级政府和组织的法定资格；第二，双方签字人员的身份应大致相等。据此，签字员可以是双方参加谈判的主谈人，也可以派更高级别的领导人，以示重视。

②见证人，主要是参加会谈的人员，双方人数应当相等。

③助签人，负责在签字过程中帮助签字人员翻揭文本，指明需要签字之处。

（3）现场的布置和物品准备。签约现场的布置要严肃、庄重、整洁。房间内最好铺地毯，面对正门的墙上（签字桌的背景）一般要挂设帷幕，幕上标明签字仪式的名称。签字桌一般为长方桌，上铺深绿色呢制台布，放双方席卡。后放两把椅子，按主左客右的惯例摆放双方签字人员的座位。座前陈列各自保存的文本和签字工具，签字用的文具必须符合归档的要求。其他参加签字仪式的人员按身份高低向两侧顺排立于签字人员的后边。签字仪式开始前，助签人应站立于各自签字人员身后外侧（图7-2）。

（4）签字程序。按国际惯例，签字程序采取轮换制。签字仪式时应先在己方文本签名，再由助签人员交换，在对方文本上签名。签字完毕后，双方同时起立，交换文本，然后握手致意。其他随行人员则应该以热烈的掌声表示喜悦和祝贺。有时在签字仪式结束后，双方会举行小型酒会，举杯共庆会谈成功。

图7-2

2. 参加签字仪式的人员应注意的礼仪

（1）服饰整洁。整洁、挺括的着装不仅反映一个人的精神风貌，也是对对方的礼貌与尊敬。

（2）遵守时间。必须准确掌握仪式举行的时间、地点，不能迟到、早退。

（3）座次安排。要按照已安排的座次就座。主人立于背门一侧、客人面门而坐或客右主左。

（4）谈话礼节。讲究说话、听话艺术。双方签约后起立鼓掌。

知识卡片　剪彩仪式的由来

据历史记载，剪彩源于1912年的美国圣安东尼奥州的华狄密镇。当时，一家商店即将开业，店主威尔斯为了阻止先来的顾客在正式营业前耐不住性子，闯入店内，将优惠顾客的便宜货争购一空，而使守时而来的顾客得不到公平的待遇，便找来一条布带子拴在门框上。事也凑巧，正当门之外的人们显得有些迫不及待的时候，威尔斯的小女儿牵着一条小狗突然从店里跑了出来，小狗若无其事地将拴在店门上的布带子碰落在地。店外不明真相的人们误以为这是该店为了开张所搞的新把戏，于是立即一拥而入，大肆抢购。让威尔斯转怒为喜的是，他的这家小店在开业之日的生意居然红火得令人难以置信。此后在他旗下的几家连锁店陆续开业时，他便将错就错地如法炮制。久而久之，威尔斯的小女儿和小狗无意之中的"发明创造"，经过他和后人不断"提炼升华"，逐渐成为一整套的仪式，先在全美，而后在全世界广为流传，为商家创立了一种崭新的庆贺仪式——剪彩仪式。

学习活动

活动一　在班长主持下，全班同学共同参与筹划，周末组织一次庆典活动。结束后评议活动效果。

活动二　全班学生按文学和文体爱好分为两组，每组选出代表，就以后在学校和班级内部组织的活动中双方合作事宜，通过谈判达成协议，然后组织一次简单的签字仪式。仪式后老师和同学对仪式过程和效果进行评议。

活动三　在班内模拟场景，在老师指导下演练剪彩仪式。

学习评价

判断下列说法是否符合庆典礼仪规范：

1. 庆典活动中，宾客的座次自由选择。（　　）
2. 庆典活动中，主持人和领导穿礼服，员工可以根据自己的爱好，打扮越时髦越好。（　　）
3. 举办庆典仪式，参加的人越多越好。（　　）
4. 庆典仪式时间不宜太长，程序不宜太多，否则会分散人们的注意力，效果反而不好。（　　）
5. 各式庆典仪式上，本单位的员工的服饰、仪表代表了本单位的形象，特别是工作人员，服饰一定要得体。（　　）
6. 在各种庆典活动中，应按职位的高低和贺礼的轻重安排招待规格和礼品档次。（　　）
7. 庆典活动上，主持人可以是本单位人员，也可以从礼仪公司聘请。（　　）
8. 庆典活动日期一经确定，不能随意更改。（　　）
9. 剪彩仪式一般在室外举行，所以应选择风和日丽的日子。（　　）
10. 剪彩仪式前应该多准备几把剪刀，上级领导或贺礼重的人都可做剪彩员。（　　）
11. 剪彩仪式上，剪彩人员必须是单位主要领导，员工没资格做剪彩员。（　　）
12. 剪彩仪式结束后，可以为来宾赠送礼品或举行招待宴会。（　　）
13. 签字仪式上，双方可以由秘书代替领导签字。（　　）
14. 签字仪式上，参加人员都应该穿得整洁、挺括，体现对仪式的重视和对对方的尊重。（　　）
15. 举行签字仪式，表明会谈各方对文件约束力的正式认可，体现各方对会谈结果的重视。同时也可以扩大双方在社会上的影响。（　　）

第二节　推销员礼仪

曾经在全美国排名第一的汽车推销员吉拉德，他年轻的时候向一位名人销售汽车，交易过程很顺利，就要签单时，那位名人突然说不买了。他从对方眼中看出了对方对该款车的喜爱，给他的价位也很合适，于是百思不得其解。当晚他拨通了对方的电话，名人问："你真想知道吗？那一定要留意我的话。"他回答说："一定。"名人说："可是你今天下午并没有用心听我说话，当我准备签字时，提到我的儿子即将进密西根大学就读，我还说到他的运动成绩和抱负，我以他为荣，你却没有任何反应，你根本不在乎我说了什么，当时你正给另一个推销员说话。"吉拉德明白了，这次生意失败的原因是因为自己没有认真倾听客户谈论他引以为傲的儿子。他记住了这个教训，从此，他的工作越来越顺。

现代社会的商业竞争中，推销员的作用日趋重要。客户经常通过推销员来了解和判断企业，在客户的心目中，推销员是公司的形象代表。因此，推销员不仅要具备良好的科学文化知识，而且必须掌握基本的推销礼仪，应注意自己的仪容、仪态、仪表，正确使用语言和非语言交谈，给顾客一个良好的第一印象，赢得客户的好感和信任。

小贴士　推销员的着装

> 日本推销大王齐腾竹之认为，推销员应在四季分别准备西装两套，衬衫、领带、手帕、袜子各十件，皮鞋两双。皮鞋要常擦，衣服袜子要常洗，指甲每天剪，胡子每天刮，手帕要干净，头发每天梳，并注意发型。

一、提前预约

1. 约定时间

推销员可以用电话事先约好时间，而不要贸然上门。电话预约时，先选出最适合销售的顾客，然后依次打电话。在电话交谈中，要使顾客明白完成这次购物可以给他带来的好处。打电话最好是为了安排一次约会，而不是为了完成一次交易。因此，不要在电话中过多地传递信息，应保留一些关键问题。

约定时间要在双方都方便的基础上，推销员应本着为顾客服务、替顾客着想的精神，尽量由顾客决定约见时间。对于推销员来说，一旦约定时间，就必须按时赴约，切忌爽约迟到，浪费客户的时间。特别是集团消费者，安排约见时间时，须了解单位的作息制度，尽可能避开对方工作高峰时间或下班时间。

2. 约见地点

约定地点的基本原则同样是方便顾客。最佳的地点通常是顾客的居住场所或工作地。

二、适当称呼

见到顾客打招呼时，应尽量使用尊称、敬称。与对方搭起沟通的桥梁。推销员与顾客初次见面，可以称呼客户为"老板""先生""太太"等。家庭拜访时要注意说话方式，因为女人的警戒心特别强，推销员必须先搭好这座心桥，工作才能顺利进展下去。

三、推销过程中的礼仪

商家常说"顾客就是上帝"，推销员是为顾客服务的，因此，必须有礼貌地对待顾客。不管是可能还是不可能成交的顾客，推销员对要拜访的人都要以礼相待。为树立在顾客心中的良好印象，推销员一定要注重礼节，讲究信誉，不要只想着自己赚钱。

上门推销时，要面带微笑，名片亲自交于对方。接过对方名片时，先看清姓名再将名片收入名片夹中。如果客户有好几位，应尽快将每个人的姓名及职务记住，并叫出来，这等于给对方一个巧妙的赞美。

无论在客户客厅还是在办公室，自行坐下是失礼的行为，一定要等对方示意才能坐下。注意坐姿，在沙发上靠着后背、跷二郎腿、双脚晃动等一些傲慢无礼的举动都是不合适的。谈话时把握好洽谈时间，以提高推销效率，取得良好推销效果。

推销过程中，根据姿势把握好双方之间的距离：如果双方站立，距离应保持在两条胳膊左右，距离太近给人"对立"的感觉；如果自己站立，对方坐着，距离稍微近些，大概保持一条半胳膊左右；双方如果坐着交谈，距离可接近到一条胳膊左右；如果是在桌子旁边展示给对方说明书看，尽量位于客户身旁，做商品说明。

四、讲究谈判艺术

推销技巧是指各种促进推销的方法、手段。应掌握和运用推销技巧，以便推销获得成功。

1. 赢得顾客信任

推销员上门推销产品，首先要赢得顾客的信任和对产品的好感。因此，推销员应及时出示自己的名片、身份证等证件，以证明自己的身份；其次，洽谈中适时给顾客出示样品以吸引顾客。在示范过程中，使用适合对方的专业术语或通俗的语言，表述准确清楚。此外，还应准备商品价格表、订购单以便顾客选择订货，也可准备些小礼品答谢顾客。

一个出色的推销员必须懂得，任何炫耀标榜自我的做法都会给人"奸商"的坏印象，很容易引起顾客的反感。顾客在听推销员介绍产品时，不仅留意推销员在说什么，同时也对推销员的为人产生印象，判断推销员的诚信品质。一个夸夸其谈、自我炫耀的人会使人感到不可靠。要恰如其分地推销和评价自己的商品，不能过分抬高自己的商品。

2. 说服顾客的技巧

在具体交谈时，注意不要直奔主题，见面可以先寒暄，使双方精神放松，感情逐渐融洽，注意倾听对方。推销过程中，顾客随时都可能提出异议，此时不要马上反驳，据理力争，可以先同意顾客的观点，甚至赞赏他的眼力："这个问题提得好。"接下来再委婉地说明，他提到的缺点怎样被优点抵消了。有时产品确实存在顾客所说的缺点，推销员要对自己的产品持客观的态度，不应弄虚作假欺骗顾客，更不能强词夺理愚弄顾客，可以用商品的其他优点来补偿或抵消有异议的缺点。

五、跟踪服务

跟踪服务能增强顾客对企业和产品的信赖，促使重复购买，还可以获得各种反馈信息，为企业决策提供信息，也为推销工作积累经验。

六、重视关系管理

推销员不仅要与顾客建立长期稳固的业务关系，还要建立良好的人际关系，以便获得更多的销售机会。因为向现有顾客推销产品所需要的成本远远低于新客户开拓。推销员应与批发商、代理商、售货商、客户经常保持联系，并从他们那里了解顾客对产品的评价以及需要该产品的顾客范围，从而为更广泛地打开销路创造条件。一个推销员还应学会对目前不能展开推销的客户做一个备忘录，以便以后再行推销。

知识卡片　推销之神——原一平

1904年，原一平出生于日本长野县。因为家境富裕，从小他就像个标准的小太保，叛逆顽劣的个性使他恶名昭彰而无法立足于家乡。23岁时，他离开长野到东京打天下。1930年，原一平进入明治保险公司成为一名

"见习业务员"。原一平刚刚涉足保险时，为了节省开支，过的是苦行僧式的生活。当然，这一切并没有打垮原一平，他内心时刻燃着一把永不服输的火，鼓励着他愈挫愈勇。1936年，原一平的业绩遥遥领先公司其他同事，成为全公司之冠，并且夺取了全日本的第二名。36岁时，原一平成为美国百万圆桌协会成员，协助设立全日本寿险推销员协会，并担任会长至1967年。因对日本寿险的卓越贡献，原一平荣获日本政府最高殊荣奖，并且成为MDRT的终身会员。原一平50年的推销生涯，是一连串的成功与挫折所构成的，他成功的背后，是用泪水和汗水写成的辛酸史。

学习活动

活动一　周末到商场感受导购员的推销活动，评价他们的服务是不是符合推销礼仪，并将感受在班上交流。

活动二　在同学中推销自己制作的小装饰品，练习推销技巧，掌握推销礼仪。

活动三　班上同学以组为单位，每组准备一个到商场消费的情景小话剧，时间为5~8分钟，由小组推选3~5个同学表演，小组之间互相打分，评选出创意奖和表演奖。

学习评价

一、下列说法是否符合礼仪规范

1. 推销员工作很辛苦，与客户预约时，时间、地点本着方便自己的原则。（　　）
2. 对于推销员来说，一旦约定了时间，应尽量按时到达，万一临时有事可以不通知客户，以后再约时间。（　　）
3. 初次与客户见面，要察言观色，把握好洽谈的时间。（　　）
4. 不要随意批评顾客，那样会使顾客感到不安，推销可能因此终止。（　　）
5. 推销员可以准备些小礼物，赠送给有购买意向的顾客，以增进友谊，促使推销成功。（　　）
6. 当顾客对自己的产品有异议时，推销员应耐心倾听，恰如其分地评价自己的

商品。（　　）

7. 推销过程中，如果是同性，双方距离可以尽量靠近点，以显示与客户的亲密的情谊。（　　）

8. 女推销员应打扮时髦些，勾住顾客的眼睛和心，促使推销成功。（　　）

9. 推销过程中，推销员应避免谈对方的缺点，对客户的优点给予恰如其分的赞美，给推销谈判创造一个轻松愉快的环境。（　　）

10. 在产品展示过程中，应多说自己产品的优点和其他同类产品的缺点，促使顾客购买自己的产品。（　　）

11. 尽管是商务洽谈，推销员也要注意倾听，表现出对客户关心的问题很感兴趣。（　　）

12. 推销员的工作很辛苦，工作中可以把自己的不容易告诉客户，以获得客户的同情。（　　）

13. 作为推销员，形象很重要，应该时刻板着脸，表情严肃，以示严谨的工作态度。（　　）

14. 推销员不仅要与客户建立良好的业务关系，还要注意建立良好的人际关系。（　　）

二、案例分析

一天，某照明器材厂的业务员金先生按原计划，手拿企业新设计的照明器样品，兴冲冲来到某公司的六楼，脸上的汗没顾得上擦一下，直接冲进业务部张经理的办公室。正在处理业务的张经理吓了一跳。金先生说："对不起，这是我们公司新设计的产品，请你过目。"张经理放下手中的工作，接过照明器随口说："好漂亮啊。"并请他坐在沙发上，给他倒了杯水。金先生看到张经理对产品如此感兴趣，便往沙发上一靠，跷起二郎腿，边吸烟边悠闲地环视经理的办公室。当谈到价格时张经理说："这个价格比我们的预算价格高得多，能不能再降低一些？"金先生回答："我们经理说了，这是最低价格，一分也不能少。"张经理皱了皱眉："这器材性能先进在什么地方？"金先生搔了搔头，反反复复地说："造型新、寿命长、节电。"张经理托辞离开了办公室。金先生感到无聊，随便拿起桌上的电话和朋友闲谈起来。这时门开了……

作为推销员，请帮金先生选择正确的做法：

1. 金先生拜访客户前应该（　　）。
   A. 先预约
   B. 去经理办公室可以不预约
   C. 比预约时间提前越早越好

2. 金先生进入经理办公室时应该（　　）。
   A. 把汗擦净，再敲门进入
   B. 不用擦汗，敲门进入就可以

C. 先把汗擦净，再直接进入
3. 经理看产品时金先生应该(　　)。
A. 端坐在沙发上抽烟
B. 可以靠在沙发上，不可跷起二郎腿
C. 端坐在沙发上，不能随便抽烟
4. 金先生搔头的习惯动作(　　)。
A. 只是个人习惯，对销售没影响
B. 显示出金先生的不自信和对业务知识不熟练
C. 显示出金先生的自信
5. 金先生用经理的电话聊天(　　)。
A. 经理看他的产品时可用办公桌上的电话聊天
B. 不能随便用客户的电话聊天
C. 用客户电话时把门锁上

第三节　售货员礼仪

一天，我去蛋糕店，年轻的服务员热情地迎上来说："您好！欢迎光临。"我看店内的空间不大，但干净整齐有序，玻璃隔开的里间是加工间，蛋糕师身着专业加工服，客人可以看到整个加工过程。外间分层的货架上摆着各种造型新颖的成品。看出我满意的表情，服务员礼貌地指着旁边的消毒柜："这边有食品盘和食品夹，如果需要可以自由选择。"服务员说完便招呼其他客人去了。我取了工具选了喜欢的几种，排队结账。

轮到我结账了，我把托盘放到收银员身旁，收银员说："把这个给你换一下吧，小丽，给客人换一下蛋糕。"原来我不小心把造型精美的蛋糕弄掉了一个边角。服务员过来给我换了个完好的。我非常感激地向她们说："谢谢！"

收银员熟练地结完账说："共38元，收您50，找您12元，请您收好。"边说边双手递上钱和票据。又拿起包装好的蛋糕说："这是您的蛋糕，请您慢走，欢迎再来。"

这次购物我的心情十分愉快，当然我也成了这家蛋糕店的常客。

售货员是商场的门面，所以售货员的言谈举止不仅是个人形象的体现，更重要的是商场形象的体现。因此售货员的礼仪修养和商品质量一样重要。当新的一天开始，所有营业员应牢记"顾客是上帝""宾客至上，服务第一"的服务理念。'服务中应做到：文明经营、热情待客。使顾客真正体验到来这儿购物是一种交流，一种享受，使他们高兴而来，满意而去。在具体工作中售货员应注意仪表、语言、态度、服务规范等问题。

一、形象端庄

形象是一个人的无声语言，得体的仪容、仪表、仪态既是自我精神的表现，也是对顾客的一种尊重。饱满的精神、端庄的仪表、文雅的举止、自然的表情常胜过千言万语，容易使消费者产生信任感和进一步沟通的欲望。营业员在工作中，无论是站是走都应始终保持姿态的大方、自然，给消费者以自信、热情的感觉；反之，态度懒散、心不在焉，则易使消费者产生不信任、受冷落或是轻视对方的感觉。

1. 仪容

员工仪容仪表规范的基本要求是：服饰整洁，仪表得体，端庄自然。保持面部洁净，进行适当的外貌修饰，女员工应遵循庄重、简洁、适度的淡妆原则；员工发型、发式要与外表、岗位以及工作环境等相适应；佩戴饰物应按照企业、岗位等方面的规范要求，符合身份、适度为佳；从事食品销售、食品加工等岗位工作的员工，要佩戴专用合格的工作帽、口罩、手套，不得佩戴任何饰物，并符合《散装食品卫生管理规范》的规定。

2. 仪态

（1）站姿。在货架处服务的，应挺胸收腹，站立要端正，双臂自然下垂，或在体前交叉，或背在身后。在柜台的应靠柜台而站，但双手不要扶在柜台上，目视前方，面带微笑。不管有没有顾客，销售人员都不可坐着、趴着、靠着、东倒西歪、伸懒腰、驼背、耸肩等，这很难给顾客留下好的印象。

（2）行姿。行走要稳并且迅速，但不可小跑。与顾客相遇时要点头示礼，靠右边走，不可从两人中间穿过，因工作需要必须从中间穿过时一定要礼貌致歉。不能抢先而行，引导顾客时让其在自己右侧。

（3）手势。给客人指引方向时，手臂自然伸直，手指并拢、掌心向上。递商品给顾客时要恭敬，绝不能漫不经心地一扔，应双手递上。

（4）举止。应禁止各种不文明举止。如双手插入口袋、挖鼻孔、打哈欠、吹口哨、打响指等。

3. 服饰

商场服务员应按照规定统一着装。统一的着装不仅便于消费者识别，更重要的是能体现企业的素质、品位和文化内涵。低档商场不一定非要统一服装。不管是不是穿着统一制服，都必须使自己的着装整齐、洁净、大方、得体，因为它对顾客的购物心理起着重要的影响。假如营业员歪戴帽子，衣着不整，顾客会感觉到此店风气不良，在店里购物有一种不安全感，加大与消费者之间的距离，令消费者感到不自在，避之唯恐不及。营业员可以面着淡妆，不用或少用饰品。

4. 精神风貌

要保持良好的精神风貌。在工作岗位上表现得专心致志，不允许扎堆聊天，即使在空闲的时候，也不要在柜台前化妆打扮。顾客交流时两眼应正视对方，给顾客以真诚的感觉,双手的姿势和动作是形体语言重要的组成部分,商场营业员应时刻注意自己的双手姿势,不要给人以手忙脚乱、六神无主的感觉,不要有不雅观的习惯动作或姿势。

二、谈吐文雅

语言是表达思想、沟通感情的主要工具,一个人的语言表达能充分体现他的品德、修养和知识。俗话说"良言一句三冬暖,恶言半语六月寒",得体的语言表达常有事半功倍的效果,失礼的语言亦会使前功尽弃。因此,营业员的语言能力直接关系到服务质量的好坏。商场营业员在交流中说话口齿清晰、音量适中,最好用标准普通话。但若客人讲方言,在可能的范围内应配合客人的方便,以增进相互沟通的效果。

"一句话能把人说得跳起来,一句话也能把人说得笑起来。"语言的文明礼貌不仅体现在语言的掌握程度上,更表现在语言的表达技巧上。商场服务语言的表达要求:亲切——和气、谦逊、真诚;准确——给消费者提供正确、可靠的信息,表达明白,不含糊其辞、模棱两可;生动——言辞活泼、有感染力;文雅——言谈讲究文明礼貌,言辞得体,不粗俗。具体地说,营业员在与顾客语言交流时应注意以下问题:

1. 恰当的称谓

恰如其分的称谓常给人以亲切感,可以起到很好的感情沟通作用,反之,则使人感到不愉快。称呼顾客时应注意根据年龄、性别、职业、地区、民族、习惯的不同而有所不同。营业员在称呼顾客时,应使用大众一般认可的称谓,如"师傅""大爷""大娘""小朋友""小弟弟""小妹妹""先生""太太"等。对一些流行称谓,如"哥们""姐们"等应慎用,切不可使用"哎""喂"等不礼貌的或其他带有偏见、歧视、侮辱色彩的语言指称顾客。

2. 服务语言的技巧

俗话说:"话有三说,巧者为妙。"巧妙的柜台服务用语,能解决遇到的各种难题,顺利促成交易。柜台服务员的语言应含蓄委婉,意思表达完整确切,褒语恰当,巧用正反对比。

小贴士　微笑的魅力

在服务行业,微笑是服务人员最正宗的脸谱。饭店招待的微笑会使菜肴更美,公司店员的微笑会使顾客乐意打开钱包,医生的微笑使病人减少痛苦,增加战胜疾病的信心。

三、态度和善

营业员服务时应表现出接受对方,重视、欣赏对方,并能恰当地赞美对方。服务态度以公平、热情、主动、耐心周到为基本要求。

1. 公平

接待顾客时,不以年龄、性别、服饰、相貌取人,不能因职业、地位、民族、地域的差异而有所不同,必须一视同仁、平等对待、童叟无欺,处处体现平等待人、公平交易的精神。

2. 主动

营业员在工作中应主动迎接顾客,不消极等待,更不能对顾客视而不见,要让顾客有时刻被人关注和重视的感觉。应做到主动和顾客打招呼、主动询问顾客的需求、主动当好顾客的参谋、主动帮助顾客挑选商品、主动帮助顾客解决问题。

3. 热情

微笑是最能打动人心的语言。营业员要以饱满的精神状态投入工作,应做到顾客到、微笑到、敬语到,来有迎声、问有回声、走有送声。

当有顾客光顾时,要以亲切的目光迎接,或带微笑地说:"您好,欢迎光临。"顾客购物过程中,配合顾客挑选商品,及时回答顾客的提问,不宜有不耐烦的表情,或者一问三不知。无论顾客挑选半天分文未花,还是高高兴兴地满载而归,都要以亲切、热诚的态度说"欢迎您常来""再见"或"您慢走",留给对方良好的印象。

4. 耐心周到

要求营业员在服务中充分理解消费者,把方便让给消费者,把困难留给自己,以有问必答、百问不烦的态度对待消费者。有些消费者选商品时会详细地或反复问一个问题,有时几位顾客同时发问,售货员要有充分的耐心,沉得住气,从顾客的利益出发,为顾客解疑排难,相关事宜应向顾客解释清楚,不应对顾客有所隐瞒。应做到:买与不买一个样、买多买少一个样、大人小孩一个样、生人熟人一个样、退货买货一个样、忙时闲时一个样,每笔业务都要有头有尾、善始善终,不能虎头蛇尾、粗枝大叶。

在热情为顾客服务时,切忌"打扰式服务"。营业员必须恰当地表达热情、把握分寸,过分热情会使人心生疑惑,不舒服,应采用"零干扰式服务",要善于观察。对刚进门神态悠闲的客人,要给客人慢慢观察和欣赏的时间,或有礼貌地告诉顾客:"若有需要服务的地方,请叫我一声。"不要紧跟顾客身后追问客人:"想要点什么?"让主意未定的客人为难或产生反感。适当的感情距离有时更有利于沟通和交流。切忌为达到推销商品目的而过分热情、喋喋不休,更不要用"怀疑"的目光去审视顾客。

四、服务规范

规范的服务亦表示了商场对消费者的一种尊重。商场客流变化大,情况较为复杂，需要营业员有较强的应变能力和适应能力，不可因自己的原因而怠慢顾客，降低服务质量。在营业高峰营业员应注意：

1. 按序服务

先来的客人应先给予服务，为加快服务速度，减少顾客等待的时间，营业员应有"接一顾二招呼三"的能力，即在接待第一位顾客时，同时对第二位、第三位（乃至更多）顾客有所关照，可以是一个招呼"请稍等"，也可以是一个眼神示意，向他们传递已被关注的信息，以取得顾客的谅解、支持和帮助。不能置之不理，使之产生被疏忽、被冷落的感觉。更不能本末倒置地先招呼后来的客人，而怠慢先来的客人。在营业场所十分忙碌、人手又不够的情况下，在接待等候多时的顾客时，应先向对方道歉，表示接待不周、恳请谅解。

小贴士　超市收银员装袋技巧

食品、非食品分开，食品中生熟分开放置；质地较硬和重的商品应该垫底；容易流出水汁的商品应单独另装；形态方正的物品放在两侧，起支撑作用；易碎或怕压的商品放在上层；每袋不要装过多的商品，以便顾客轻松携带。

2. 冲突处理

有时一些顾客可能由于不如意而发怒，这时营业员要克制自己的情绪，不能因顾客的言论影响态度，应把注意力集中在顾客的需求上，立即向顾客解释并道歉，尽力满足消费者提出的合法、合理的要求。原则上，冲突处理过程中，作为商场一方应做到有礼有节，"小是小非讲风格，大是大非讲原则"，对自己的错误应敢于承担责任，有过则改；如果顾客有错，营业员要得理让人，主动让步。对难以解决的问题应及时提请相关机构进行仲裁，必要时通过法律途径解决。不管最终结果如何，商场都应表现出较高的姿态，以赢得社会舆论的同情和支持。

知识卡片　售货员的接待礼仪

★拿——售货员可以根据顾客的年龄、打扮、眼神判断他们所需要的商品，然后准确、利落地拿起商品。拿的时候要注意商品的部位。比如拿帽子，应当拿住帽子的边沿，不可大把抓住帽顶；拿衣服则应拿着衣领，不可拎着衣襟；拿大的商品要双手托着；拿食品时用夹子夹住……不管拿什么，都要显得稳重，拿得牢靠。

★放——商品从拿到放，是一个简短的过程，动作要轻柔、缓慢，显示出礼貌和尊重。放下的商品要规则、整齐地摆放着，不能团成一堆，也不能散乱地各占一方。

★展示——售货员要根据商品的特殊性，用不同的方式展示商品，动作要熟练，神态要自然、礼貌、大方。如果是成衣，可以放在顾客身上比一比，或让其试穿；如果是布料，可以搭在自己身上让顾客观看。展示商品时，要给顾客看商品的全貌。需要操作方能了解的商品，要按步骤一步步操作，还要详细说明。

★包装——在包装商品时，要一边打包一边说："请稍等，马上就好了。"或在包装完后说："不好意思，让您久等了。"然后让顾客看一看是否满意，并检查包装得是否牢固。

学习活动

班上同学以组为单位，每组准备一个购物的情景小话剧，时间为5~8分钟，由小组推选3~5个同学上来表演，小组之间互相打分，评选出创意奖和表演奖。

学习评价

小李中专毕业后到某商场当营业人员。工作中，她的做法哪些是符合礼仪的，请判断：

1. 顾客进门后小李应该说："您好，欢迎光临。"（   ）
2. 顾客进门后小李可以不说话，用微笑和顾客打招呼。（   ）
3. 小李可以说："您好，您先看看，如果需要请叫我一声。"（   ）
4. 小李可以说："您要什么？我帮你拿。"（   ）

5. 顾客看商品时，小李应站在稍远的地方，盯着顾客。（   ）
6. 小李应跟在顾客身后，准备随时为顾客服务。（   ）
7. 小李应在顾客前面，主动向顾客推销商品。（   ）
8. 小李应该察言观色，适时走到顾客旁边服务。（   ）
9. 被顾客发现自己打量对方时，可以说"你气质真好"等欣赏、赞美的话。（   ）
10. 对没有购买意向，到商场闲逛的人，可以给对方脸色看，让其知趣离开。（   ）
11. 小李应及时向对方道歉，不应和顾客争执。（   ）
12. 商场是小李自己的地盘，宁可强词夺理，也不能吃亏。（   ）

第四节　服务人员礼仪

一位企业家去某地咨询投资事宜，等他赶到该地某局的时候，还有半个多小时就要下班了。但服务大厅里，五个窗口就剩下一个窗口有人——一个年轻的女工作人员正眉飞色舞地煲着电话粥。

他来在这个窗口前面，对那位小姐连说了三次"您好"，没什么反应。差不多十分钟过去了，终于在一句"讨厌"声中挂了电话，看见自己的窗口前面站了人，头也不抬地说："明天再来！""可明天是周六……""那周一再来，还用我教你。"她终于抬起了头，给了个白眼。"我大老远来一趟不容易，而且现在还不到下班时间……""那我容易吗？我还要接孩子、做饭……懒得跟你说。"

"啪"地一声，最后一个窗口也关上了。

用这位企业家的话说：连窗口部门的工作人员都这样，那在该地的投资收益保障实在让人担心。

服务礼仪是礼仪在服务行业内的具体运用，是服务人员在自己的工作岗位上应该遵守的行为规范。服务礼仪的内容主要有服务人员的仪容规范、仪态规范、服饰规范、语言规范、真诚服务和操作礼仪等。

一、形象礼仪

1. 仪容

服务行业中，美好的仪容既反映了个人的爱美意识，又能体现出对他人的礼貌。作为服务人员要容貌端正、修饰得体。通过修饰使面部整洁、卫生、端庄。一些单位要求员工适度化妆，化妆要淡雅、简洁、适度、协调，即所谓淡扫娥眉淡点唇。忌化妆离奇出众、技法拙劣、以残妆示人，更不要在岗位上化妆和随意指教他人。发形设计应朴实大方。商界要求女士头发长度不要过肩，必要时以盘发、束发变通。男士头发长度前不触及额头、侧不触及耳朵、后不触及衬衫领口。

2. 仪态

（1）站立服务。这是服务人员的基本功之一，要求站得端正、自然、亲切、稳重。女服务员站立时要突出柔美，即给人以"亭亭玉立"的感觉，同时注意表现出女性轻盈、妩媚、娴静、典雅的韵味；男服务人员应显示出刚健、强壮、英武、潇洒的风采，给人一种"阳刚"之美。忌身躯歪斜、弯腰驼背、趴伏倚靠等不良姿势。一般来说应一人站中间、两人站两边、三人站一条线。

（2）微笑服务。微笑是市场经济中不可缺少的魅力，是文明服务的重要内容，是服务质量的重要标志。员工接待客人不能没有表情、冷若冰霜。应面带微笑，使自己的表情神态于人恭敬、于己谦和。对待任何服务对象，都要友好相待，真心诚意，所谓"笑迎八方客，广交四海友"，给客人表里如一之感。

（3）举止文雅。在服务过程中要求举止优雅得体，落落大方。慎用手势和体姿语，能用语言讲清的，尽量不用动作。使用手势应符合大众规范和服务规范。手势宜少不宜多，注意手势的力度和幅度，不要指手画脚。与客人间距适当，不要凑到客人耳边说话。

（4）注意口腔卫生。服务时，要保证口腔无异味，以免引起客人的不满。

3. 服饰

服务人员的服装要整洁美观。一般要求统一服装，着装忌脏、乱、奇、短、紧、露。要干净整齐，庄重、素雅而大方。不要让人产生"抢顾客风头"的错觉。在款式上不应过分奇特，搭配上不应过于特殊。避免着装过短，那样既不文明又不美观。女性还应避免使自己的正装过于紧身。工作场合，着装不允许过分暴露或透明，胸、肩、背、腰、脚趾、脚跟不可以露。

服务人员在自己的工作岗位上佩戴装饰品要符合身份，以少为佳。可以不佩戴任何首饰。若佩戴时一般不宜超过两个品种，佩戴某一具体的饰物不应超过两件。有些特殊的工作岗位，如餐饮服务业的服务员因工作需要不宜佩戴任何饰物。

4. 言为心声

语言是心灵的体现，文明、礼貌、准确、亲切的语言，反映了员工的文化修养和精神风貌，在很大程度上左右着宾客对员工的评价。服务用语有如下要求：

（1）声音优美。吐字清晰、语音适度、语速适中、语调柔和婉转、轻柔甜美、抑扬顿挫有情感。

（2）用词文雅。说话力求语言完整、准确、贴切，表达恰当。注意选择词汇，使客人满意。

（3）敬语服务。工作中经常使用"十字"礼貌用语："您好""请""谢谢""对不起""再见"；准确使用称呼语、问候语、应答语，如"早上好""你好""欢迎再来"

"祝你发财""晚安"等；做到"六不"，即：不说阴阳怪气的话，不说低级趣味的话，不说讽刺挖苦的话，不说有伤别人自尊心的话，不说强词夺理的话，不说欺瞒哄骗的话。

二、真诚服务

真诚服务，要求员工怀着一片爱心做到主动、热情、耐心、周到地提供服务。

1. 主动

即服务员在客人没开口之前，主动为客人服务。做到主动问候、主动招呼、主动介绍、主动服务、主动征求意见。使客人高兴而来，满意而归。

2. 热情

只有热情地接待服务每一位顾客，才能使顾客以更大的热情对你的单位给予关注和支持。所以对待客人要笑口常开、语言亲切、处处关心、热情好客。做到内宾外宾一样、男宾女宾一样、老少一样、消费多少一样、买与不买一样。使客人感觉到亲切和温暖。

3. 耐心

要有"忍耐性"和"忍让性"。服务繁忙时不急躁、不厌烦。客人不礼貌时不争辩，不吵架，保持冷静，婉转解释。即使得礼也让人。以"客人永远是对的"态度对待客人，做到百问不厌、百换不烦、耐心热情。

4. 周到

接待服务面面俱到，善于从客人的表情神态中了解客人的意图，灵活应变。想客人所想，急客人所急。千方百计为客人排忧解难，使客人有"宾至如归"的感觉。

5. 做好售后服务

在指定时间内允许退货、准予更换、保质保修，有些商品负责安装检修、服务上门、咨询指导，虚心接待顾客投诉。对其批评指责做到"有则改之，无则加勉"。

三、服务员注意事项

服务人员在日常工作岗位上，应注意如下事项：

1. 工作时不得吸烟。
2. 工作场所保持安静，隆重场合保持肃静。不大声喧嚷，更不能串岗，交头接耳或开玩笑等。
3. 说话轻、走路轻、操作轻。与客人说话以客人能听见为易，走路时防止鞋跟发出响声，物品器皿轻拿轻放。

4. 尊重老人、妇女、残疾人和各民族、国家的风俗习惯。
5. 迎客走在前，送客走在后。
6. 递送物品，遵守方便客人的原则。
7. 接待客人时，不主动先伸手和客人握手。
8. 当面为客人服务时，不得有抓头、搔痒等不文明动作。
9. 宾客未离去时，不得擅自离开岗位，或提前做结束性工作。
10. 员工间要真诚合作，配合默契。忌在客人面前流露出意见与矛盾。

知识卡片　服务忌语30句

1. 找谁。2. 你干啥？3. 不知道。4. 一边站着去。5. 该下班了，快点。6. 着什么急。7. 我就这态度，怎么着。8. 谁说的你找谁。9. 你没长眼啊。10. 越忙越添乱，真烦人。11. 现在才说，刚才干什么去了。12. 我不管。13. 你事不少，毛病。14. 告诉你了还问。15. 墙上贴着呢，自己看。16. 问别人去。17. 挤什么！急什么！18. 少啰嗦！19. 我现在没空，等会儿再说。20. 活该。21. 你没长耳朵？22. 你问我，我问谁。23. 看不惯的事多着呢，学着点。24. 看什么看，错不了。25. 你的事，怨谁！26. 有意见找领导（头）去。27. 有完没完。28. 你这人真麻烦。29. 怎么不早准备好。30. 今天不办公。

学习活动

活动一　就自己的生活经验，分小组罗列出你所知道的服务行业，并选择自己最熟悉的一项说说这一服务行业的人员应该有哪些礼仪要求。再每组推荐一位同学在班里交流。

活动二　以四人为一组，每组提供两条服务活动中的规范用语，在班上交流。

学习评价

你认为下列做法正确吗?

1. 服务人员化妆要简洁淡雅,不能化浓妆。（   ）
2. 女服务人员可以穿紧身上衣,突出自己的曲线美。（   ）
3. 服务人员要站立服务,累了可以靠在其他物品上休息一会儿。（   ）
4. 服务人员要做到微笑服务,微笑可以带来效益。（   ）
5. 作为服务人员,要训练自己说话的声音;男服务员使自己的声音有磁性,女服务员使自己的声音轻柔甜美。（   ）
6. 服务人员在工作中要学会接受客人、重视客人、赞美客人,让客人在愉悦的心情下接受服务。（   ）
7. 发现残疾或外表打扮怪异的客人,服务员可以小声议论,尽量不要让客人听见。（   ）
8. 服务员要学会根据客人的服饰判断客人的社会地位,再用不同的态度接待服务,原则上不要得罪尊贵的客人。（   ）
9. 一般在工作岗位上,服务人员不得吸烟。（   ）
10. 服务岗位上,员工之间表面上应互相合作,私下可以拉帮结伙,挣抢客户。（   ）

第五节　文秘人员礼仪

王丽和张妙同期被某公司录用,同分配到办公室当秘书。王丽是某名牌大学中文系的高才生,而且长得明眸皓齿、身材高挑。张妙毕业于某高职院校的秘书专业,长相一般。王丽觉得自己太大材小用了,办公室打扫卫生、打开水这些事从来不做,对同事也不正眼相看。而张妙手脚勤快,谦虚好学,同事需要帮忙就尽量帮助别人。两个月后,名牌大学毕业的王丽被辞退了。

秘书礼仪,是指秘书在工作和社会交往中为了表示对交往对象的尊重和友好,而约定俗成、共同遵守的行为规范和准则,它体现了秘书人员自身的文化素养、精神风貌和工作态度。

一、秘书应具备的礼仪素质

1. 要有良好的道德品质

秘书在领导身边工作，掌握很多领导的机密和内情，秘书又常受领导委托，代表领导出面做许多事情，但是所做的一切都是为领导决策提供服务。所以作为秘书，要客观公正地评价他人，不要以自己的好恶来评价和要求别人。对上级要敬重，维护上司的权威。对同事要谦虚，不能擅权自傲。对群众要理解，要与人为善，宽以待人。与人共事，无论对方职务高低，都不能随便伤害他人的感情。要忠诚、老实、守信，不仅要忠于职守、忠于领导，还要忠于承诺。能办的事千方百计办，不能办的事要说明情况以得到他人谅解。秘书要摆正自己的位置，在与人交往处事过程中，不能超越权限，不能摆领导的架子，也不能凭借领导的权势装腔作势，让人生厌。属于领导拍板定案的事，秘书不能随意开口，更不能包办代替。此外，还要养成保密的习惯，不该说的不说，不该问的不问，不该看的不看。

2. 要有谦虚恭敬的态度

微笑不仅是见面礼仪，也是一种修养、一种风度，能体现秘书人员的自信、力量，能较容易获得对方的信任。秘书要养成微笑的习惯，对领导、同事、职工、来访者都应如此。秘书经常和领导在一起，应注意各种场合的礼仪。言谈中注意语言的文雅与委婉，行为举止要表现出谦虚恭敬的态度，交往中要牢记别人的名字，称呼用语要礼貌、恰当、亲切。在待人接物时多用一些谦敬词。

3. 要用文明礼貌的语言

语言是人们的主要交往工具，也是人和人之间相互沟通的桥梁。秘书是人际关系的工作者，秘书的语言直接关系到公共关系的好坏。文雅的谈吐、热切的关照、发自内心和恰到好处的赞美，会给对方留下美好的记忆。所以平时有意识地与不同人交谈，训练自己的表达能力，学会"说话"。说话要轻松自如、随和幽默，讲究言辞，使语言礼貌、文雅和委婉；说话看场合、对象，掌握分寸、有所顾忌；注意倾听，适当发问，赢得他人的尊重和好感。

4. 拥有良好的仪表风度

仪表风度反映着一个人的文化修养及格调。秘书的学识、修养、智慧、品质是内在的，而风度（包括语言、举止、服饰、仪态）则是外在的、直观的。秘书的形象不仅代表个人，还代表着他所在的组织、团体。所以秘书应是不卑不亢、落落大方、潇洒自如、自然诚恳的。衣着打扮大方优雅、整洁得体、合乎身份，既能显现个性，又不标新立异；既要用服饰来表现自己的气质，又不能过于华贵、抢尽风头，以免使处于主角的领导黯然失色，让人误解。男秘书切忌不修边幅，女秘书正式场合应适度化妆，饰品不要太多。

二、秘书办公室礼仪

秘书办公室礼仪指秘书人员在办公室里除正常业务以外的基本礼仪规范。包括办公室环境礼仪、办公场所人际关系礼仪。

1. 办公室环境礼仪

良好的环境如同整洁的仪容一样，是对来客尊重和礼貌的表示。它不仅反映秘书人员的个人形象，也能体现其所在单位的形象。秘书人员应每天提前到岗，养成整理领导办公室的习惯，上班之前为领导工作做好准备。对房间、桌椅和电话等进行清洁，为室内花草浇水、清理枯枝，整理准备好办公用品，维持好自己和领导的办公环境。上班后根据领导的指示，分清轻重缓急，迅速开展工作。无论是拟写文稿、接打电话、接待来访还是复印、打字、传真，都应满腔热情、仔细认真。

2. 办公场所人际关系礼仪

对秘书而言最重要的人际关系是同领导的关系，要善于克制，避免与领导发生冲突。对领导要忠心。要能出色地完成领导交代的各项工作。要学会关心领导，正确领会领导的暗示，适当地纠正领导的错误，为领导排忧解难，解决后顾之忧。要时刻注意维护领导的形象。任何时候不能随便议论领导的是非。领导和秘书的关系是主辅关系，时刻注意自己的身份地位，不能越权处理，擅作主张。

和同事相处，要赢得他们的尊重和信任。在办事、说话时口气要亲切，学会赞扬别人，要尊重别人的权利。勇于承担责任，坦率地认错致歉。在力所能及的情况下，积极热情地帮助别人。尽量不与同事抢功、争名，大大方方地谦让才是有度量的表现。自觉做好保密工作，不传播流言蜚语，不拉帮结派，不以和领导的关系为资本炫耀自己。

三、秘书会务工作礼仪

秘书办会是秘书人员的常务工作，秘书人员几乎每天都要与各种会议打交道。会议礼仪是指在会议筹备、进行和会后这一过程中所应遵循的礼仪规范。

1. 会议前的筹备礼仪

决定召开会议前要制订会议计划，在会议计划指导下筹备会议。会议必须有一个简洁、鲜明的主题和清晰、完整的内容。会议地点的选择要合适，符合会议的目的，能满足会议需要。合理确定与会人员的范围。提前以恰当的方式通知与会人员。合理安排会期和会议程序。根据情况做好会议的接待、会场布置等工作。

2. 会议中的礼仪

会议按预定程序进行。秘书人员做好引导座位、开水供应、会议记录等现场服务工作。协助领导掌握情况，控制会议进程，并保持高度警惕以应付各种突发性事件。

3. 会议结束后的礼仪工作

会议现场的清理工作包括拆除会议的各种标志物，如会议标语、会议指示牌、各种花篮及鲜花，清理会议现场。根据情况做好会议结束后的纪念性服务，如合影留念、制作与会人员的通讯录等。大型会议在结束后可以安排欢送宴会。为提高自身的会务工作水平，秘书要认真总结"办会"经验教训。

礼仪是社会规范，秘书礼仪又与整个社会的文明程度有着密切的关系，无论是在穿着打扮还是言谈举止方面，无论是在信息的上传下达还是与其他部门之间的关系方面，都可以看出秘书礼仪的重要性。因此要做好秘书工作，就要不断提高自身的修养，掌握好秘书礼仪，在工作的各方面发挥秘书礼仪的优势。

知识卡片　送客行为规范

★如果将客人送到会议室或办公室门口、服务台边，宜说："对不起，失陪。"并目送客人走远。

★如果将客人送到电梯门口，宜点头为礼，目送到电梯门关合为止。

★如果把客人送到大门口、汽车旁，可以挥手为礼，等客人走远后返回公司。

学习活动

活动一　一天，校长正在主持会议。一位学生家长来访，说有急事要立刻见校长。如果你是值班秘书该怎么办？分组讨论，制订接待计划，并在班内宣读，最后确定一个最好的方案。

活动二　班主任出差大约需要一个月的时间，恰好这个月要开运动会，请同学们按组组成秘书处，写出筹办这次运动会和主持班级一个月日常工作的计划，并在班里交流，评出优秀计划书。

学习评价

下列说法符合秘书礼仪规范吗?

1. 有了问题最好不要让别人知道,任由事态发展下去。(　　)
2. 如果你的上司经常犯错误,你要在没有人的情况下给他指出来。(　　)
3. 个人的桌子不保持整洁,或是扔了一地废纸,让清洁工来打扫。(　　)
4. 秘书可以让清洁工来整理领导的办公室、打开水,自己只需在上班之前为领导准备好文件。(　　)
5. 当领导与职员发生纠葛时,秘书应替领导说话,指责职员,让他有所畏惧。(　　)
6. 秘书可以把领导的电话、行踪公开给任何人。(　　)
7. 作为秘书,时刻都要注意维护领导的形象和权威。(　　)
8. 秘书和领导的关系是主辅关系,应辅助领导做好各项工作。(　　)
9. 秘书要注意搜集领导的隐私和机密,必要时以此要挟领导,达到自己的目的。(　　)
10. 秘书应做领导的资料库,为领导搜集意见、整理资料、分析形势,待领导用时可随时提供,但不要主动发放信息。(　　)
11. 领导出差时秘书要为他预备一份要携带的物品、文件清单,然后按清单把需要的都收拾好。(　　)
12. 如果领导不在,秘书可随时拆阅处理领导的信件,以防误事。(　　)
13. 领导开会时,秘书应为领导准备好必要的资料,并提示领导应注意的一些礼仪性问题。(　　)
14. 会议中,秘书要做好开水供应和会议记录等现场服务工作。(　　)
15. 有纪念意义的会议,秘书应安排好会后的合影留念,并制作与会人员的通讯录。(　　)

第六节　酒店服务礼仪

在某大酒店,一位外宾吃完最后一道菜,顺手把精美的景泰蓝食筷悄悄"插入"自己的内衣口袋。服务员小张发现了,她不露声色地走上前去,双手捧着一只装有一双景泰蓝食筷的绸面小匣说:"我发现先生用餐时,对景泰蓝爱不释手。非常感谢您对中国这种精美工艺品的赏识,为了表达我们的感激之情,经餐厅主管批准,我代表酒店将这双图案最为精美的并且经过严格消毒处理的景泰蓝食筷送给您,并按照大酒店的优惠价格记在您的账上,您看好吗?"外宾听完这番话非常不好意思,赶紧表示谢意并解释说自己多喝了两杯,有些糊涂,并给自己找了个台阶说:"既然它不消毒不好使用,我就以旧换新吧!"说着取出口袋里的食筷恭恭敬敬地放回桌上,接过了小张给他的小匣子。

酒店是指规模较大、设备较好、档次较高的为客户提供饮食起居的综合服务场所。酒店礼仪是指在酒店服务工作中应该遵守的行为规范。酒店的服务礼仪是酒店文化的重要表现,也是酒店经营管理形象、口碑的重要表现。它可以在酒店和宾客之间架起友谊的桥梁,包括前厅服务、客房服务和餐厅服务。

一、前厅服务员礼仪

1. 迎宾员礼仪

迎宾员的主要职责是开关正门,迎送客人。迎宾员是酒店的脸面,着装应华丽、整洁、挺括,仪态优雅大方、站姿挺拔、走路稳健、表情自然友善、面带微笑,女迎宾员工作时要化淡妆。切忌男迎宾员衣冠不整,女迎宾员浓妆艳抹,打扮怪异。

对步行而来的宾客,迎宾员应运用"接一、顾二、招三"的服务规范标准,主动上前亲切问候,用标准的手势示意客人进入酒店。如客人行李较多,应主动替客人提行李;遇到老、弱、病、残、孕的客人,主动搀扶,不能冷漠对待客人。

当宾客车辆停在酒店正门时,迎宾员应主动上前开启车门,迎接客人下车。一般先开启右侧车门,并用手挡住车门上方,以免客人碰头。微笑着向客人打招呼,引领客人进店。

接待团体宾客时,应面带微笑地连续向客人点头致意并躬身施礼。为使每位宾客都能听到问候语,应多次不厌其烦地重复,目光注视宾客,不得东张西望。

送客离店时,迎宾员要主动上前问候,并嘱咐客人将个人物品携带好。如果需要,迎宾员主动代客人叫车。如有行李,帮客人把行李装上车,客人坐好后关上车门。站在车斜前方一米处,注视客人,躬身施礼,微笑道别,并说"欢迎您下次光临"等。

2. 总台服务员礼仪

总台是酒店的中枢,起着对内协调、对外联络的作用。总台服务质量的好坏很大程度上影响着客人对酒店的满意程度。为此,酒店总台服务员在工作中应注意以下礼仪:

（1）接待问讯礼仪。服务员要站立服务，精神饱满，举止大方，彬彬有礼。客人到总台时，应放下手头的工作，热情接待来宾。在问讯服务上，要做到耐心准确。如果特别忙碌，请客人稍后，并致歉。

（2）答复问讯礼仪。服务员应倾听客人提出的意见和要求，并尽量满足，给予帮助。对不确定的问题，不能不懂装懂，应向客人表示歉意后迅速查阅资料或请教他人后答复客人。当客人犹豫不决时服务员可适时介入、热心参谋，但切忌干涉客人私生活。

（3）电话总机服务礼仪。总台电话总机服务员是酒店的窗口人员，要注意接打电话的礼仪：掌握铃声不过三的原则；接打电话时应用语文明、吐字清晰、语言亲切、音量适中；注意聆听客人讲话，不要随意打断对方。重要的话应加以重复、附和，并做出积极的反馈；对语言表达不畅的客人要有耐心；对待客人的留言要准确及时，接转电话准确无误。

此外，服务员要严格遵守保密制度，保护客人隐私。

二、客房服务员礼仪

作为客房服务员，应向客人提供标准化、规范化的服务。首先，客房卫生应做到无虫害、无灰尘、无碎屑、无水迹、无锈蚀、无异味的标准。其次，客房服务员还应遵守酒店待客服务的礼节。

1. 清扫客房

服务员应按客人接待规格和酒店规定整理房间，打扫时须开门进行。应注意"三轻"：一是走路要轻，切忌大声走路或跑步跺脚。二是说话要轻，工作过程中不可大声叫喊。三是操作要轻，清理房间动作要轻，客人的物品清扫后放回原处。

2. 主动问候

服务员在楼道里遇到迎面而来的客人，应在距客人两三米处停步站立，向客人微笑问好。不要与客人抢行或从谈话的客人中间穿过。

3. 进入客房

服务员进入客人房间要先敲门，并说："您好！服务员。"待客人准许后方可进入。敲门音量适中，如果客人在，要主动问候；若客人不在，应事先向客人说明缘由，才可开门进去。不要乱动客人的物品，办完事后轻轻离开。

4. 安全防范

在没有被证实而要求进入客人房间的人，服务员不要随便把钥匙交给他。注意保守客人私密，不要将客人情况告诉无关人员。不要将不认识的来访者带入客人房间。

5. 送客有礼

服务员应提前了解客人离店时间，做好客人离店准备。如早晨离店的客人是否需要叫醒服务，嘱咐客人物品携带齐全，帮助客人办理离店手续，客人离开楼层时帮助提拿行李。服务员送至电梯口礼貌地说："欢迎再来。"

三、餐厅服务员礼仪

餐厅是客人就餐场所，从分工讲，服务人员有领班、值台、传菜员、酒水员、收款员等。各岗位上的餐厅服务员不仅应掌握服务中各项业务技能，而且必须懂得和遵守服务中的各项礼貌礼节。

1. 迎客及引坐礼仪

迎接客人时，服务员对称站在餐厅门口两侧并热情服务。要求仪表整洁、站立服务、礼貌待客。

引客人入座时，遵循尊重客人、方便客人、为客人着想的原则。如贵宾光临安排最好的位置，夫妇恋人引到安静幽雅的地方，老人安排在出入方便的地方，带小孩的引到安全且不影响他人的地方，一人单独用餐安排到窗边位置，餐厅空位较多时让客人自己挑选满意的位置等。

2. 餐前服务礼仪

客人就餐前，服务员应为客人斟茶。客人入座后服务员及时递送干净的菜单，稍停之后和蔼地问询客人是否开始点菜。认真记录每一道菜名后向客人重复一遍，以免记错。客人不熟悉时可以根据客人情况推荐相当的菜肴。

3. 上菜与撤盘礼仪

上菜时，服务员从客人的左侧按顺序上菜，上菜过程中，服务员要一一介绍菜名和特色。酒水、饮料用右手从客人的右边一一斟上。上菜完毕后要告知"您的菜已经上齐了"。

服务员在传菜时要使用托盘，端平走稳，保证菜及汤汁不撒、不滴。端菜时，服务员的手指不能触及盘碟上口或浸入菜或汤内。摆菜时操作要轻，荤素及菜肴色泽搭配，形状美观大方。

除空碟外，收撤菜碟要先征得客人的同意。收桌具及污碟时用右手从客人的右侧撤下。不在客人面前传递污碟或将客人正在食用的菜肴撤下。

4. 进餐过程中的礼仪

为使客人满意进餐，客人进餐时服务员的工作要求细致周到，对客人进餐过程中发生的问题及时解决。如为客人及时添加饮料、更换骨碟、烟灰缸，桌上菜快吃完仍有菜未上时应及时催取，为客人调节窗帘、空调温度等。

5. 就餐后的礼仪

客人就餐结束招呼服务员结账时，服务员要及时送上菜单。一些细节还应注意，如客人为两位异性，账单应先给男士；多人用餐时问结账的主人是谁；无人结账时要了解清楚是否用其他结账方式等。账单要核算准确，有出入时与客人沟通好再结账。

6. 送客礼仪

服务员要有送声，提醒客人不要遗忘物品。并毕恭毕敬地说："欢迎再次光临。"当客人走出店门时，两旁的迎宾应主动向客人致意，切忌不闻不问，人走茶凉。待客人走出店门服务员才可以撤台，重新摆台。

知识卡片　世界上唯一的七星级酒店——迪拜伯瓷酒店

全世界唯一的七星级酒店，这就是阿拉伯联合酋长国的迪拜伯瓷酒店，酒店的豪华程度令人叹为观止。酒店建在海滨的一个人工岛上，是一个帆船形的塔状建筑，一共有56层，321米高。酒店采用双层膜结构建筑形式，造型轻盈、飘逸，具有很强的膜结构特点及现代风格。它拥有202套复式客房、200米高的可以俯瞰迪拜全城的餐厅以及世界上最高的中庭。金碧辉煌在这里展示得淋漓尽致，它的中庭是金灿灿的，最豪华的780平方米的总统套房也是金灿灿的。客房面积从170～780平方米不等，最低房价也要900美元，最高的总统套房则要18000美元。总统套房在第25层，家具是镀金的，设有一个电影院，两间卧室，两间起居室，一个餐厅，出入有专用电梯。这家酒店因其优良设施和高档服务而号称为"七星级酒店"。住店旅客可以坐豪华的劳斯莱斯汽车直接往返于机场，也可从旅馆28层专设的机场坐直升机，在空中俯瞰迪拜美景。客人如果想在海鲜餐厅中就餐的话，会被潜水艇送到餐厅，这样他们就餐前可以欣赏到海底奇观。

学习活动

由老师联系本地的几家酒店，组织学生参观、体验前厅、客房、餐厅的服务。回来交流，评议服务规范程度，并交一份参观的心得体会。

学习评价

判断下列说法是否符合礼仪规范：

1. 迎宾员是酒店的脸面，应衣着华丽、打扮时髦，以招揽客人。（   ）
2. 接待团体宾客时，迎宾员向带队领导问候致意就行了，不必对每个客人都招呼到。（   ）
3. 客人办好入住手续后，行李员应主动帮客人提行李。（   ）
4. 服务员要严格遵守保密制度，要保护客人隐私。（   ）
5. 客人有客来访，服务员应热情介绍客人情况，并带到客人房间。（   ）
6. 为了酒店效益，餐厅服务员应尽力向客人推荐高档菜肴和酒水。（   ）
7. 服务员在服务其间，可以不时用手理头发以确保仪容整齐。（   ）
8. 服务员不可以残妆示人，不管在任何场合，应及时补妆。（   ）
9. 服务员工作其间，不应涂有色的指甲油。（   ）
10. 端菜时，服务员应注意手指不能触及盘碟上口或浸入菜或汤内。（   ）
11. 每上一道菜，服务员都要介绍菜名和特色。（   ）
12. 客人就餐过程中，服务员应及时撤去空碟，为客人更换烟灰缸、餐碟。（   ）
13. 除空碟外，收撤菜碟要先征得客人的同意。（   ）
14. 夫妻二人用餐时，账单应给女士，因为家庭中女人理财。（   ）

第七节　谈判礼仪

小王所在公司近期计划和法国一知名公司进行合作，公司派遣小王前去接机，小王信誓旦旦说一定要彬彬有礼，给对方留下好印象，不辜负公司对其寄予的厚望。谈判当天，小王早早去机场接待来宾，对方是一男一女，一见面，小王先是握手示好，接着直接称呼"你好，先生。你好，女士"，行礼过后，小王顿时觉得对方并不是很自在，但也没多想，就一同赶往公司。来到公司后，小王觉得本公司的合作谈判人员对对方还不了解，就一一给本公司的人员介绍对方，然后又向自己谈判同事介绍了对方。最终，谈判以失败告终，小王很不理解，也因为此事，被炒了鱿鱼，小王沮丧至极，不知道自己到底做错了什么。

随着经济社会的发展，谈判已深入到社会的各个领域，谈判人员在工作中要更加重视谈判礼仪。谈判是一个艰苦的讨价还价过程。要取得商务谈判的成功，除了在谈判各阶段做好充分的准备，有效地运用商务谈判策略和技巧外，讲究礼仪起着至关重要的作用。

一、谈判

谈判，由"谈"和"判"两个字组成，"谈"是指双方或多方之间的沟通和交流，"判"就是决定一件事情。

谈判是一种常见的商务活动。大至经济谈判，小至单位部门之间的事项磋商，通过对涉及切身权益、分歧、冲突的交涉和调和，达成某种协议。谈判是人们为了协调彼此之间的关系，满足各自的需要，通过协商而争取达到意见一致的行为和过程。

谈判具有自愿性、互利性、灵活性的特点。

二、谈判的原则

1. 知己知彼原则

俗话说"知己知彼，百战不殆"。谈判之前的准备无非是"知己"和"知彼"两个方面。所谓知彼，就是通过各种方法了解谈判对手的礼仪习惯、谈判风格和谈判经历；不要触犯对方的禁忌，以免因一些文化礼仪问题使谈判出现不愉快的局面。还要通过客户、对方等人员了解对方的资信情况、产品质量、信誉问题、履约的情况等。"知己"，则是指要对自己的优势和劣势非常清楚，自己需要准备的资料、数据和需要达到的目的，猜想对方会从哪些方面提问，自己应该怎样回答。

2. 真诚求实原则

俗话说："精诚所至，金石为开。""谈心要交心，交心要知心，知心要诚心。"因此，真诚与实际决定了可信度，有可信度才会有说服力。真诚对于做人来讲是人格，对于谈判作风而言也是至关重要的，言而有信，对手放心，以心换心，以诚相待会促进良好的谈判结果进而达成协议。

3. 平等互利原则

谈判的各方在谈判过程中都处于平等的地位，谈判的结果对谈判双方都有利可图。平等是基础，互利是结果。在谈判中要处理好"取"与"舍"的辨证关系。

在谈判中，要贯彻平等互利原则，须做到以下几点：

（1）在商务活动中进行谈判，说到底就是为了说服对方进而得到对方的帮助和配合以实现自己的利益目标，或通过协商从对方获取己方所需要的东西。古人云："欲取之必先予之。"欲得人之助，需先助人。只想得利而不付出，只顾自己需要而无视他人利益，是不可能在谈判中如愿以偿的。

（2）应将自己置身于对方的立场上设身处地地为其着想。把对方的利益看成与自己的利益同样重要，对其愿望、需要与担忧表示理解和同情，富于人情味，建立起情感上的认同关系，谈判虽为论理之"战"，然而谈判桌上为人所动的是"情"，常常是"情"先于"理"。

（3）要了解对方在商务谈判中的利益要求是什么。谈判的立场往往是具体而明确的，利益却隐藏在立场的后面，出于戒心，对方不会轻易表白，即使显露，也是很有分寸的。因而，了解对方的需求，应巧妙地暗探，策略地询问，敏锐地体味"话中之话"，机智地捕捉"弦外之音"。

（4）在对对方有所知的基础上有的放矢地满足其需求，这是最重要的一环。在商务谈判中考虑和照顾对方的利益，会引起对方的积极反应，促进互相吸引、互相推动的谈判格局的形成。

4. 求大同存小异原则

如果谈判各方的利益要求完全一致，就无需谈判，因而产生谈判的前提是各方利益、条件、意见等存在着分歧。因此，互利的一个重要要求就是求同存异，求大同，存小异。谈判各方应谋求共同利益，妥善解决和尽量忽略非实质性的差异，这是商务谈判成功的重要条件。

（1）求大同，是指谈判各方在总体上、原则上必须一致，摒弃枝末小节的分歧，从而使各方都感到满意，这是谈判成功的基础，没有这一基础，谈判必然失败。

（2）存小异，就是各方必须作出适当的让步，允许与自己的利益要求不一致的"小异"存在于谈判协议之中。

俗话说"欲取之必先予之"，"有所不为而后有所为"，这都说明要达到既定目标，必须付出一定的代价，决不能不分场合和时机而谋求过多的利益，各方在谈判过程中必须作出一定的让步。

小贴士　商务谈判的语言策略

商务谈判语言是以经济利益为中心、目的性很强的语言，也要注意维护双方礼貌。赞同策略是商务谈判中使用频率最高的礼貌语言策略。赞同策略包括两个有机组成部分，即赞扬和求同。在商务谈判当中，一方面我方谈判人员要对谈判对手及其所在机构进行真诚的赞扬或恭维，使谈判气氛更加和谐，保证谈判顺利进行。另一方面，在商务谈判中即使对谈判对手提出的要求、指令有不同意见，也要先肯定其中的合理之处。在具体语言使用上，多使用诸如以下表述方式：1. 您说得有道理，可是……。2. 看来您是这个方面的专家啊，但是现在形势变化太快……。3. 我很理解您的心情，可是我们再来想一想……。

三、谈判流程中的礼仪要点

谈判礼仪是指双方或多方通过某种媒体,针对谈判中的不同场合、对象、内容和要求,借助语言、表情动作等形式,向对方表示重视、尊重,塑造自身的良好形象,进而达到建立和发展诚挚、友好、和谐的谈判关系所遵循的行为准则和交往规范。在谈判的不同阶段,都有相应的礼仪要求。

1. 准备谈判

首先要确定谈判代表,身份、职务要与对方谈判代表相当。

谈判代表在谈判前要整理好自己的仪容仪表,穿着要正式、整洁、庄重。男士应刮净胡须,穿西服必须打领带。女士穿着不宜太性感,不宜穿细高跟鞋,应化淡妆。

商务谈判应安排合适的时间。作为谈判中的一方,想要谈判的过程进度快、效率高,要重视谈判时间的选择。商务谈判还应安排合适的地点。商务谈判可以在会议室、会客室、办公室或外部谈判地点进行,应遵循适用与实用的原则,灵活机动地选择谈判地点。

要安排好谈判会场的座次。首先,注意级别、地位、谈判责任的差别。一般来说,级别、地位高以及主谈人员中间就坐。其次,如有第三方(谈判组织方)参加,要将其安排在主位以示尊重。最后要注意对等原则,也就是级别对应、责任对应的谈判人员尽量安排在对面就坐。在商务谈判中,当谈判桌在室内竖放时门右首座位为尊,当谈判桌在室内横放时门口对面座位为尊(图7-3),应让给客方以示礼敬。

谈判桌也要选择好。有经验的谈判专家认为,选择圆形(椭圆形)桌比方形桌要好一些,更便于营造轻松、合作、友好的气氛。

2. 谈判之初

谈判双方接触的第一印象十分重要,言谈举止要尽可能创造出良好的谈判气氛。作自我介绍时要自然大方,不可露傲慢之意。被介绍到的人应起立一下微笑示意,可以礼貌地道:"幸会"、"请多关照"。询问对方要客气,如"怎么称呼您"、"您贵姓"等。如有名片,要双手接递。介绍完毕,可选双方共同感兴趣的话题进行交谈。稍作寒暄,以沟通感情,创造温和气氛。

谈判之初的姿态动作也对谈判气氛有重大影响。注视对方时,目光应停留于对方双眼至前额的三角区域正方,这样使对方感到被关注,觉得你诚恳严肃。手心冲上比冲下好,手势自然,不宜乱打手势,以免造成轻浮之感。切忌双臂交叉在胸前,那会显得傲慢无礼。

要认真倾听对方谈话,细心观察对方的表情举止,并予以适当回应,这样既可了解对方意图,又可表现出尊重与礼貌。

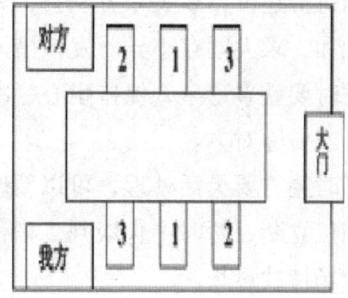

图 7 - 3

3. 谈判之中

在此阶段,要处理好报价、查询、磋商、解决矛盾、处理冷场等事项。

知识卡片　旧时骡马市的"牙侩"

旧时的骡马集市设有税亭,有专职的"骡马贩"——"牙侩"即经纪人,为买卖双方从中说合议价。作为中介"贩骡马"的非常活跃,当发现有人牵着牲口入市后,便主动迎上去搭讪。卖主同意后,牙侩便仔细相牲口。牙侩们都有丰富的相牲口经验,掌握不少相马相骡的谚语。比如:"耳朵插花,不聋便瞎","两眼暴红筋,不咬便踢人","马瘦毛长,马壮毛光"等等。牙侩当着卖主的面,挑出牲口缺点,要求降低售价。此后,他们用"捏码子"方式讨价还价。所谓"捏码子",是一种不说话而用手势来讨价还价的方式,即买卖双方将右手藏在草帽下,或袖口中、衣襟里,用摸指头的方式来表示物价。食指、中指、无名指、小指及其不同组合代表不同的价码。牙侩与卖主搞定价钱,接着就找到买主,又赞扬牲口优点,也用"捏码子"方式与买主商议价钱。成交时,由卖主给牙侩一笔佣金。

报价要明确无误,恪守信用,不欺蒙对方。在谈判中报价不得变换不定,对方一旦接受价格,即不再反悔。

要事先准备好有关问题,选择气氛和谐时提出,态度要开诚布公。对原则性问题应当力争不让,但切忌气氛比较冷淡或紧张时提问,切忌言辞过激或追问不休,以免引起对方反感甚至恼怒。但对方回答问题时不宜随意打断,答完时要向解答者表示谢意。

磋商就是讨价还价，事关双方利益，容易因情急而失礼，因此更要注意保持风度，应心平气和，求大同存小异。发言措词应文明礼貌。

发生矛盾时要就事论事，保持耐心、冷静，不可因发生矛盾就怒气冲冲，甚至进行人身攻击或侮辱对方。

处理冷场时主方要灵活处理，可以暂时转移话题，稍作松弛。如果确实已无话可说，则应当机立断，暂时中止谈判，稍作休息后再重新进行。主方要主动提出话题，不要让冷场持续过长。

4. 谈后签约

签约仪式上，双方参加谈判的全体人员都要出席，共同进入会场，相互致意握手，一起入座。双方都应设有助签人员，分立在各自一方代表签约人外侧，其余人排列站立在各自一方代表身后。

助签人员要协助签字人员打开文本，用手指明签字位置。双方代表各在己方的文本上签字，然后由助签人员互相交换，代表再在对方文本上签字。

签字完毕后，双方应同时起立，交换文本，并相互握手，祝贺合作成功。其他随行人员则应该以热烈的掌声表示喜悦和祝贺。

学习活动

活动一　把学生分为若干组，2~4人一组，然后每两组相互匹配，分别扮演谈判的主方与客方，就进行谈判礼仪的一些细节进行演示，由同学找不足，教师给予点评。

活动二　假设上级下达任务，要求你安排一次重要的商务谈判，你打算怎么进行充分的准备，拟一份谈判前的准备方案。

学习评价

在括号内填入正确的选项，看看自己对谈判礼仪的了解程度：

1. "如果只想自己的好处，不想对方的利益，谈判终究是不会成功的"。这句话

反映了谈判的什么特点？（　　）

A. 自愿性　　　B. 灵活性　　　C. 自利性　　　D. 互利性

2. 从商业的角度来看，人们无法避免与他人进行谈判，而与对方谈判的过程中存在着能够达成合作的原则，以下哪个选项不属于谈判的原则？（　　）

A. 妥协原则　　　　　　　　B. 真诚求实原则

C. 求大同存小异原则　　　　D. 平等互利原则

3. 在商务谈判中，当谈判桌在室内横放时（　　）座位为尊，应让给客方以示礼敬。

A. 门右首　　　B. 门左首　　　C. 门口对面　　　D. 靠近门口一侧

4. 作为谈判中的一方，想要谈判的过程进度快、效率高，要重视谈判时间的选择，以下哪一个时间段最适合进行谈判？（　　）

A. 假期结束的第一天　　　　B. 夏天午餐过后

C. 下午3点至6点　　　　　 D. 工作任务完成以后

5. 有利的谈判场所往往能给我们带来理想的谈判效果，所以选择合适的场所能使谈判更加顺利的进行。以下选项中谈判场所与谈判事项匹配正确的是（　　）。

A. 国家级、省级或重大项目的谈判（庄重，有国旗的场所，比如会议室）

B. 小商户之间的谈判（休闲场所，比如咖啡厅）

C. 零部件供货商与大厂家之间的谈判（豪华场所，比如星级餐厅）

D. 学校与教学用品供应商之间的谈判（学校办公室）

6. 谈判的目标不是将对方置之于死地，而是一种合作的过程，那么谈判的意义是（　　）。

A. 纯粹的竞争　　　　　　　B. 竭力压倒对方

C. 追求个人的最大利益　　　D. 双方都有所得

7. 商务谈判可以在会议室、会客室、办公室或外部谈判地点进行，应遵循（　　）的原则，灵活机动地选择谈判地点。

A. 适用与实用　　B. 豪华排场　　C. 高端大气　　D. 节约省钱

8. 一个具有丰富经验的谈判专家，会有意识的安排谈判人员的座次位置，请将对应的选项填在图形下方。

A. 独立式　　　B. 对抗式　　　C. 合作式　　　D. 社交式

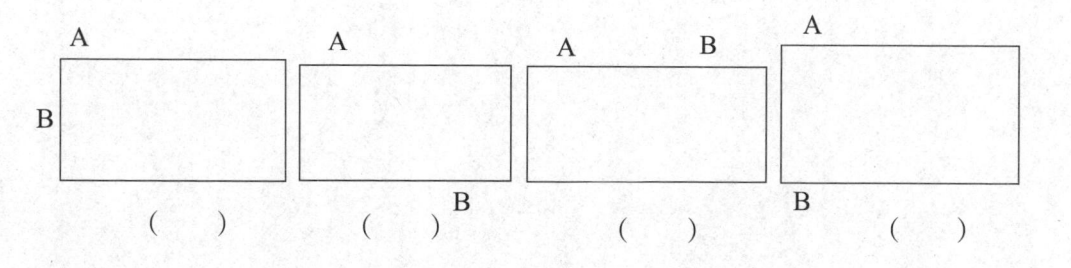

（　　）　　　（　　）　　　（　　）　　　（　　）

9. 在安排谈判人员的座次位置时,双方主谈者的右侧之位( )。
A. 在国内谈判中可坐文书
B. 在涉外谈判中可坐副手
C. 在国内谈判中可坐副手
D. 在涉外谈判中可坐译员

项目八　民俗礼仪

民俗，即民间风俗，是指一个国家或民族的广大民众所创造、享用和传承的生活文化。它起源于人类社会群体生活的需要，在特定的民族、时代和地域中不断形成、扩大和演变，为民众的日常生活服务。

民俗是人们传承文化中最贴近人们身心和生活的文化之一。劳动中有生产劳动的民俗，日常生活中有日常生活的民俗，传统节日中有传统节日的民俗，社会组织中有社会组织的民俗，就连个人成长的各个阶段也需要民俗进行规范，如新人结婚需要有一个结婚典礼或仪式来取得社会的认同。民俗现象千差万别，种类繁多。它一代代被人们传承着，又由一个地域向另一个地域渗透，像中国过年给小孩"压岁钱"的风俗，年年如此，家家如此，就是很好的例证。民俗也常常因为时过境迁而不断发生着改变，民俗学家们把这种现象称之为"民俗的演变"。

总之，民俗就是这样一种来源于人民，传承于人民，深藏于人民，又规范着人民的语言、行为和心理的基本力量，而民俗礼仪则是人们在各种民俗活动中共同遵守的一种行为规范和准则。

第一节　人生礼俗

有一天，某村一位99岁高龄的长者做寿，同村的人都来祝贺。村中有一个喜欢逞口舌之快的无赖，整天游手好闲，信口开河，胡说八道，以致村里人都讨厌他。这次见老者做寿，他又想借此机会去混顿饭吃。

寿宴开始，所有的来宾还未入席就座，这个无赖就站在庭下对老者鞠躬作揖道："祝您老人家长命百岁，希望我明年也能祝贺您百岁大寿。"老者一听，心想：这小子！我今年就已经99岁了，你祝我活百岁，这不是咒我明年就死吗？于是，老者回敬说："好啊，我看你的身体没什么大碍，明年一定能来为我祝寿。"

在场所有的人都大笑起来，弄得这位平时油嘴滑舌的家伙狼狈不堪，饭也没吃成就灰头土脸地跑了。

人生成长发育的不同阶段，都有与之相适应的礼仪。这种标志人生不同阶段、反映人的社会属性的礼仪，就是人生礼仪民俗。它既是社会物质生活状况的反映，又表现为一个民族的心理状态。我国传统的人生礼仪，通常以"岁"为单位来安排一定的礼仪活动。从一个新生命的诞生开始，中间经历成长、成年、婚姻等环节，最后到生命的逝去，纵观人生的全过程，主要有五大礼俗，即诞生礼、成年礼、婚礼、寿礼、葬礼。

一、诞生礼

诞辰，即"生日"的敬称，它记载着人在人生道路上经过的时间历程，因此，我国民间对诞辰的纪念活动比较重视，特别是婴儿的生日和老年人的寿诞，庆祝活动比较隆重。

（一）诞生礼俗

婴儿诞生，对一个家庭来说是件大事，通常都要隆重庆祝。对婴儿生日的庆祝，日期没有定数，传统习惯一般可选在小孩出生后三日，称"做三朝"；也可选在出生后九日，称"做九朝"；或在满月那天，称"做满月"；百日那天，称"做百日"。庆祝的形式多种多样，如"三朝"产妇娘家要送来寿桃、福寿糕；"满月"给小孩穿百家衣、戴长命锁；周岁则剃百岁毛、送百岁钱、吃百家饭（米）、穿虎头鞋和抓阄等。

被邀请参加庆祝活动或前去贺喜的亲友们，可以给小孩送些衣帽、鞋袜、食物、玩具等礼物。向主人询问产妇与婴孩的情况，表示关切之心。见到婴孩可说些祝福吉祥的话，刚生的婴孩往往皮皱皱的，样子不太好看，不能对此评头品足，惹大人生气。不要主动提出或坚持要看产妇、婴儿，因为月子里小孩与产妇不宜过多与外人接触；不要不经允许，随意出入卧房，因为许多地方对"坐月子"均有禁忌。

小贴士　百家衣和长命锁

◆百家衣用各家各户讨来的碎布做成，百家的碎布（百碎）寓意为百岁，婴儿穿了这种衣服能够驱邪避病，保佑婴儿长命百岁。

◆长命锁又称百家锁，一般由外祖母送，百家锁须用百家的钱来购置，而凑齐百家的钱较困难，所以采用变通的办法，即向乞丐换取百文左右的铜钱以代替，长命锁上一般刻着"长命百岁""长命富贵"等吉祥语、图案，象征福寿绵延。

（二）寿诞礼俗

做寿是一件十分庄重的事。按习惯，人不满60岁，只能叫"过生日"，60岁以后方可称"做寿"，逢十则做"大寿"。有的地方认为"十全为满，满则招损"，所以往往"做九不做十"以避讳，六十大寿在五十九岁时就做，七十大寿在六十九岁时就做，以此类推。而有些地方习惯于"男做进，女做满"，即"男做九，女做十"。由于有些地方民俗有"三十六岁门槛年，六十六岁是杀年"的说法，故这两个生日年虽不是整数，也要举行大庆，以便化凶为吉，当然这只是一种民俗心理罢了。

1. 家庭祝寿

家庭给老人做寿，应由子女或亲友出面组织庆祝活动。人们习惯上把60岁称"下寿"，80岁称"中寿"，100岁称"上寿"，都要热烈庆祝。隆重的做寿，组织者首先要发请帖邀请亲友参加；然后设寿堂，摆寿烛，张灯结彩；是日，请寿翁坐在正位，接受亲友、晚辈的祝贺、叩拜，仪式完毕，共吃寿宴。寿宴后，主人要适当地回赠客人一些礼物。

2. 名人、要人祝寿

名人、要人是指不包括中国共产党领导人在内的从事科学、教育、理论研究、文学艺术、体育等各方面工作的著名人士，包括民主党派领导人和无党派民主人士。当这些人士逢高龄寿辰时，有关单位、团体或政府为他们祝寿，祝寿活动常常和研究他们的学术成就和学术思想结合起来。这种祝寿一般有下面一些程序：

（1）发布邀请。发起单位可以通过刊登公告、送发请柬等方式，将就要举行的活动向社会公布。

（2）布置会堂。会堂通常可以设在发起单位的礼堂，如果寿星年事已高，且家中条件许可，会堂也可设在家中客堂。会堂中央通常张挂有"寿"字的大红寿幛，两边挂寿联，屋内可摆设松柏、翠竹、梅花、万年青等象征长寿的花卉盆景。

（3）举行仪式。祝寿仪式由司仪主持，司仪先宣读党政部门的贺信、贺电；接着由声望最高的来宾致祝寿词；然后，各界代表陆续致词道贺，主要是赞颂"寿星"对国家、对人民的贡献；之后各界代表向寿星呈送寿礼；最后，寿星致答谢词，也可由其学生、子弟代为答谢。

（4）娱乐助兴。大型的祝寿活动，在祝寿仪式之后，可请人演出一些节目，同时备些茶水、糕点供客人观赏节目之时品尝。

（5）摄影留念。摄影时，寿星要排坐在居中醒目位置，有条件的也可以对全过程进行录像。

3. 参加寿宴的礼仪

（1）准备寿礼。除参加团体性的祝寿由集体准备外，凡参加个人祝寿活动的，都要携带些礼物。寿礼一般是寿幛、寿烛、寿桃、寿面、寿联等含有祝贺健康长寿、吉祥如意意义的食品或物品，送蛋糕的宾客可以请糕点师附裱上一个"寿"字。未及时送礼而想补送的，时间不能拖得太长。另外还要注意地方禁忌，如有些地方寿礼不能送"钟"，作为寿礼即便是最高档、最精美的"钟"也不会受人欢迎，因为"送钟"与"送终"谐音。

(2)服饰适宜。参加寿礼活动的服饰宜选择色调明快的衣服,不要穿全黑或全白的服饰。

(3)言行得体。"寿日"在我国民间被看作是"大吉大利"的好日子,因此,这天对寿星说话时特别要注意,多以祝贺、颂扬为主,不要讲不吉利的话,不要随意开玩笑;宴饮要节制,不能酗酒过量,以防失态失礼;带小孩的客人要注意关照小孩,不要让其乱动乱跑,以免打碎杯碗,也不要让小孩啼哭,因为这些都被民间视为不吉利。

二、成人礼

成人礼是为一定年龄(15~20岁)的男女举行的一种仪式,通过这种仪式表明一个人进入成年,正式拥有成年人应该拥有的一切权利,同时也是作为成年人开始对社会负责任的一种标志,从此,社会责任更加明确。

冠(笄)礼是我国汉民族传统的成人仪礼,是汉民族重要的人文遗产。清华大学历史系教授、著名学者彭林先生指出,先民为跨入成年的青年男子举行这一仪式,是要提示行冠(笄)礼者:从此将由家庭中毫无责任的"孺子"转变为正式跨入社会的成年人,只有能履践"孝、悌、忠、顺"的德行,才能成为合格的儿子、合格的弟弟、合格的臣下、合格的晚辈,成为各种合格的社会角色,唯有如此,才可以称得上是"人",也才有资格去治理别人。因此,冠礼就是"以成人之礼来要求人的礼仪"。

古代汉族以男子20岁、女子16岁为成年年龄。《礼记·曲礼》记载:"男子二十冠而字。"即表明男子20岁行"加冠礼",并命字,以示成人;按古代习惯,女子都是15岁行"笄礼",最迟20岁,表示已成人。

行冠礼的仪式是在宗庙里进行,由父亲或兄长主持。在此以前,先要择日,冠礼的前三天择宾,宾是负责加冠的人,一般是父兄的僚友。宾选定后,要一再敦请,直至宾答应为止。冠礼进行时,宾给冠者加冠三次。先加缁布冠(即用黑麻布做成的冠),表示从此有治人的特权;次加皮冠(用白鹿皮制作,由几块拼接而成,形似后代的瓜皮帽),表示从此要服兵役;最后加爵冠(用极细的葛布或丝帛制成),表示从此有权参加祭祀。三次加冠后,主人设酒宴招待宾赞等人(赞是宾的助手),叫做"礼宾"。礼宾之后,冠者入家拜见母亲,由宾取"字",然后依次拜见兄弟,拜见赞者,入室拜见姑姊。最后,主人向宾敬酒,赠送礼品,冠礼告成。

与男子的冠礼相对,女子的成年礼叫笄礼,是古代汉族女子15岁许嫁时举行的加笄仪式。自周代起,规定贵族女子在订婚(许嫁)以后出嫁之前行笄礼。一般在15岁举行,如果一直待嫁未许人,则年至20也行笄礼。笄,就是簪。行笄礼时要改变幼年时的发式,把头发绾成一个髻,然后用一块黑布把发髻包住,再用笄插定发髻。主行笄礼者为女性家长,由约请的女宾为少女加笄,笄礼后,表示女子成年可以结婚。贵族女子受笄后,一般要在公宫或宗室接受成人教育,授以"妇德、妇容、妇功、妇言"等作为媳妇必须具备的待人接物及侍奉舅姑的品德礼貌与女红劳作等技巧。

中国成人礼经过现代改良以后，更具有非凡的时代意义了，在继承了传统的"忠、孝、义、礼、仁、信"精华思想基础上，仪式更简单实用，思想性和教育性都得到了发展。大体来讲，在全世界的成人礼仪式中，中华民族的成人礼是最文明、最有社会意义的。但遗憾的是，成人礼在今天似乎越来越被淡忘了，仅用简单的"18岁以上"代替了，取而代之的是五花八门的生日庆祝。然而，成人礼是各种各样人生礼仪中重要的一种，古今中外的众多民族都曾经或至今仍然盛行着。成人礼经历了漫长的演变过程，对不同民族的成长发展和社会生活起了积极的促进作用，沉淀了丰富的文化内涵，蕴涵着丰富的象征意义，它是生理成熟和心理成熟的标志，也是社会责任、义务和公民意识的确认，是能力和意志的考验，寄托着对未来人生的美好憧憬和祝愿，对年轻人的成长发展意义重大。

三、婚礼

婚礼，古今中外都认为是人生仪礼中的大礼。但对其认识则古今大不一样。

1. 古代婚礼

婚礼和婚姻制度有密切联系，从一个侧面反映了人们的文明程度。以汉族为主体的中华民族祖先和世界各民族一样，在原始时期经历过乱婚、群婚的阶段，进入文明社会之后则基本采取一夫一妻的婚姻形式。

在封建社会，婚姻取决于"父母之命，媒妁之言"，因此，婚前礼的一切仪节，包括从择偶到筹备正式婚礼的一系列环节，几乎都由双方的父母家长包办，真正婚姻的当事人反而被排除在外。

最初的婚礼形式大约开始于原始社会末期，从相传伏羲时代的"以俪皮（成对的鹿皮）为礼"开始，逐渐演进到夏商时的"亲迎于堂"，再到周代具备完整的"三书六礼"，这已初步奠定了我国传统婚礼的基础。又经过历朝历代的发展，各种各样的婚礼仪节更趋繁缛、热烈。

2. 现代婚礼

现代婚礼与古代的意义有点不同。古代婚礼包括了从谈婚、订婚到结婚等过程的文书和礼仪，结婚后的夫妇同时取得了祖先神灵的认可和对父母及亲属的权利义务。因此，在古代某些时代，男女若非完成三书六礼的过程，婚姻便不被承认为"明媒正娶"。嫁娶仪节的完备与否，直接影响婚姻的吉利程度。此外，传统婚姻习俗礼仪还要通知亲属邻里，以取得社会的认可和保障。

现代婚礼一般指结婚当日所举行的礼仪。婚姻的合法性基于在地方政府办理婚姻登记手续，领取结婚证。只要办理了结婚登记，就是法定的夫妻，不需要通过婚礼来为婚姻证明。现在很多新人移风易俗，新事新办，省却仪式与喜酒，选择旅行结婚，归来后给朋友们派发一包喜糖，一桩人生大事在一切从简当中快乐舒心地完成了。但是，婚姻毕竟是人生大事，人们结婚时仍习惯举行隆重的仪式，并设宴款待前来祝贺的亲朋好友。

(1)婚前准备。婚礼准备过程中，既有大量的事务性工作，又有许多必不可少的礼节性活动，大致可分为下面几个方面：

①商定婚期。在我国农村，有些地方仍然保持着由男女双方父母商定婚期再征得子女同意的习俗。这一天，男方的父母会如约登门拜访女方父母，与之商定婚期及如何举办婚事，以示对女方的尊重。

②发送请柬。选用精致的喜柬，工工整整写上被邀请人的大名，婚礼举行的时间、地点、形式等，准新郎或准新娘登门延请并双手呈送给亲友，这种礼节周到而庄重。对远方的亲友，请柬应提前寄出，确保被请人能在婚礼前收到。

③布置新房。结婚意味一个新家庭的诞生。因此，一对新人生活在一起，须有生活上的必要的物质准备。新房与婚床要布置一新，新房的布置可据自己的喜好与条件，布置出充满喜庆气氛的各样情调；门窗和家具上要贴上红色"双喜"字；正门上还要贴上"婚联"。

(2)婚礼仪式。目前通行的一般的婚礼仪式有如下几项程序：

①鸣炮奏乐。

②行鞠躬礼。新人首先向父母及尊长鞠躬，然后向来宾鞠躬，最后夫妻互相行鞠躬礼。

③主持人赞礼，讲一些庆贺祝福的吉祥话。

④介绍人讲话，介绍两人相识的过程，并进一步表示祝贺，如果没有介绍人，就没有这一环节。

⑤尊长或父母代表讲话。

⑥新婚夫妇讲话，主要说些感谢来宾之词。

⑦宴会开始，新郎、新娘从主桌开始，逐席向来宾敬酒一轮。

集体婚礼因其简单、文明而具有移风易俗的积极作用，目前为许多地方的有关组织所重视和提倡。举行集体婚礼的程序与上面程序基本相同，只在中间增加领导讲话一项。集体婚礼一般不宴请宾客，故上面程序中的宴会多以舞会替代。

(3)新郎、新娘的礼仪。对于新郎来说，当天首要的事是准备到新娘家迎接新娘，不要临时更改时间与迎接形式。女方也要宽容谅解，不要一味强调迎亲仪式的铺排隆重。这一天，新郎、新娘必须切实做到以礼待客，具体应注意：

①礼貌。结婚正日，许多亲友前来道贺，街坊邻里前来观瞻，人多而杂。作为主角的新郎、新娘不论与谁接触都要面带笑容、彬彬有礼，对人都要亲切招呼，不可疏漏，更不可傲慢无礼，冷淡别人，客人临走时，要热情、礼貌地送别。

②耐心。大喜之日也是大忙之时，遇事不能急躁，也不能埋怨，新郎、新娘互相体贴，不可赌气或发脾气。

③大方。在众多来人面前，新郎、新娘婚礼上要大方、自然。对于闹新房时客

人的说笑，不要露出嫌烦之色，以免使亲友扫兴。

④服饰。新郎穿着以合体、庄重为主，新娘以喜庆、漂亮为主。一般新郎穿西装，新娘穿红色或白色衣裙。

(4)参加婚礼应注意的礼仪。被邀请出席婚礼的朋友应注意下面一些礼仪：

①服饰整洁。整洁、庄重、大方的服饰可以出入任何场合，女性宾客在这一天一般不穿全身大红的衣裙，以免与新娘服饰雷同。

②礼物合适。参加婚礼一般要带点礼物，也可送礼金。礼金用红纸包好，写好送礼人姓名及祝贺之词；礼物选择要恰当，不落俗套，投其所好，因人而异。

③言行得体。参加婚宴要遵守宴宾礼仪。不要在新房久停留，或乱摸乱动新房里的东西；语言要以热情祝贺为主，不要吵架骂人；闹新房要有分寸，语言行动不要粗鄙、过分；带小孩的父母应关照好孩子，不要哭闹，不要打碎杯、盘、碗等物品；临走前对新郎、新娘热情分发的喜糖应欣然接受。

3. 西式婚礼

(1)婚礼程序。根据西方的古老传统，即使新人没有宗教信仰，也大多选择在教堂举行婚礼。

举行婚礼前，一般新郎、新娘和双方家人都会进行婚礼彩排。婚礼当天，新郎在踏上祭坛之前不能见新娘，否则是不吉利的。

婚礼上，新郎的家人和朋友就座于教堂内右边的座位上，新娘的家人和朋友则坐于左边，通常有三个小男孩负责接待宾客，并安排就座，其中有一个还负责保管结婚戒指。

婚礼正式开始之前，新郎和新娘都会在不同的房间里各自准备。根据传统，新娘会挑一样新、一样旧、一样蓝和一样借来的物件穿戴在身上。

婚礼正式开始时，伴郎(通常是新郎的好朋友)、伴娘(通常是新娘的好朋友)、三个小男孩和两个小女孩(负责捧花，一般是两个，可以更多)在祭坛旁排列站好，新郎首先走到祭坛前，等待新娘。随着婚礼进行曲，新娘挽着父亲的手臂入场，随后父亲将新娘交给等候已久的新郎。

奏乐停止，全场肃静。主持者致辞后，问："新郎、新娘是否愿意接受对方？"新郎、新娘互相说完"我愿意"之后，双方交换戒指、亲吻、签字，婚礼便具有了法律效力。

仪式完毕，音乐响起，新人退场，宾客鼓掌庆祝，并向新人抛撒花瓣，接下来新人与来宾拍照留念。

晚上，一对新人、双方父母及亲友相聚于酒店、酒吧或餐厅，甚至海边举行宴会。程序如下：

①乐队奏乐，宾客陆续进入餐厅，享用餐前开胃小菜和饮料。

②新人进入餐厅后上第一道菜，侍者们给客人斟满香槟，伴郎和重要来宾致辞。

③切结婚蛋糕。

④开胃菜后，新郎与新娘跳第一支舞，伴郎、伴娘及其他客人随后进入舞池一

项目八　民俗礼仪

起跳舞。

⑤重新入座，等待主食。

⑥上甜点的同时，继续舞会。

⑦宴会结束后，新娘将手上的花束抛出，按传统的说法，接到花束的女性将是下一位新娘。

⑧送别宾客，新郎、新娘赴酒店或度假地进行蜜月旅行。

(2)西式婚礼礼仪特点。

①钻石订婚戒。钻石是爱情的最高象征。热能和压力孕育出颗颗璀璨的钻石，自然而然地成为"永恒不渝"的爱情的象征，而那孕育钻石的热能就代表着炽热的爱。

②婚戒的佩戴。结婚戒指要带在左手无名指上，古人认为左手无名指的血管直通心脏，于是左手的无名指就作为所有英语系国家传统戴婚戒的手指。

③新娘要戴手套。手套是爱的信物。在中古世纪，许多绅士送手套给意中人表示求婚。如果对方在星期日上教堂时戴着那副手套，就表示她已答应他的求婚。

④新娘要带面纱。新娘的面纱象征着青春和纯洁。基督徒的新娘或戴白色面纱以表示清纯和欢庆，或戴蓝色面纱以示如圣女玛丽亚般纯洁。

⑤新娘穿白色礼服。自罗马时代开始，白色就象征着欢庆。在1850—1900年的维多利亚女皇时代，白色也是富裕、快乐的象征，后来则加强了圣洁和忠贞的意义，从而形成了纯白婚纱的崇高地位。再婚的女性，可以用白色以外的其他颜色，如粉红或湖蓝等，与初婚以示区别。

⑥新娘站在新郎的左边。古时候，盎格鲁—撒克逊的新郎常常必须挺身而出，以保护新娘子不被别人抢走。在结婚典礼上，新郎让新娘站在自己的左边，一旦情敌出现，就可以立即用右手拔出佩剑，击退情敌。

⑦特别定制的结婚蛋糕。自罗马时代开始，蛋糕就是节庆仪式中不可或缺的一部分。在那个时代，婚礼结束时，人们会在新娘头上折断一条面包，制造面包的材料小麦，象征着生育能力，面包屑则代表着幸运，宾客们无不争着捡拾。依照中古时代的传统习俗，新娘和新郎还要隔着蛋糕接吻。后来，想象力丰富的烘焙师在蛋糕上饰以糖霜，也就成了今天美丽可口的结婚蛋糕。

⑧新娘准备一块白手帕。白手帕象征好运。根据民俗的说法，农夫认为在婚礼当天，新娘的眼泪会带来好运，使天降甘霖，滋润作物。后来，新娘在婚礼当天流泪，预示着她会有幸福的婚姻，白手帕正是给新娘擦眼泪用的。

⑨蜜月旅行。"蜜月"是新婚夫妇在恢复日常生活前，单独相处的甜蜜时光，时间一般为一个月。

小贴士　戒指的戴法

> 戒指一般戴在左手上，国际上比较流行的戴法是：食指或不戴戒指表示无偶而求爱，中指表示已在恋爱中，无名指表示已经订婚或结婚，小指表示独身者。

四、丧葬礼俗

从婴孩的"三朝"到百岁老人的"寿礼"，人们对生辰的不厌其烦的庆贺和纪念，表现了对生命的珍视。可是，生命是有限的，生命也是脆弱的。死，是每一个生命的最终归宿，面对死亡，最有能耐的人也束手无策。面对亡者，生者唯一能做的是用自己认为最好的方式、最隆重的礼节去为死者殓殡、祭奠、哀悼，以此表达对死者的哀思。这些哀悼的习俗惯制就是丧礼。

对死亡的唯心理解，使得传统的丧礼带有十分浓厚的迷信色彩，且礼节相当繁琐，如农村有些地方至今仍在盛行做三日或七日道场以超度亡灵。随着社会的进步、人们认识水平的提高、唯物主义思想的普及，丧礼逐渐省却那些繁杂迷信的仪式，变得越来越简单可行，如过去死者的直系晚辈要披麻戴孝，穿白衣、戴白帽，有些地方，晚辈要头顶及地长的白布送葬，既浪费又行动不方便，现在一般仅臂挽黑纱、胸戴小白花，简洁方便。民族不同，地域不同，我国的丧礼存在着很大的差别，如丧葬方式就分为土葬、水葬、天葬、火葬等，仪式也不大相同。现在我国大力提倡的丧葬方式是火葬，于是有了一种相应的较简单的丧礼，这种被绝大多数城市人接受的丧礼，大致有以下几方面内容：

1. 报丧

当亲人去世后，死者的家人常常因为极度悲痛，无法控制感情，习惯上只守在亡者身边或呆在家里，不参与外面的各种事务。因此丧讯应让邻里、亲戚、朋友、组织尽早知道，以便大家一起来帮助办理丧事。这涉及怎样报丧的问题，民间报丧的方法有：

（1）口头报丧。亲身前往口头报丧时，神情要沉痛，举止要庄重。

（2）写报丧信。信中要写明逝者与报丧人的关系、逝者逝世的时间、地点和原因，举行追悼会的时间、地点等。信中不能附带谈其他事情，也不要写问候语和祝颂词。

（3）刊登讣告。拟制的讣告应包括以下三方面的内容：

①标题。开头一行正中间写"讣告"两字，字体稍大，或者在讣告前冠以逝者的姓名。

②正文。先写明逝者姓名、身份、因何逝世、逝世时间、地点和终年岁数，有的也写为"享年"，意即享受过多少有生之年，一般用于长辈或受人尊重的老者；接着简介逝者生平，选取逝者生前重大的有具体代表性的经历；最后通知吊唁、追悼会召开的时间、地点。

③落款。署名及日期。讣告的发出者是去世者的工作单位，则写单位名称；是治丧委员会，则写×××(逝者名字)治丧委员会；是亲属则写姓名，并习惯上在姓名后加"哀告"等字样。

写讣告还要注意几点：

①起草前，对去世者逝世的一般情况(逝世原因、时间、地点、终年岁数)、简单经历、举行追悼仪式的时间和地点要有准确了解，以免讣告中出现差错。

②讣告的用语要简练、庄重、沉痛、严肃，特别是简介逝者生平时要简明扼要，突出主要经历，高度概括。

③书写讣告的纸的颜色必须用白色或黄色，墨料多用黑色，忌用红色。

④讣告应在丧事举办之前较早地张贴或发出去。

2. 停灵

习惯上，遗体要在家中稍事停留，俗谓"停灵"。灵堂要布置得庄严肃穆。晚上，家人要通宵守护在灵堂，谓之"守灵"。有些地方守灵时，要请乐队演奏乐曲，请民间艺人唱"夜歌"，要燃鞭炮。但目前城市住房紧张，很少有这些"停灵"的讲究，一般都是将遗体停放殡仪馆或火葬场，医院病逝的则放太平间。

3. 追悼会

追悼会是悼念逝者最隆重的仪式。追悼会有的在遗体所在地开，有的在殡仪馆或火葬场开。

（1）会前的准备工作

①事先布置好会场。一般在追悼会中央放遗体和遗像；遗体旁安放主要亲属赠送的花圈；会场中央上方悬挂横幅，用白纸黑字书写"×××追悼会"字样。

②委托逝者亲友在会场门口代表家属迎候亲友来人，发放黄花、白花或黑纱。

（2）追悼会的程序

①主持人就位，宣布追悼会开始，奏哀乐、鸣炮。

②全场肃立，向逝者默哀，放哀乐，向逝者三鞠躬。

③由治丧委员会代表或主要领导致悼词。

④来宾致悼词。

⑤逝者亲属代表致答谢词。

⑥来宾绕遗体一周向死者告别。
⑦来宾看望亲属,安慰亲属。
⑧出丧,追悼会在一片爆竹声和哀乐声中结束,遗体由亲人和他人护送去火化。

4. 吊唁

接到丧报的亲友,要尽快赶往丧家吊唁,如有事无法前往,或因路途遥远于追悼会前无法赶到的,应立即对死者的家属发送唁函或唁电,并告知出席的打算,到达的大致时间。一般唁电应发给报丧的单位或家中的长者,若有治丧委员会则应发给治丧委员会而不发给个人。唁函中,一般要表示闻报噩耗时的悲痛心情,追念自己与死者的友谊,列举死者生前的功绩与给人留下深刻印象的主要品德,并表示自己在悼念之余的打算,最后,向遗属表示慰问,如要请人代办花圈等事宜,亦应在其中写明。除此,唁函中不要夹叙其他事情。亲临丧家参加吊唁活动的亲友、同事、邻里、单位代表等人要注意下面一些礼仪:

(1)注意服饰。传统的丧仪对服饰要求十分讲究,不同的亲属要穿不同的丧服。《仪礼·丧服》记载:据与死者关系亲疏程度不同,丧服分为五等,分别是斩衰、齐衰、大功、小功、缌麻。这些孝服全都用麻布做成,所以民间又把这称为"披麻戴孝"。我国农村某些地方仍有直系亲属"穿白衣、戴白布"的习俗,长长的孝布用麻绑结在头上,披挂下来。葬后,一定得把孝布取下来结在腰间,不能再戴在头上。在城市不讲究这些,但是丧事的气氛同样沉痛肃穆,因而吊丧的人穿着要与之相适应,服饰宜庄重,色彩宜深沉淡雅,衣服上戴小白花或黄花,袖上挽黑纱,切忌穿红着绿,花里胡哨,姑娘们也别忘了取下花花绿绿的头饰,否则会被认为是对逝者的不敬,是严重的失礼行为。

(2)备送奠礼。丧事是件大事,在民间被视为与婚事一般重大,故有"红白喜事"之称。因此,民间历来有丧仪时送奠礼的习俗。习惯上,用布料、被面、毯子一类作奠礼。奠礼也可以是现金。一般死者出殡后,未来得及送奠礼的千万不能补上。现代丧礼中,送奠礼选花圈的比较多,向死者表达悼念与敬意的最好形式就是送花圈。花圈购买好后,要写好缎带或在白纸上题上词,题词大致是上联写称谓,对同事、同志可写"沉痛悼念×××同志"或"×××同志安息",对家人、亲戚可写"×××(称呼)千古";下联表示送祭者与死者的关系,对同事、同学等一般写"×× 敬挽",对父母、夫妻对方不能写"敬挽",而应写"泣血"或"泣挽"等。

(3)言行要礼貌。在丧事期间,要主动帮助丧家做些力所能及的事,关心安慰死者亲属。同时,个人还要注意自己的言行举止。特别是在追悼会上,态度要沉痛,走路要轻手轻脚,说话莫高声。追悼会开始后,要按规定位置站立,奏哀乐时不要东张西望,默哀时要低头静默。另外,还要尊重死者家属的安排和遵守会场秩序,切不可见了熟人,便三五成群,谈笑风生,更不能中途退场,因为这些行为都被视为是对死者的大不敬。

知识卡片　古代的"三书六礼"

★"三书",指在"六礼"过程中所用的文书,即聘书、礼书和迎书。聘书指定亲之书,是男女双方正式缔结婚约,纳吉(过文定)时用;礼书指过礼之书,是礼物清单,当中详列礼物种类及数量,纳征(过大礼)时用;迎亲书指迎娶新娘之书,结婚当日,亲迎新娘过门时用。

★"六礼",指由求婚至完婚的整个结婚过程的六个礼法,即纳采、问名、纳吉、纳征、请期、亲迎。纳采是男方请媒人去女方家提亲,女方答应议婚后,男方备礼去女家求婚;问名是男方请媒人问女方姓名和出生年月日;纳吉是男方把问名后占卜合婚的好结果,备礼再通知女方,决定缔结婚姻的仪式,后世称"定盟",现代称"订婚";纳征又称"纳币",是定盟后男方将聘礼送往女方家的仪式,俗称"完聘""大聘"或"过大礼",通常是12或18样,求成双成对之意;请期即男方选择结婚日期并征求女方同意,民间俗称"提日子""定日子";亲迎是新郎前往女家迎娶新娘的仪式,这是婚礼的主要内容。

学习活动

活动一　在一个女孩十八岁的生日宴会上,有人问她:"你今天为什么这么高兴?给大家讲几句生日感言吧!"她回答说:"我今天非常高兴,因为我成年了!首先,我感谢我男朋友给我送生日礼物。其次,感谢大家的红包,也谢谢大家的光临!哈哈!今天大家不醉不归家,不许不开心!"分组分析该女孩在生日宴会上的谈话。

活动二　组织一次辩论会,辩题是:当代社会举行成人礼仪式有必要吗?正方观点:当代社会行成人礼有必要;反方观点:当代社会行成人礼没必要。通过讨论让学生明白自己成年后应享有的权利和要承担的义务。

现代礼仪

学习评价

判断下列说法是否符合民俗礼仪：

1. 民俗礼仪是人们在民俗活动中的行为规范和准则。（   ）
2. 最高档、最精美的钟作为寿礼是受欢迎的。（   ）
3. 成人是指已经结婚的人。（   ）
4. 冠(笄)之礼是我国汉民族传统的成人仪礼，是汉民族重要的人文遗产。（   ）
5. "三书"指在"六礼"过程中所用的文书，即聘书、礼书和迎书。（   ）
6. 在现代只要通过婚礼的婚姻就是合法的婚姻。（   ）
7. 婚戒一般带在右手中指上。（   ）
8. 参加别人婚礼、宴会时应注意服饰整洁，礼物合适，言行得体。（   ）
9. 西式婚礼时，新娘总是站在新郎的左边。（   ）
10. 追悼会是悼念逝者最隆重的仪式，追悼会有的在遗体所在地开，有的在殡仪馆或火葬场开。（   ）

第二节　节日礼俗

　　1921年5月，孙中山在广州任中华民国非常大总统，请亲密战友廖仲恺出任财政部长，廖仲恺精打细算，以身作则，生怕浪费钱财。他说，民国新生，百业待举，要为大众节省每一个银元。这年春节前夕，廖的管家楠伯考虑到几年来在广州过春节都很节俭，连糖果都没多买，而来拜年的人又多，作为一个管钱的部长，未免显得太寒酸了。一天，他瞅准廖仲恺在家有空时，就对廖仲恺说："今年沙田柚丰收，价钱较便宜，我想买些回来过年。"廖仲恺听后，和气地回答说："楠伯，我知您一番热心肠。但要明白，过年跟平日都一样，只要日子过得平安就是福，尤其是我们做官的，更不要讲排场。目前政府银根短缺，沙田柚是名贵的水果，我看就不必花钱买了，过节的事儿，劳您简单地将就一下吧。"这些话被夫人何香凝听到了，她怕管家难堪，便温和地说："楠伯讲得也有道理，过年嘛，要有些气氛的，不如买些柑橘回来招待亲朋同事吧，价钱比柚子便宜得多。"廖仲恺听罢亦通融地点点头，管家高高兴兴地去办了。大年初一，孙中山偕夫人宋庆龄等前来拜年。他们一进大厅，孙先生瞥见桌上放着盘橘子，立即拱拱手朗声道："大吉、大吉，吉庆满堂，中华大吉，世界大吉！"瞬间满堂响起了一片欢乐的笑声。当孙中山知晓廖仲恺不同意花钱买沙田柚之事后，他风趣地笑道："柚子气色青黄不接，怎似橘子这般红彤彤好兆头哩。"话音刚落，欢笑声又起。

一、传统节日礼俗

1. 春节

春节是我国农历的新年。它是我国民间最古老、最隆重的传统节日。春节即为农历的正月初一，旧称元旦，后为区别于公历1月1号这个元旦，春节改称为大年初一，目前有许多人认为过春节才是过年。

在世界各地凡是有华人居住的地方都是要过年的。

人们把过春节看作是家人团聚和亲友间沟通情感的最佳时刻。在中华文明数千年的发展过程中，过春节已形成许多风俗习惯，具有丰富的生活情趣，现已成为中国传统文化的一个重要组成部分。

中国民间过春节的主要风俗有：

(1) 扫尘。每年年终，家家户户都要进行彻底的大扫除，以示除旧迎新。

(2) 办年货。每到腊月（农历十二月），人们都要上街购买过年的物品、食品，旧称办年货。

(3) 挂年画。扫尘之后，人们要在门窗墙壁等处贴上年画，其内容多为人寿年丰、六畜兴旺等。挂年画有很多讲究，如门上要贴两位门神，窗户上要贴窗花，水缸上要贴一条大鱼等。

(4) 贴春联。春联是用红纸书写的对联，内容颇有讲究，家家都要贴。

春节前一天，又称除夕。这一天无论人们生意多忙、离家多远都要赶回家里，全家人团圆，要一家人围坐一起吃团圆饭、包饺子，有些人家还要祭祖宗、迎财神、接灶君等，通宵达旦，直到春节的到来。这种做法称为守岁。近年来人们以观看中央电视台春节联欢晚会为除夕之夜最大的乐趣。

春节子时，人们开始放炮烛和烟花，以此庆祝新年的来临。春节期间，人们纷纷采用走上街头舞狮子、耍龙灯、踩高跷、逛庙会等传统形式来表达自己的喜悦，寄托美好的愿望。

大年初一，一家人要吃饺子，然后晚辈要给长辈磕头拜年，长辈则需给晚辈一些压岁钱。从初一开始亲朋好友相互拜年。若去家中拜年，人们见面以相互作揖为礼，并道"恭喜发财"等吉祥话。有些地方招待客人时，请客人吃柿子、苹果，意为事事平安，吃年糕则表示年年高升的意思。

春节实际上是中国人的狂欢节，人们会以种种的方式来欢度节日。过春节的时间要从大年三十延续到正月十五止。

居住在国外的中国人，把春节当作弘扬民族传统和怀念故乡的重要节日。每逢过春节，凡有华人聚居的地方，都要举行舞龙灯、舞狮子、踩高跷等活动。有时那里的气氛比国内还要浓，以表达炎黄子孙的望乡之情。

2. 元宵节

元宵节是我国重要的节日，在农历正月十五。元宵之夜要吃元宵、观花灯。元宵源于宋代，它是糯米里裹馅的糕点，放在水中煮熟后连汤吃，又被称为"汤圆"。在元宵节前后还有舞龙灯、猜灯谜、坐花轿、跑旱船等活动。

3. 清明节

清明节俗称"鬼节"，是我国的传统节日。每年公历4月5日或6日，民间习惯在这一天扫墓、祭祀先人。清明节是二十四节气之一，后因融入扫墓、插柳、禁火寒食等习俗，并与传统的寒食节合二为一，就成为民间的节日。清明时节，万物复苏、春意盎然。人们常在扫墓后，到野外游玩，因而清明节又称"踏青节"。

4. 端午节

农历五月初五是我国传统的节日——端午节，相传古代诗人屈原在这一天投江自杀，为了纪念他，把这天当作节日。在端午节有吃粽子、赛龙舟等风俗。

端午节这天家家户户包粽子、吃粽子。人们把野外采来的艾叶、菖蒲悬挂在门上，叫做"插艾"，以驱除邪气，消除病毒。在这一天还有编五彩丝的习惯。五彩丝是用红、黄、蓝、白、黑五色丝线合并而成的细索，人们把他系在手臂或脖子上，认为可以驱恶勉疾、命长如缕，所以五彩丝又称为"长命丝"。

5. 中秋节

中秋节是我国人民的传统节日，在农历八月十五日。这一天有赏月、吃月饼的风俗。

中秋节之夜月亮又圆又亮，人们仰望月亮，便会想到合家团圆，而独居他乡的游子的思乡之情也会油然而生，因此，中秋节又称为"团圆节"。在这一天人们要进行祭月活动，沐浴着月亮的清辉，用月饼、瓜果、毛豆枝、藕等贡品祭月，而后一家人在月光下吃"团圆酒"和"赏月饭"。

6. 元旦

元旦是全世界人们传统的新年，各国庆祝的方式各异，内容不一。据说"元旦"这一名称是来自三皇五帝之一——颛顼。他以农历正月初一为元旦。"元"含有第一和开始之意，"旦"则是一轮红日从地面开始升起。"元""旦"合在一起，就是要人们以蓬勃朝气迎接崭新的一年。元旦含有除旧迎新、祝福、祈求来年丰收之意。

元旦期间人们互送贺卡、登门拜访、电话问候。友好国家领导人之间或友好人士之间也都常以互发贺卡或护送名片、团拜等形式来欢度新年。

另外，各国在欢度元旦时的形势也各不相同。如，日本除夕之夜全家人围在火炉边，一边吃年饭，一边聆听远处的寺院传来的钟声。除夕钟声共敲108下，意味驱散108种烦恼。元旦早晨互相拜过年后，便开始用餐，有节日炖菜、屠苏酒、年糕汤。巴西人每当除夕钟声敲过，便手持火把，唱着轻快的歌涌向附近的山林，寻找"金华果"。谁找的越多，谁就越幸福。西班牙元旦之夜要喝蒜瓣汤。当教堂钟声在夜里12点响起来时，大家便争着吃葡萄，象征着新年的每一个月都万事如意等。

项目八 民俗礼仪

7. 五一国际劳动节

"五一"国际劳动节是全世界劳动人民的节日。鉴于各国制度不同，庆祝"五一"节的方式差异很大。某些国家举行盛大群众游行和军事检阅，并邀请外宾参加，而许多国家官方则不举行任何活动。我国近几年只举行文艺联欢晚会，党政领导人和群众一起联欢，也邀请各国驻华使节、外交官和其他外国朋友参加。

8. 国庆节

国庆节为开国纪念日。世界各国对本国的国庆日都很重视，一般都要举行庆祝活动，一年一度的国庆招待会是各国庆祝国庆比较通用的做法。

我国的国庆节是公历的10月1号，自1980年以来，只举行国庆招待会和联欢会。招待会由国务院总理主持，采用酒会形势，邀请各国驻华使节、长期在中国工作的外国专家、外国常驻中国记者及归国华侨、港澳台同胞的代表出席。国庆联欢会一般不邀请外国人参加。

对别国的国庆日，国际上通常以发电函祝贺，以国家元首或政府首脑的名义至对方相应领导人。少数国家在对等的基础上，以政府或国会的名义发贺电。关系更为密切的国家间，常以互相邀请政府代表团或特使参加国庆庆典的形势表示祝贺。

二、其他节日礼仪

1. 妇女节

"三八"妇女节即"国际劳动妇女节"，又称"联合国妇女权益和国际和平日"，是为庆祝妇女在经济、政治和社会等领域做出的重要贡献和取得的巨大成就而设立的节日。而今，节日的政治色彩逐渐减弱而演变成类似西方的母亲节和情人节之类向女性表达尊敬和爱意的节日。让妇女多休息、送妇女鲜花或别的礼物都是很好的表达敬意和关心的方式。

在这一天，世界各大洲的妇女，不分国籍、种族、语言、文化、经济和政治的差异，共同关注妇女的人权。近几十年来，联合国的四次全球性会议加强了国际妇女运动，随着国际妇女运动的成长，妇女节取得了全球性的意义。

1924年，中国共产党在广州首次举行了妇女节的纪念活动。1949年，新中国成立后，正式将3月8日定为妇女节，该日全国妇女放假半天，并举行各种形式的庆祝活动。

2. 植树节

植树节是一些国家以法律形式规定的以"宣传森林效益，动员群众参加义务造林"为活动内容的节日。按时间长短可分为植树日、植树周或植树月，总称植树节。通过这种活动，激发人们爱林、造林的感情，提高人们对森林功用的认识。促进国土绿化，达到爱林护林、扩大森林资源、改善生态环境、造福子孙后代、动员全民植树的目的。3月12日为我国的植树节，《中华人民共和国森林法》总则中规定"植树造林、保护森林是公民应尽的义务"，从而把植树造林纳入了法律范畴。

3. 青年节

1919年5月4日，北京的青年学生为了抗议帝国主义国家在巴黎和会上支持日本对我国的侵略行动，举行了声势浩大的游行示威，最后发展成为全国人民参加的反帝反封建的爱国运动。"五四"运动表现了中国人民保卫民族独立与争取民主自由的坚强意志，标志着中国新民主主义革命的开始。

1949年，中央人民政府正式宣布5月4日为"中国青年节"。2008年4月，经国务院法制办同意，14~28周岁的青年，5月4日放假半天。

五四精神的核心内容为"爱国、进步、民主、科学"。今天，为了国家的繁荣和富强，我们青年人应该前赴后继、英勇奋斗、积极进取、勤奋工作。

4. 儿童节

国际儿童节简称儿童节，它是保障世界各国儿童的生存权、保健权和受教育权的节日，是为了改善儿童的生活，反对虐杀儿童和毒害儿童的节日。我国和大多数国家相同，规定每年的6月1日为儿童节，不满14周岁的少年儿童放假一天。

儿童节的庆祝形式丰富多彩，有文娱的、体育的、竞赛的等。成年人可以送孩子礼物、带孩子到公园玩，让孩子度过一个愉快的节日。

5. 建党节

建党节是指中国共产党成立纪念日，在每年的7月1日。1921年7月各地共产主义小组派代表到上海，召开了中国共产党第一次代表大会，大会通过了党的章程，选举陈独秀为总书记，宣告"中国共产党成立"。因不能查清"一大"召开的准确日期，1941年，党中央确定1921年7月的首日即7月1日，作为党的生日和纪念日。

6. 建军节

建军节为每年的8月1日，是中国人民解放军建军纪念日，因此也叫"八一"建军节。现役军人放假半天。

八一建军节源于1927年8月1日的南昌起义。1927年4月，国民政府发动"清共"行动，中共中央为了对抗国民党反动派的暴行，决定在南昌举行起义。同年8月1日凌晨，周恩来、朱德等指挥各路起义军向南昌发动进攻并取得胜利，打响了武装起义的第一枪。为了纪念武装革命的开始，1949年中华人民共和国成立后，将此日定为中国人民解放军建军节，并沿用至今。

7. 教师节

教师节是9月10日。1985年1月21日，第六届全国人大常委会第九次会议作出决议，将每年的9月10日定为我国的教师节。1985年9月10日，是中国的第一个教师节。各省市、各地区、各部门都用表彰会、茶话会、联欢会等形式来欢庆节日，学生也纷纷向辛勤培育他们的老师献上小礼物，以表达师生之情。

8. 重阳节

重阳节是农历九月初九，旧时在这一天有登高的风俗，所以人们又称之为"登高节""双九节""老人节"。庆祝重阳节的活动多彩浪漫，一般包括出游赏景、登高远眺、观赏菊花、遍插茱萸、吃重阳糕、饮菊花酒等活动。在民俗观念中，"九九"

因与"久久"同音，寓意生命长久、健康长寿，1989年我国把每年的农历九月初九定为"老人节"，以此倡导全社会树立"尊老、敬老、爱老、助老"的风气，于是重阳节又多了一层新的含意。

9. 冬至

冬至，古称"日短""日短至"，为二十四节气之一，并且是最重要的节气之一。冬至这天，太阳位于黄经270°，阳光几乎直射南回归线，是北半球一年中白昼最短的一天。

和清明一样，冬至并没有固定于特定一日，所以都被称为"活节"。冬至大概在阳历12月的21~23日。在中国传统的阴阳五行理论中，冬至是阴阳转化的关键节气。

各地在冬至时有不同的风俗，如北方人吃饺子，南方人吃大葱炒豆腐、狗肉、牛肉、羊肉等。

三、国外主要节日礼仪

1. 圣诞节

圣诞节本是基督教用以纪念耶稣诞辰的一个宗教节日。在公元354年，罗马教会宣布，12月25日为耶稣生日。这一盛大纪念日随着基督教势力的扩大和西方文化的影响已成为一个世界性的民间节日。它的假期很长，通常为公历的12月24日至次年的1月6日。在欧美各国，过圣诞就如同中国过春节一样隆重。在许多国家和地区，圣诞节都有10天假期。

12月24日是圣诞夜，也叫"平安夜"，千千万万的欧美人风尘仆仆地赶回家中团聚。平安夜这天，每个家庭都会布置一棵圣诞树。人们把精心挑选的小枞树或松树摆到家中，在树枝上挂满五光十色的彩灯和装饰品，树顶上还要有一颗明亮的星星，以指示朝拜圣婴的道路。此外，人们还把包装精美的礼物挂在圣诞树上，或堆在圣诞树脚下。然后，全家共进丰盛的晚餐，围坐在熊熊燃烧的火炉旁，弹琴唱歌，共叙天伦之乐；或者举办一个别开生面的化装舞会，通宵庆祝；或者聚在酒馆、俱乐部、歌剧院尽情欢乐。圣诞之夜，父母会悄悄地给孩子们准备礼物放在长筒袜里。圣诞夜的高潮是基督教堂在圣诞夜举行的活动，称"圣诞弥撒"。

传说圣诞老人总是在圣诞前夜快活地乘着驯鹿拉的雪橇到来，从烟囱爬进屋内，吃掉孩子们为他准备的牛奶和饼干，留下给孩子们的礼物。因此，在平安夜，孩子们会把圣诞袜悬挂在床头或壁炉上，以便圣诞老人可以把礼物放在袜子里面。

圣诞大餐少不了美味食品，火鸡是圣诞节大餐必备的，当然还有许多圣诞节食品，如姜饼、糖果等。圣诞节期间，人们还会互送圣诞礼物和圣诞卡片来表达对亲人和朋友的祝福。一顶红色的圣诞帽是狂欢夜娱乐场所的主角，据说晚上戴上睡觉，除了温暖和睡得安稳外，第二天你还会发现在帽子里多了心爱的人送的礼物。

我国以前不过圣诞节。近几年，随着东西方文化的交流传播，圣诞节的节日气氛在中国越来越浓，尤其受到年轻人的推崇。

2. 情人节

每年的2月14日是情人节，是西方的传统节日之一，现已成为欧美各国青年人喜爱的节日。

情人节又叫"圣瓦伦丁节"。据说是公元3世纪时，古罗马帝国有一位虔诚的基督教徒名叫瓦伦丁，由于带头反对罗马统治者对基督教信徒的疯狂迫害而被捕入狱。幸运的是，瓦伦丁在狱中受到了监狱长女儿的精心照顾，并且同她相爱。然而爱情未能挽救瓦伦丁的生命，他于公元270年被残暴的罗马统治者判处死刑，2月14日执行。从此之后，基督教徒们为了纪念瓦伦丁这位殉教者，便将瓦伦丁被处死之日定为瓦伦丁，即情人节。

人们通常在情人节这天，赠送一支红玫瑰来表达情人之间的感情。巧克力也是情人节不可或缺的，甜蜜的巧克力表达了相爱的人们对爱人的浓浓情谊。

情人节和圣诞节一样，已经悄悄渗透到中国无数年轻人的心目中，成为中国传统节日之外的又一个重要节日。

3. 愚人节

愚人节是4月1日（天主教国家的愚人节在12月28日）。愚人节这天，不分男女老幼，可以互开玩笑、互相愚弄、互相欺骗以换得娱乐。如果真受了愚弄，也不必发火，最好拿出点绅士风度，一笑置之，这样才符合愚人节"与人为善"的真谛。但是，开玩笑要注意分寸，不能拿国家大事开玩笑，不能违反法律法规。

4. 母亲节、父亲节

母亲节作为一个感谢母亲的节日，最早出现在古希腊，时间是每年的1月8日，而在美国、加拿大和其他一些国家，则是每年5月的第二个星期天，各国庆祝母亲节的时间不尽相同。

我国和大多数国家一样，把每年5月的第二个星期日定为母亲节。这是为歌颂世间伟大的母亲、纪念母亲的恩情、发扬孝敬母亲的传统而定立的。这一天，人们总要想方设法使母亲过得愉快，感谢和补偿她们一年的辛勤劳动，把她们从日常的家务劳动中解放出来，轻松地休息一整天，丈夫和孩子们把全部家务活包下来，母亲不必做饭，不必洗盘刷碗，也不必洗衣服，让母亲以满怀喜悦的心情，接受丈夫和孩子们赠送的花、糖果、书或别的纪念品。

6月的第三个星期日是父亲节。相对于母亲节，父亲节是人们比较陌生的一个节日，它是在1910年，由美国华盛顿州的士波肯市的杜德太太发起的。而我国的父亲节起源，要追溯到1945年，1945年8月8日，上海"闻人所"发起了庆祝父亲节的活动，市民立即响应，热烈举行庆祝活动。抗日战争胜利后，上海市各界名流士绅，联名上书请上海市政府转呈中央政府，将与"爸爸"谐音的8月8日定为全国性的父亲节。

在父亲节这天，儿女可以给父亲送贺卡、鲜花、领带、袜子之类的小礼品，以表达对父亲的敬重。

项目八　民俗礼仪

5. 复活节

复活节也称"耶稣复活瞻礼"或"主复活节"，它是基督教最重要的节日之一。日期是每年3月21日或22日春分月圆后的第一个星期日，西方信基督教的国家都过这个节。

传说耶稣被钉死在十字架上，第三天，身体复活，复活节因此得名。复活节是仅次于圣诞节的基督教第二大节日。每逢复活节来临，教会都要举行隆重的纪念礼拜。信徒们见面时，第一句话就是"主复活了"。复活节期间，人们经常互相赠送复活节彩蛋，就是将鸡蛋涂上各种颜色，象征着生命。人们还将繁殖能力最强的兔子视为生命的象征，孩子们过复活节都少不了吃兔子糖和讲述有关兔子的故事。

过去，在多数西方国家，复活节一般都要举行盛大的宗教游行。游行者身穿长袍，手持十字架，赤足前进，他们打扮成基督教历史人物，唱着颂歌，欢庆耶稣复活。如今，节日游行已失去往日浓厚的宗教色彩，取而代之的是洋溢着喜庆的节日氛围，美国人会举行彩装游行，其中最受欢迎的便是卡通人物米老鼠和唐老鸭，而其他国家的游行队伍也都具有浓烈的民间特色和地方特色。

典型的复活节礼物，跟春天和再生有关系，通常是鸡蛋、小鸡、小兔子、鲜花等，特别是百合花是这一季节的象征。复活节晚上，各家都要举行晚宴，晚宴上的传统食品是羊肉和熏火腿，一家人团聚在一起，品尝美食，亲戚朋友见面都要互相祝贺。复活节这一天，人们还在教堂前点燃蜡烛以示圣化，并将圣烛迎进千家万户。

6. 感恩节

感恩节是11月的第四个星期四。感恩节是英美等国家的古老节日，也是美国国定假日中最地道、最美国式的节日，它和早期美国历史最为密切相关。因此美国人提起"感恩节"总是倍感亲切。

1863年，美国总统林肯宣布每年11月的第四个星期四为感恩节。1941年，美国国会通过一项法令，规定每年11月的第四个星期四、星期五，为美国的感恩节法定假日。这样从星期四到星期天放假四天，届时，家家团聚，举国同庆，其盛大、热烈的情形，不亚于中国人过春节。

感恩节庆祝模式，许多年来从未改变。丰盛的家宴早在几个月之前就着手准备。人们在餐桌上可以吃到苹果、橘子、栗子、胡桃和葡萄，还有葡萄干、布丁、碎肉馅饼以及红莓苔汁和鲜果汁等，其中最妙和最吸引人的大菜是烤火鸡和南瓜馅饼，这些菜一直是感恩节中最富于传统和最受人喜爱的食品。感恩节这一天，美国举国上下热闹非凡，人们按照习俗前往教堂做感恩祈祷，城乡市镇到处都有化装游行、戏剧表演或体育比赛等。亲人们也会从天南海北归来，一家人团团圆圆，品尝感恩节火鸡和南瓜饼等美食。

近年来，我国教育更多关注分数和升学率，加之很多孩子都是独生子女，家人的溺爱导致孩子觉得别人的关怀是理所当然的，不少学生不懂得感谢、感激，只知道索取，甚至对太过关心自己的家人产生逆反、厌烦情绪。同时，在成年人之中也存在不知感恩的情况，一切只从利益出发。在一个文明的社会，知道感谢、怀有一颗感恩之心是非常必要的,这也是我们建设和谐社会的要求,它可以促进社会各成员、群体、阶层、集团之间的关系相处融洽、协调,促进人与人之间互相尊重、信任和帮助。

西方的感恩节虽有其宗教内涵,但我们完全可以吸收其积极成分,融入到中国传统美德中,并赋予其新的涵义,让学生们学会换位思考,珍惜朋友,理解父母,真诚地去体贴、关心别人。

知识卡片　压岁钱的由来

关于压岁钱,有一个流传很广的故事。传说古时候,有个小妖叫"祟",他总是在大年三十晚上出来用手去摸熟睡着的孩子的头,孩子往往被吓得大哭起来,接着小孩开始头疼发热,最后都变成了傻子。为了防止自家的小孩不受"祟"伤害,家家户户都在三十晚上亮着灯,坐着不睡觉,称之"守祟"。有一家夫妻俩老年得子,孩子视为心肝宝贝。到了年三十夜晚,他们怕"祟"来害孩子,就拿出八枚铜钱同孩子玩。孩子玩累了,睡着了,他们就把八枚铜钱用红纸包着放在孩子的枕头下边,夫妻俩还是不敢合眼。半夜里一阵阴风吹开房门,吹灭了灯火,祟刚伸手要去摸孩子的头,枕头边就迸发出道道闪光,祟吓得逃跑了。第二天,夫妻俩把用红纸包八枚铜钱吓退祟的事告诉了大家,从此以后大家都学着做,孩子就太平无事了。因为"祟"与"岁"谐音,之后逐渐演变为"压岁钱"。

学习活动

活动一　每人为自己的母亲制作一份母亲节礼物,看谁的礼物花钱最少又最有创意,并由班上同学投票,分别评出一、二、三等奖。

活动二　情景演示春节期间给长辈拜年。

活动三　组织一次有关感恩节的辩论会,正方坚持中国应该有自己的感恩节,反方认为没必要。

项目八　民俗礼仪

学习评价

请选出下列正确的一项，检测自己对节日礼俗的了解程度：

1. 我国最隆重、最富有特色的传统节日是(　　)。
   A. 圣诞节　　　B. 春节　　　C. 情人节

2. 在二十四个节气中，既是节气又是节日的是(　　)。
   A. 春节　　　B. 端午节　　　C. 清明节

3. 端午节"赛龙舟、吃粽子"是为了纪念古人(　　)。
   A. 屈原　　　B. 孔子　　　C. 杜甫

4. 古人"祭月"、诗人"赏月"、民间"拜月"，几乎所有的活动都离不开"月"，中国这个与月亮有关的节日是(　　)。
   A. 端午节　　　B. 中秋节　　　C. 元旦节

5. 我国在(　　)把每年的农历九月初九定为老人节，以倡导全社会树立尊老、敬老、爱老、助老的风气。
   A. 1989 年　　　B. 2000 年　　　C. 2008 年

6. 春节、清明、端午与(　　)并称为中国汉族的四大传统节日。
   A. 元旦节　　　B. 中秋节　　　C. 国庆节

7. (　　)标志着中国新民主主义革命的开始。
   A. 党的诞生　　　B. "五四"运动　　　C. 国庆节

8. 1941年党中央确定1921年(　　)为党的诞生之日。
   A. 7月1日　　　B. 8月1日　　　C. 10月1日

9. 基督教徒最重要的节日是(　　)。
   A. 圣诞节　　　B. 复活节　　　C. 感恩节

10. 每年11月的第四个星期四是(　　)。
    A. 母亲节　　　B. 父亲节　　　C. 感恩节

11. 情人节是属于(　　)的日子。
    A. 情人　　　B. 朋友　　　C. 家人

12. 欧美国家最重要的节日是(　　)。
    A. 复活节　　　B. 圣诞节　　　C. 情人节

参考文献

1. 金正昆．职场礼仪．北京：中国人民大学出版社，2008．
2. 吴宝华．礼貌礼节．北京：高等教育出版社，2013．
3. 周思敏．你的礼仪值百万．北京；中国纺织出版社，2010．
4. 陈玉．礼仪规范教程（第二版）．北京：高等教育出版社，2005．
5. 刘逸新．礼仪指南．北京：中国纺织出版社，2004．
6. 熊经浴．现代实用社交礼仪．北京：金盾出版社，2003．
7. 金正昆．交际礼仪．北京：中国人民大学出版社，2008．
8. 金正昆．礼仪金说．西安：陕西师范大学出版社，2006．
9. 张岩松．现代交际礼仪．北京：中国社会科学出版社，2006．
10. 姜晓敏．人际沟通与礼仪．上海：华东师范大学出版社，2006．
11. 周礼弘．现代礼仪必备全书．北京：中国致公出版社，2007．
12. 丑万涛．礼仪规范教程．上海：立信会计出版社，2007．
13. 林友华．社交礼仪．北京：高等教育出版社，2003．
14. 羽西．听礼仪专家讲故事．北京：当代世界出版社，2007．
15. 韩达．如何推销自己．呼和浩特：内蒙古人民出版社，1999．
16. 张歌．现代实用礼仪大全．呼伦贝尔：内蒙古文化出版社，2008．
17. 樊丽丽．实用生活礼仪常识．北京：中国经济出版社，2008．
18. 张岩松．新型现代交际礼仪实用教程．北京：清华大学出版社，2008．
19. 郭学贤．现代实用礼仪．北京：首都师范大学出版社，2007．
20. 范立荣．现代秘书礼仪．北京：首都经济贸易大学出版社，2006．
21. 董保军．中外礼仪大全．北京：民族出版社，2005．
22. 唐树伶，王炎．服务礼仪．北京：清华大学出版社，北京交通大学出版社，2006．
23. 未来之舟．礼仪手册．北京：海军出版社，2005．
24. 徐汉文，初蓓．商务礼仪．北京：人民出版社，2005．
25. 吕维霞，刘彦波．现代商务礼仪．北京：对外经济贸易大学出版社，2006．
29. 韩悦，现代礼仪．北京：机械工业出版社，2013．